강
제
징
용
자
의

질
문

MOTOCHOYOKO WAKAIHENOMICHI

SENJIHIGAI TO KOJIN SEIKYUKEN

by Masatoshi Uchida

Copyright © Masatoshi Uchida, 2020

All rights reserved.

Original Japanese edition published by Chikumashobo Ltd.

Korean translation copyright © 2021 by Hankyoreh Publishing Company

This Korean edition published by arrangement with Chikumashobo Ltd., Tokyo,

through HonnoKizuna, Inc., Tokyo, and BC Agency

일제 강제노역 피해자 문제,
어떻게 해결해야 할 것인가

강제징용자의 질문

한겨레출판

우치다 마사토시 지음

한승동 옮김

일러두기

1. 인명, 지명 등 고유명사와 외래어는 국립국어원의 외래어 표기법에 따라 표기했다.
2. 본문 하단의 주석은 모두 옮긴이 주이며, 저자의 주석은 '저자 주'라고 본문에 밝혔다.
3. 도서명이나 인물 고유명사의 경우 내용상 중요한 것만 원어를 병기했다.
4. 한국어판에는 일본어판에 없는 새로운 내용들을 저자가 추가해 보완했다.

프롤로그

2018년 10월 30일 한국 대법원은 전쟁 시기에 일본제철^{日本製鐵}(재판 당시 신일철주금^{新日鐵住金}, 그 뒤에 다시 일본제철로 개칭)에서 강제노동을 한 한국인 징용자^{徵用工}* 들이 이 회사에 제기한 손해배상 청구소송 재판에서 배상하라고 명하는 판결을 언도했습니다. 그 뒤 미쓰비시 중공업^{三菱重工}에 대해서도 같은 판결이 내려졌습니다.

강제징용자란 어떤 사람들을 두고 하는 말일까요. 전시 중에 일본 국내의 노동력 부족을 메우기 위해 당시 일제는 일본의 식민지배를 받고 있던 조선반도(한반도)에서 많은 사람들을 데려와 철강, 광산, 탄광 등에서 가혹한 노동을 시켰습니다. 처음에

---

* 일제 강제동원 피해자. 이후 강제징용자 또는 강제동원 피해자로 표기.

는 모집募集이라는 형태를 취했지만, 그 뒤에는 관 알선官斡旋, 그리고 마지막엔 국민징용령에 의한 징용으로 바뀌었습니다. 시기에 따라 다소의 차이는 있으나, 후술하듯이 그 실태는 총체적으로 강제노동이었으며, 한국 대법원도 그런 것으로 판결했습니다.

1990년대에 들어와 이런 강제노동에 동원당한 피해자 및 그 유족들 약 1,000명이 이들을 강제노동에 동원한 일본정부·일본기업, 구체적으로는 일본강관日本鋼管, 미쓰비시 중공업, 후지코시不二越, 일본제철 등에 대해 미지급 임금 지불, 강제노동, 폭행 등을 이유로 15건의 손해배상 청구소송을 제기했습니다. 1인당 청구금액은 500만~2,000만 엔(약 5,000만~2억 원)으로, 평균적으로 1,000만 엔(약 1억 원) 정도입니다.

일본 재판소(법원)는 강제노동 실태 등에 대해서는 인정하면서도 이들의 청구에 대해서는 인정하지 않고 청구기각 판결을 내렸습니다. 그래서 강제동원 피해자들이 한국 법원에 제소한 것입니다. 여러 경위들이 있습니다만, 한국 법원은 이를 인정했습니다.

피해자들의 위자료 등 손해배상 청구를 인정한 한국 대법원(이하 대법원) 판결에 대한 일본사회의 반응을 보면, 이 문제는 1965년 6월 22일에 조인(그 뒤 비준)된 한일기본조약·청구권협정으로 해결이 끝났다며, 대법원의 판결이 한일 국가 간의 합의에 위배되는 "밥상 뒤엎기"라고 비판하는 소리가 끊이지 않고 있습니다. 그러나 개개의 신문기자, 학자들과 개인적으로 얘기해

보면, 전직 정부 고위관리들까지 포함해서 이 문제를 둘러싼 일본사회의 반응에 의문을 표시하는 사람들도 많습니다.

필자와 같은 세대인 전 내각법제국 장관도 이 문제의 해결을 일개 기업에 강요하는 것에 대해서는 의문을 표하면서도, 후술하듯 한일 청구권협정에서 포기한 것은 국가의 외교보호권일 뿐, 개인의 청구권을 포기한 것이 아니기 때문에 (일본) 언론의 논조는 우스꽝스럽다고 분명히 얘기했습니다.

한국정부의 대응을 "국가 간의 합의에 위배" "밥상 뒤엎기"라고 주장하는 것은 어떤 의미에서는 손쉬운 비판입니다. 하지만 후술하듯이 애초에 1965년 한일 청구권협정의 '밥상'에는 강제동원 피해자 문제, 일본군 위안부 문제와 같은 식민지배 시절의 개인 피해 손해배상 문제가 상정돼 있지도 않았습니다.

그 뒤에 언론 등에서 조금이나마 개개의 기자들이 쓴 논평, 칼럼 등을 통해 개인의 청구권은 소멸되지 않았다는 주장이 전개되기도 했습니다만 무엇 때문인지 사설, 사론 등으로 다루진 않았습니다.

한중일 3국은 옛날부터 깊은 관계를 맺어왔습니다.

"일중日中 양국은 일의대수一衣帶水 사이의 이웃 나라이고, 오랜 전통적 우호의 역사를 갖고 있다."

1972년 9월 29일 일본·중국 국교정상화에 합의한 다나카 가쿠에이田中角榮. 1918~1993 총리와 저우언라이周恩來. 1898~1976 총리가 발표한 일중 공동성명의 한 구절입니다.

'일의대수', 즉 일중 양국은 한 줄기 띠 같은 폭 좁은 물(바다)을 사이에 두고 떨어져 있는, 가깝고도 "오랜 전통적 우호의 역사"를 지닌 친숙한 나라라는 뜻입니다. 고대의 견당사遺唐使* 파견 등을 통해 일본은 중국문명으로부터 많은 것을 전수받아왔습니다.

이에 따라 중국보다 더 가까운 한일관계를 가리켜 '일위수─葦水', 즉 한 그루 갈대(작은 배)로 쉽게 건너갈 수 있는 좁다란 물(바다)을 사이에 두고 떨어져 있는, 가깝고 친숙한 나라라고 일컬었습니다. 한국은 고대의 도래인渡來人, 시바 료타로司馬遼太郎, 1923~1996의 〈고향을 어이 잊으리까故郷忘しかたく候う〉에서 묘사된 사쓰마薩摩**의 시라야키白燒き를 굽는 도공陶工 마을, 조선통신사 등으로도 알 수 있듯이 "오랜 전통적 우호의 역사"를 지닌 친숙한 이웃 나라입니다.

쓰시마번對馬藩의 유학자 아메노모리 호슈雨森芳洲, 1668~1755가 주창한 '성신교린誠信交隣'이라는 말도 잘 알려져 있습니다.

도요토미 히데요시豊臣秀吉의 조선침략 때 히데요시군에서 도망가거나 조선군의 포로가 된 히데요시군 장병들이 항왜대降倭隊를 만들어 '나무관세음보살南無觀世音菩薩'의 기치를 들고 조선의병과 함께 히데요시군과 싸운 역사적 사실史實도 있습니다. 작가 이이지마 가즈이치飯嶋和一, 1952~가 《성야항행星夜航行》에서 묘사했고, 시

---

* 　나라奈良 시대부터 헤이안平安 시대 초기에 걸쳐 일본이 당나라에 파견한 사절.
** 　지금의 일본 규슈 가고시마 서부지역.

바 료타로도 《한韓의 나라 기행》에서 쓴 바가 있습니다. 항왜대는 히데요시군 철수 때 배가 부족해 방치된 아시가루足輕***, 군부重夫****들을 구출하기도 했습니다.

2018년 일본을 방문한 한국인 여행자는 약 750만 명(한국 인구 전체로 보면 7명에 1명 꼴)으로 일본을 방문한 전체 외국인 여행자의 4분의 1을 차지했습니다. 일본에서 한국으로 간 여행자는 약 300만 명이니 1,000만 명에 달하는 사람들이 일본과 한국 사이를 오간 것입니다. 한국 주재 기간이 길었던 상사맨 출신의 내 친구는 지금도 한국에서 연금을 받고 있다고 합니다.

이처럼 친밀한 한일관계가 앞서 얘기한 한국 대법원의 강제동원 피해자 판결을 계기로 일본정부가 한국에 대해 반도체 부품·장비 수출을 규제하고, 거기에 대항해 한국정부가 한일군사정보포괄보호협정GSOMIA, 지소미아의 갱신을 거부하겠다고 통고(그 뒤 통고를 '유보'하기로 했지만)하는 등 단기간에 갑자기 악화되면서 한국에서 일본에 오는 여행자가 격감했습니다. 2019년에만 25퍼센트 줄었다고 합니다. 일본의 한국에 대한 수출도 격감했습니다.

2020년 3월 1일, 3·1운동 기념식전에서 한국 문재인 대통령은 감염 확대가 계속되는 코로나19 문제에 대해 "함께 위기를 극복하고 미래지향적 협력관계를 위해 함께 노력해가자"라고 일

*** 평시에는 잡역을 하다 전시에는 병사가 되는 최하급 무사.
**** 군 잡역부.

본에 호소하고, 일본을 "항상 가장 가까운 이웃 나라"라고 표현하면서, "과거를 직시함으로써 상처를 이겨낼 수 있다. 과거를 잊을 수는 없지만 과거에 머물러서도 안 된다. 일본도 그런 자세를 보여주기를 바란다"라고 연설해, 한일관계가 1998년 10월 8일 김대중 대통령과 오부치 게이조小淵惠三, 1937~2000 총리가 발표한 '한일 공동선언 21세기를 향한 파트너십'의 정신에 따라 이뤄져야 한다고 호소했습니다.

차례

2부
중국인 강제연행·강제노동

3부
문제 해결을 위해 필요한 것이 무엇인가

1부
'징용자 문제'와
한일관계의 행방

한국 대법원 판결이 던져준 문제점

식민지배의 청산은 어디에도 없었다

2018년 10월 30일의 한국 대법원 판결은 먼저, 강제징용 문제에 관한 일본 재판소의 판결(최고재판소 2003년 10월 9일 판결, 청구권 기각)에 대해 다음과 같이 지적한다.

일본의 한반도와 한국인에 대한 식민지배가 합법적이라는 규범적 인식을 전제로 하여 일제의 '국가총동원법'과 '국민징용령'을 한반도와 원고들에게 적용하는 것이 유효하다고 평가한 이상, 이러한 판결 이유가 담긴 이 사건의 일본판결을 그대로 승인하는 것은 대한민국의 선량한 풍속이나 그 밖의 사회질서를 위반하는 것이고, 따라서 우리나라에서 이 사건의 일본판결을 승인하여 그 효력을 인정할 수는 없다고 판단하였다.

한국 대법원 판결은 일본 재판소의 판결이 당시의 국제법 아래에서는 식민지배가 합법이었다는 것을 전제로, 식민지배 문제를 진지하게 다루고 있지 않으므로 이 판결을 받아들일 수 없다고 한 것입니다.

1965년 6월 22일 체결된 한일기본조약(이하 한일협정 또는 한일기본조약으로 표기)은 영문을 정문正文*으로 삼고 있는데, 한일병합조약 등의 무효를 선언한 제2조의 내용은 다음과 같습니다.

"It is confirmed that all treaties or agreements concluded between the Empire of Japan and the Empire of Korea on or before August 22, 1910 are already null and void."**

한일 국교정상화 교섭 중에 일본 측은 일관되게 식민지배는 합법이었다고 주장하면서 정문인 영문의 "already null and viod"를 현시점에서는 "이미" 무효라는 것을 확인한다, 즉 체결당시 및 그 뒤에도 유효했으나 1945년 8월 15일의 일본 패전 또는 1948년 대한민국 수립으로 무효가 됐다고 해석했습니다. 즉, 제2조를 "1910년 8월 22일 이전에 대일본제국과 대한제국 사이에 체결된 모든 조약 및 협정은 이미 무효임이 확인된다"라고 번역했습니다. 한편 한국 측은 이를 "이미 무효다", 즉 애초(체결 당

---

* 기준·공식 문서.

** 일본 외무성 자료 '일본국과 대한민국 사이의 기본관계에 관한 조약' 제2조에 명기돼 있는 이 영문의 일본어 번역문은 다음과 같다. "1910년 8월 22일 이전에 대일본제국과 대한제국 사이에 체결된 모든 조약 및 협정은 이미 무효임이 확인된다."

시)부터 무효였다고 번역했습니다.

이런 문제는 조선 문화재 반환에 관한 협정에서도 발생했습니다. 한국 측은 해당 재물은 식민지배하에서 불법적으로 빼앗긴 것이므로 "반환"돼야 한다고 주장했습니다. 그러나 일본 측은 이를 부정하고 국유물國有物에 대해서는 "인도한다"라고 했고, 민간 소유로 돼 있는 것에 대해서는 "한국 측에 기증되기를 희망한다"라고 했습니다. 이처럼 한일협정은 체결 당시부터 그 근본적이고 본질적인 부분에서 일본과 한국이 서로 다른 견해를 갖고 있었기에 역사인식의 공유가 없었습니다.

식민지배에 대해 한일 양국이 역사인식을 공유하게 되는 데는 후술할 1998년의 '한일 공동선언 21세기를 향한 파트너십'까지 기다려야 했습니다.

대법원 판결은 원고들이 제소한 강제노동의 실태에 대해 개략적으로 다음과 같이 인정했습니다.

① 1941년 4월 26일, 일본정부 직속기구인 철강통제회가 설립됐다. 철강통제회는 한반도에서 노무자 동원을 적극적으로 확충하기로 하고 일본정부와 협력해서 노무자를 동원했으며, 구 일본제철은 철강통제회 회장을 역임하는 등 철강통제회에서 주도적인 역할을 수행했다.

② 피고(구 일본제철)는 평양과 일본의 제철소에서 2년간 훈련을 받으면 한반도의 제철소에 기술자로 취직할 수 있게 된다는

모집광고를 내고 조선인 노동자들을 모았으나, 그 노동실태
는 기술취득 등이 전혀 불가능한 장시간 노동이었다.

③ 노동시간은 처음에는 8시간 노동에 주야 3교대제로 휴가도
없었고, 나중에는 12시간 노동이 이루어졌다.

④ 임금은 직접 지급되지 않고, 예금됐으며, 회사가 관리했다.

⑤ 처음 6개월은 외출도 금지됐다.

⑥ 제공된 식사량은 너무 적었고, 종종 구타당하는 등 체벌을
받았다.

⑦ 기숙사에 경찰이나 헌병이 종종 들러 "도망치더라도 금방 붙
잡힌다"라며 겁을 주었기 때문에 도망갈 수 없었다.

이는 후술하는(75쪽) 중국인 강제노동, 하나오카花岡 사건과
관련해서 센다이仙臺 포로수용소 소장이 정보국에 보낸 보고서
중에 있는 "중국인을 다룰 때는 소나 말처럼 취급하고"라는 구
절을 떠올리게 합니다.

강제동원 피해자들에 관한 '강제성'에 대해서는 수다한 증언
들이 있으며, 또 일본 최고재판소 판결에서도 그것을 인정했는
데, 《일본교통공사 70년사日本交通公社七〇年史》는 '조선 노무자 수송'
에 대해 다음과 같이 기술하고 있습니다.

"전시하의 노동력 부족을 메우기 위해 조선에서 노무자들을 내
지(일본) 방면으로 수송하는 알선을 뷰로JTB, Japan Tourist Bureau—저자

ᄌᆞ^주에서 받은 것은 쇼와 16년(1941년) 6월부터였다. 수송, 숙박, 식사 전반에 걸친 지원을 하는 데 길게는 5, 6일이나 걸렸고, 장기간의 연속 업무로 연선沿線의 각 안내소가 총동원되는 등 대단히 힘든 일이었다. 이 수송은 예전처럼 단체의 사람 수를 철도 쪽에 신청하면 그 뒤는 그냥 승객을 알선해주기만 하면 되는 것이 아니었다.

거꾸로 전국의 철도국으로부터 단체의 사람 수를 통고받고 뷰로 쪽에서 1개월 수송계획을 세우는, 전시하의 특수 사정에 따른 일이었다. 부산에서 시모노세키下関로 수송돼 오는 노무자들은 매일 500명 내지 1,000명 정도로, 이들을 탄광, 일반광산, 철도, 토목 등 업종별로 나누고, 다시 규슈, 시코쿠, 간토(관동), 홋카이도, 사할린 및 남태평양 섬들까지 지구별로 나눠 수송, 알선했다.

게다가 시모노세키에 내리는 사람들 대부분은 맨발이었기 때문에 짚신을 대량 구입하는 일부터 농림성과 교섭해서 특별배급쌀特配米의 식량표를 교부받아 도시락을 만들고 배급하는 일까지 식량이나 물자사정이 극도로 악화된 당시에는 여간 큰일이 아니었다. 거기에다 조선 노무자들 중에는 반강제적으로 징용당한 이들도 있어서 수송 도중에 탈주하고 도망하는 자가 끊이지 않아 그 알선은 담당자들로서는 괴롭고 하기 싫은 일이었다."

겨우 1쪽 정도 분량의 담담한 기술이지만, 이를 통해 1941년

12월 일본군의 하와이 진주만 공격 반년 전부터 일제가 북으로는 사할린에서부터 남으로는 남태평양 섬들에까지 '반강제적'으로 조선인 징용자를 보낸 사실을 알 수 있습니다.

1943년 11월 27일, 미국 루스벨트 대통령, 영국 처칠 총리, 그리고 중국 장제스 총통 3자가 서명(발표는 12월 1일)한 카이로선언에서는 "앞서 얘기한 3대국(미·영·중)은 조선인민의 노예 상태에 유의하고, 머지않아 조선을 자유독립 국가로 만들기로 결의한다"라고 했습니다. 이 구절은 일본의 식민지배로 고통받았던 중국의 장제스 총통의 강한 의향에 따른 것으로 생각됩니다.

역대 일본정부는 소련, 소련이 붕괴된 뒤에는 러시아와 이른바 '북방영토' 반환교섭을 할 때, 카이로선언에 나와 있는 "동맹국(연합국)은 자국을 위해서는 이득을 추구하지 않고, 또 영토확장을 시도하지 않는다. 동맹국의 목적은 1914년 제1차 세계대전 이래 일본국이 탈취 또는 점령한 태평양에서의 모든 섬들을 일본국으로부터 박탈하는 것, 그리고 만주, 대만 및 펑후섬澎湖島과 같이 일본국이 청국인한테서 훔쳐간 모든 지역을 중화민국에 반환하게 하는 것이다"라는 점을 강조해왔습니다. 그러면서도 카이로선언에 명시된 "조선인민의 노예 상태" 등에 대해서는 전혀 모르는 척하고 있습니다. 카이로선언을 자의적으로 인용하고 있는 것입니다.

이런 강제노동의 실태와 그 위법성에 대해서는 후술하겠지만,

일본 재판소의 판결도 인정하고 있습니다. 또 일본에 가서 일하면 기술을 취득할 수 있다는 감언이설로 저임금에 외국인 노동자들을 모집한 것은 현재의 외국인 기능실습생 제도에서도 보이는 문제입니다.

대법원 판결은 앞서 얘기한 사실들을 인정한 토대 위에 다음과 같이 기술합니다.

① 한국의 강제동원 피해자들이 청구하고 있는 식민지배에 대한 위자료 청구권은 한일 국가 간 합의인 청구권협정에 포함돼 있지 않다.

② 동 협정 제2조에서 얘기하는 권리의 포기는 국가의 외교보호권의 포기이며, 개인의 청구권은 포기되지 않았다.

한국 대법원은 13명의 대법관으로 구성(대법정 외에 각 4명으로 구성되는 3개의 소법정이 있음)돼 있는데, 13명 중 8명의 대법관이 ①의 견해를 나타냈습니다. 나머지 5명은 ①의 견해에 반대했지만 그중 3명이 ②의 견해를 나타냈습니다. 그 결과 대법관 11명의 의견으로 가해 기업인 신일철주금에게 배상을 명하는 법정의견(판결주문)이 형성됐습니다. 법정의견에 반대한 대법관은 2명인데, 그들은 피해자들이 배상을 청구할 권리는 청구권협정으로 "완전히, 그리고 최종적으로 해결"된 이상 이미 국가의 외교보호권 또는 재판을 통해서는 구제받을 수 없다고 했습니다. 그러나 이 2명의 대법관들도 권리 자체는 소멸하지 않았다고 했습니다. 그런 의미에서는 일본의 최고재판소 판결과도 비슷한 내용입니다.

그런데 여기서 '외교보호권'이라는 귀에 익지 않은 말이 보입니다. 법학자 스에카와 히로시末川博의 《법학사전》에 따르면 이는 외교적 보호권으로, "외국에 있는 자국민의 이익을 본국이 외교 절차를 통해 보호할 권리"라고 돼 있습니다. 대법원 판결 중에서 반대 의견을 얘기한 대법관 2명은 외교보호권에 대해 다음과 같이 얘기했습니다.

"국제법상 국가의 외교적 보호권이란 외국에 있는 자국민이 위법·부당한 대우를 받았으나 현지 기관을 통해 적절한 권리구제가 이뤄지지 않을 경우 최종적으로 그 국적국이 외교 절차나 국제사법 절차를 통해 외국정부에 대해 자국민에 대한 적절한 보호나 구제를 해주도록 요구할 수 있는 권리다."

이것을 강제동원 피해자 문제와 관련지어 생각하면, 강제동원 피해자들에게 강제노동을 시킨 일본기업에 대한 손해배상청구권은, 한국정부에게는 외교 절차를 통해 그 이행을 요구할 권리가 되는 것인데, 그것을 포기한 것이므로 한국정부로서는 그런 권리는 행사하지 않겠다는 의미가 됩니다. 그러나 권리 그 자체가 소멸한 것은 아닙니다.

앞서 얘기한 2가지 판결 이유는 후술하겠지만, 종래의 일본정부 견해처럼 한일기본조약·청구권협정에는 식민지배의 청산적 의미가 들어 있지 않으며, 포기한 것은 국가의 외교보호권이지 개인의 청구권이 아니라는 것입니다.

또 대법원 판결이 지적하듯이, 1965년의 한일기본조약·청구권협정에 의한 양국 간 합의 범위에는 본건에서 문제가 되고 있는 일본의 한국 식민지배 청산 문제가 포함돼 있지 않았습니다.

한일 국교정상화 교섭, 속칭 '한일회담'은 한국전쟁이 한창이던 1951년 10월 20일부터 시작됐습니다. 10월 20일에 열린 것은 예비회담인데, 도쿄 마루노우치丸の内의 연합국 총사령부GHQ 외교국 회의실에서 열린 이 예비회담은 윌리엄 시볼트William Sebald, 1901~1980 외교국장도 옵저버로 참석한 "사실상 한·일·미 회담"(다카사키 소지高崎宗司, 《검증 한일회담》)이었습니다.

이 자리에서 이뤄진 교섭 내용은 다음과 같습니다.

한국 측은 일본의 식민지배에 대한 배상으로 10여 억 달러를 청구했습니다. 그중에는 식민지배 기간에 일본 측에 빼앗긴 미술품과 문물의 반환청구도 포함돼 있었습니다.

이에 대해 일본 측은 식민지배는 합법이었기 때문에 배상해줄 필요는 없으며, 일본은 한국의 철도 부설, 항만 건설 등 인프라 정비에 막대한 자금을 투입했다고 대응했습니다.

이처럼 식민지배에는 좋은 면도 있었다는 일본 측의 발언을 둘러싸고 교섭은 종종 중단됐습니다. 그중에서도 가장 유명한 것이 1953년의 '구보다 발언'입니다. 당시 일본 측 구보다 간이치로久保田貫一郎, 1902~1977 위원은 "일본으로서도 조선의 철도와 항구를 건설하거나 농지를 조성했고, (이를 위해) 대장성大蔵省[*]은 당시 다년간 2,000만 엔이나 지출했다" "카이로선언에 나오는 '조선인민의 노예 상태'라는 말은 연합국의 전시 히스테리적 표현이다(한편 이와 달리 일본 북방 섬들의 반환교섭에서는 카이로선언을 적극적으로 활용했다는 점은 이미 얘기했습니다)" 등의 발언을 했고, 이에 대해 한국 측이 파괴적인 발언이라며 격앙해 교섭은 1957년 12월까지 4년간 중단됐습니다.

한일기본조약·청구권협정 체결(1965년 6월 22일) 직전인 그해 1월 7일 기자회견에서도 다카스기 신이치高杉晉一, 1892~1978 일본 측 수석대표는 "일본은 좋은 일을 하려고 했다. 20년만 더 조선을 지배했더라면 좋았을 텐데" 따위의 발언을 했습니다.

유의해야 할 점은 식민지배의 위법·부당성을 부정하는 일본정부의 견해가 당시 일본사회의 '공통의 인식'이었다는 것입니다. 당시 야당이었던 일본사회당 지도자들도 "한국에 넘어가지 말라"라고 정부를 독려할 지경이었습니다.

'당시'에만 그런 것이 아닙니다. 최근에도 이런 적이 있습니다. 2019년 4월, 한국 강원도 지역에서 대규모 산불이 발생해 500헥타르(축구장 735개분의 면적)가 소실돼 한국정부가 '국가재난사태'를 선언했습니다. 이 재난에 대해 《일본국기日本國紀》의 작가 하쿠다 나오키百田尚樹 씨는, "이웃 나라에서 큰 산불이 일어났다는

---

[*]　우리나라의 기획재정부 같은 역할을 하는 일본의 행정기관. 2001년 성청 개편으로 재무성과 금융청 등으로 분리 해체됐다.

데, 한국정부가 일본에 배상을 요구해올 것 같다. 왜냐하면 '산불이 이토록 크게 번진 것은 일본이 합병시대에 대량으로 나무를 심었기 때문이다!' 하며 도발해올 것 같기 때문이다"라고 트윗을 올렸다고 합니다. 다른 사람의 불행을 비웃는 하쿠다 씨의 인간성에 대해 새삼 얘기할 기분은 아닙니다만, 이건 너무 심합니다.

이처럼 난항을 겪던 한일회담이 1965년, 일본이 한국에 무상 3억 달러, 유상 2억 달러를 지급하고(제1조), 인프라 등 한국 내의 일본 자산, 제반 권리를 포기한다(제2조)는 청구권협정 체결로 이어진 것은 베트남전쟁으로 신음하던 미국의 강력한 지도(종용)가 있었기 때문입니다. 그런 의미에서 1965년의 한일기본조약·청구권협정은 미·일·한 3개국 조약이라고도 할 수 있겠지요. 정문이 영문이었다는 점, 식민지배에 대해 한일 양국 사이에 역사인식의 공유가 없었다는 점은 이미 얘기한 대로입니다.

한국은 1964~1973년까지 미국의 요청에 응해 남베트남(당시의 월남)에 연 32만 명을 파병했습니다. 먼저 의료부대 파견부터 시작해 그 뒤 전투부대를 파병했으며, 1965년의 한일 청구권협정 이후에는 점차 파병을 늘려 그 규모가 미군 다음으로 많았습니다. 즉, 한일 청구권협정은 미국의 압력 아래 한국 측이 일본의 식민지배 청산 문제를 제대로 추궁하지 못한 채 어쩔 수 없이 응해 이루어진 것입니다. 일본 측에서 보자면 '싼값'에 식민지배 청산 문제를 처리한 것입니다.

박정희 정권으로서는 당시 국력에서 북한보다 뒤떨어져 있던 관계를 역전시키기 위해 청구권협정으로 즉시 받게 될 일본의 자금이 매우 절실한 상황이었습니다.

스노베 료조須之部量三, 1918~2006 전 외무성 사무차관은 퇴임 후이긴 했지만, 한일 청구권협정에 대해 "(이런 배상은) 일본경제가 본격적으로 부흥하기 이전의 것으로, 아무래도 일본의 부담을 '줄이는' 데에 중점이 놓여 있었기" 때문에 "조약적, 법적으로는 분명히 끝났지만 뭔가 석연치 않은 불만이 남게 됐다"라고 솔직하게 말했습니다(《외교 포럼》, 1992년 2월호).

식민지배 청산과 같은 역사 문제의 해결을 위해서는 가해자가 가해 사실과 책임을 인정하고 피해자에게 사죄해야 합니다. 그러나 한일 청구권협정에서는 그것이 전혀 이뤄지지 않았습니다.

1965년 11월 19일, 시나 에쓰사부로椎名悅三郎, 1898~1979 당시 외상은 참의원 본회의에서 한일 청구권협정에 의해 지불한 무상 3억 달러는 배상이 아니라 "독립 축하금"이라고 답변했습니다. 그것이 일본정부가 말하는 1965년 한일 청구권협정의 "국가 간의 합의"였던 것입니다.

또 식민지배는 당시의 국제법하에서는 합법이었다고 얘기합니다만, 이런 견해는 당시의 국제법이 식민지배 종주국들이 만든 것이고, 거기에서 식민지배를 당한 민중의 소리 등은 완전히 무시됐다는 사실에 눈감고 있습니다. 예컨대 오늘날 노예제도에 대해 당시에는 그것이 국제법상 합법이었다는 주장이 통용될까요?

일본의 한일기본조약 반대운동에서도 빠져 있었던 것

한일기본조약·청구권협정을 두고 1965년 당시 한일 양국에서 격렬한 반대운동이 벌어졌습니다. 1965년 6월 22일, 한일기본조약·청구권협정이 조인됐고, 그해 8월 14일 박정희 정권은 모든 야당 의원들이 사직한 가운데 그 채결採決을 강행했습니다. 일본에서도 11월 12일, 사토 에이사쿠佐藤榮作, 1901~1975 정권이 중의원에서 그 채결을 강행했고, 12월 11일에는 참의원에서도 그렇게 했습니다. 그리고 12월 18일, 한일 양국은 비준서를 교환했습니다. 필자는 당시 대학교 2학년 학생으로 그 반대운동에 참가했습니다.

한국에서 일어난 반대운동에 대해서는 당시 정확하게 이해하진 못했습니다만, 한일기본조약·청구권협정은 단지 '경제협력'일 뿐, 식민지배 청산에 대한 내용이 빠져 있어 불충분한 것이라는 데에 초점이 맞춰져 있었다고 생각합니다.

일본에서 일어난 반대운동의 이유는, 지금(당시) 일본이 한국하고만 국교를 정상화하는 것은 남북 분단을 고착화하는 것이고, 남한의 박정희 군사독재정권을 떠받치게 되는 것이므로 반대한다는 것이었습니다. 한일기본조약 제3조는 한국이 "조선의 유일 합법적인 정부"임을 확인했습니다. 그리고 이 조항은 1991년에 한국과 조선민주주의인민공화국(북한)의 유엔 동시가입으로 사실상 효력을 상실했습니다.

지금 그때를 뒤돌아보면 묘한 생각이 듭니다만, 일본에서의 한일기본조약 반대운동에는 일부 식자들을 뺀 운동 전반에서 식민지배 청산이라는 문제의식이 빠져 있었습니다. 한국에서의 반대운동으로 일본 국내의 의식이 각성된 것도 아닙니다.

당시의 반대운동의 수준을 보여주는 사례로써 흔히 하는 얘기로(필자가 직접 본 것은 아닙니다), "박(정희)에게 주느니 내게 다오"라고 쓴 플래카드를 들고 온 참가자가 있었다고 합니다. 당시 일본경제는 불황을 겪고 있었습니다.

이처럼 1965년 당시 일본에서 일어난 한일기본조약 반대운동에 식민지배 청산이라는 문제의식이 빠져 있었기 때문에 훗날 문제가 되는 이른바 일본군 위안부 문제, 강제동원 피해자 문제 등은 전혀 논의되지 않았습니다.

일본에서의 운동이 전쟁책임, 식민지배 문제를 의식하게 된 것은 1968년의 김희로金嬉老, 1928~2010 사건을 거쳐, '화청투華靑鬪'* 사건이 터진 1970년대에 들어선 이후입니다.

1968년 2월, 재일 한국인 2세 김희로가 폭력단원 2명을 사살하고 시즈오카현靜岡縣 스마타교寸又峽 여관에서 인질을 붙잡고 농성한 사건이 벌어졌습니다. 라이플총을 한 손에 든 김희로가 경찰의 취조과정 등에서 조선인 차별을 호소하면서 사건은 살인사건에서 차별고발 쪽으로 바뀌었고, 체포 뒤 열린 재판에서도 김희로의 호소에 일정한 이해를 표시한 변호사들이 대형 변호

* 화교청년투쟁위원회. 일본의 차별적인 출입국관리체제에 반대해 싸운 재일 중국인학생 운동단체.

怒りと抗議の人津波

「日韓」衆議院を通過

機動隊員二千人にはさまれてデモ行進をする学生たち〈東京・赤坂見付で〉

"분노와 항의의 인간 쓰나미–'한일(협정)' 중의원을 통과"

'기동대원 2,000명에 에워싸여 시위행진을 벌이는 학생들(도쿄 아카사카 미쓰케에서)', 〈아사히 그라프〉, 1965년 11월 26일호, 11월 12일의 데모를 다룬 기사. 〈아사히신문〉 제공.

인단을 편성했으며, 작가를 비롯한 다수의 시민들이 김희로 지원단체를 조직했습니다.

1970년이 되면 일본정부가 종래의 출입국관리령을 대체할 새로운 출입국관리법을 제정하려 한 것에 반대하며 재일 화교청년들이 결성한 화교청년투쟁위원회(화청투)가 일본의 운동단체와 함께 공동투쟁을 추진했습니다.

1970년 7월 7일, 중일전쟁의 계기가 된 루거우차오盧溝橋(노구교) 사건 33주년 집회에서 화청투 대표는 일본의 운동에는 일본의 전쟁책임, 식민지배에 대한 자각이 없다고 준엄하게 비판했습니다. 이른바 '7·7 화청투 고발'입니다.

일본군 위안부 문제가 거론된 것은 '7·7 화청투 고발'보다 더 늦어서, 1990년대에 들어 일본군 위안부 출신 한국인 여성*이 자신의 이름을 밝히며 배상청구를 하고 나서부터야 시작되었습니다.

'8개 항목 요구' 중에 강제징용자 문제가 있었나

일본정부가 청구권협정에 따른 무상 3억 달러 지급에 대해 식민지배 청산의 의미가 없는 "독립 축하금(시나 에쓰사부로 외상의 답변)"이라고 한 것은 이미 얘기한 대로입니다만, 최근에 일본정부는 청구권협정의 교섭과정에서 한국 측이 제출한 '8개

* 1991년, 김학순 할머니.

항목 요구' 중에 강제징용자 문제가 들어 있었으므로 징용자 문제도 청구권협정으로 해결이 끝났다고 주장하기 시작했습니다.

분명히 1961년 12월 15일 제6차 한일회담 예비회담에서 한국 측이 제출한 8개 항목에 이르는 보상청구 금액 합계 12억 2,000만 달러 내역에는, "타 국민을 강제적으로 동원함으로써 입게 된 피징용자의 정신적, 육체적 고통에 대한 보상"으로 3억 6,400만 달러(전체 금액의 약 30퍼센트)가 계상돼 있었습니다.

또 2005년 노무현 정권이 만든 한국의 관민공동위원회는 청구권협정 당시 정부가 받은 무상자금 중 상당액을 강제동원 피해자들 구제에 사용해야 하는 '도의적 책임'이 있었다면서, 1975년의 청구권 보상법 등에 따른 보상은 도의적 차원에서 볼 때 불충분한 것이었다고 평가했습니다. 그리고 1961년 5월의 교섭에서 일본 측 대표가 "개인에게 지불해달라는 것인가" 하고 물어보니, 한국 측이 "국가로서 청구하고, 국내에서의 지불은 국내 조치로써 필요한 범위에서 한다"라고 대답했다는 기록도 있다는 것입니다.

이런 '사실'만을 뽑아내서 보면, 강제징용자 문제는 청구권협정으로 해결이 끝났다는 일본정부의 주장도 근거가 있는 것이 아닌가 하는 생각도 듭니다. 그러나 이는 노무현 정권이 일본정부가 강제징용자 문제 해결에 응하지 않기에 한국정부 입장에서 조금이나마 강제노동 피해자들인 징용자 출신자들을 돌봐주려 했던 것이므로 그것을 두고 1965년 청구권협정으로 해결된 것 중에 강제징용자 문제도 들어 있었다고 얘기할 수는 없습니다.

　대법원 판결이 "청구권협정 교섭과정에서 일본정부는 식민지배의 불법성을 인정하지 않은 채 강제동원 피해의 법적 배상을 철저히 부인했으며, 이에 따라 한일 양국 정부는 일제의 조선지배 성격에 관해 합의에 이르지 못했다"라고 지적하고 있듯이, 한일기본조약·청구권협정 교섭에서 일본정부 측은 일관되게 식민지배는 합법이었다고 주장하면서 식민지배 청산의 필요성을 인정하지 않았기 때문에 식민지배 청산 그 자체인 강제징용자 문제에 대해 해결이 끝났다고 보는 것에는 무리가 있습니다. 앞서 얘기한 "국가로서 청구하고, 국내에서의 지불은 국내 조치로써 필요한 범위에서 한다"라고 한 한국 측의 발언에 대해서도 마찬가지로 얘기할 수 있습니다.

　게다가 이 또한 대법원 판결이 지적하는 것이지만, 무상 3억 달러는 한국 측이 제출한 8개 항목 하나하나에 대해 숫자를 차곡차곡 쌓아올리며 계산한 것이 아니라 일본정부가 일관되게 강제동원 피해자들에 대한 배상을 부정하는 가운데 12억 달러 요구를 3억 달러로 깎고 정치적 결착을 한 것입니다. 이러한 경위가 있기 때문에 1965년 청구권협정 이후 한국정부 차원에서는 일본정부에 대해 강제동원 피해자들과 관련한 배상청구를 하지 않았습니다.

　이번 대법원 판결은 강제징용자와 그 유족들이 일본기업에 대해 배상청구를 한 것에 대한 판결이기 때문에 이 판결에 대해 행정부인 한국정부가 사법부인 대법원에 대해 이런저런 입장을 표명하는 것은 삼권분립 원칙의 견지에서 허용될 수 없습니다.

아베 정권은 대법원 판결에 대해 문재인 정권이 개입하지 않는다며 무대책이라고 비판하고 있지만, 이는 근대 통치형태상의 삼권분립을 전혀 이해하지 못한 결과입니다. 아베 정권은 일본에서는 정권이 사법부를 컨트롤하고 있는데, 왜 한국에서는 그것을 할 수 없느냐며 안달하고 있는 듯 보입니다.

개인의 청구권은 포기되지 않았다

대법원 판결이 지적하듯이 국가의 청구권과 개인의 청구권은 다른 것이고, 1965년 청구권협정 제2조에서 포기된 것은 국가의 외교보호권이며, 개인의 청구권은 포기되지 않았습니다.

1991년 8월 27일, 중의원 예산위원회에서 야나이 슌지柳井俊二, 1937~ 당시 외무성 조약국장은 시미즈 스미코清水澄子, 1928~2013 의원의 질의에 대해, 한일 청구권협정의 "양국 간의 청구권 문제는 완전히, 그리고 최종적으로 해결됐다"라는 구절의 해석과 관련해 "이는 한일 양국이 국가로서 지니고 있는 외교보호권을 서로 포기했다는 것입니다. 따라서 이른바 개인의 청구권 그 자체를 국내법적인 의미에서 소멸시켰다는 것은 아닙니다"라고 답변했습니다. 그 전에 그해 3월 26일, 참의원 내각위원회에서 다카시마 유슈高島有終 외무성 심의관은 (패전 뒤 일본군의) 시베리아 억

류 문제와 관련해 '일소 공동선언'으로 배상은 포기했으나 억류 당한 일본인 개인 청구권은 살아남아 있다고 답변했습니다. 그 뒤에도 1992년 2월 26일 중의원 외교위원회에서 도이 다카코 土井たか子, 1928~2014 의원의 질의, 3월 9일의 중의원 예산위원회에서의 이토 히데코伊東秀子 의원의 질의에 대해 정부는 같은 취지의 답변을 되풀이했습니다.

2018년 11월 14일, 고노 다로河野太郎, 1963~ 외상도 중의원 외무위원회에서 공산당의 고쿠타 게이지穀田恵二, 1947~2020 의원의 질의에 대해 개인의 청구권은 소멸하지 않았다고 답변했습니다.

고노 외상의 답변은 정확하게는, "개인 청구권은 소멸하지 않았으나, 이에 응할 법률상의 의무가 소멸했다"라는 것이었습니다. 이는 이해하기 어려운 답변이어서 좀 더 자세히 설명해보고자 합니다.

1965년 6월 22일, 한일 청구권협정이 체결되고, 그해 12월 18일 협정의 효력이 발생하는데, 그 전날인 12월 17일, 일본국회는 '재산권 및 청구권에 관한 문제의 해결 및 경제협력에 관한 일본국과 대한민국 간의 협정 제2조의 실시에 따른 대한민국 등의 재산권에 대한 조치에 관한 법률'이라는 긴 이름의 법률을 제정했습니다.

이 법률은 통칭 '법 제144호'로 불리고 있습니다. 이 법률은 "제2조의 실시에 따르는…"이라는 구절로도 분명히 알 수 있듯이, 청구권협정 제1조에서 정한 것 이외의 권리에 대한 "완전하고 최종적인 해결", 즉 한일 쌍방이 서로 포기한 재산권·청구권에 관한 것으로, 청구권협정 "제2조 3의 재산, 권리 및 이익에 해당하는 것은 다음 항의 규정에 적용되는 것을 제외하고는 쇼와 40년(1965년) 6월 22일에 소멸한 것으로 한다"라고 명기하고 있습니다.

쉽게 얘기하자면, 이들 포기된 권리는 1965년 6월 22일, 즉 청구권협정 체결 당일로 소멸됐기 때문에, 일본 국내에서는 행사할 수 없으며, 행사하더라도 법적인 보호는 받을 수 없다는 것입니다.

고노 외상의 "개인 청구권은 소멸하지 않았으나, 이에 응할 법률상의 의무가 소멸했다"라는 발언은 그런 뜻입니다. 이 문제에 관한 하쓰시카 아키히로初鹿明博, 1969~ 의원의 2018년 11월 9일자 질문주의서에 대해 일본정부가 "청구권에 입각한 청구에 응해야 할 법률상의 의무가 소멸했다"라고 회답한 것도 같은 취지입니다.

이렇게 보면, 대법원 판결의 판결이유는 종래의 일본정부 견해, 즉 한일기본조약·청구권협정에는 식민지배 청산적 의미가 없으며, 포기된 것은 국가의 외교보호권이고 개인의 청구권은 포기되지 않았다는 것임을 잘 알 수 있습니다.

이는 중국인 강제연행·강제노동에 대한 판결인 2007년 최고재판소의 니시마쓰西松 건설 판결의 취지와 같습니다. 뒤에 자세히 쓰겠지만 이 건에 대한 일본 최고재판소 판결도 한국 대법원과 마찬가지로 개인의 청구권 자체는 소멸하지 않았다고 한 점을 이해해둘 필요가 있습니다.

그렇지만 일본정부는 애초에 식민지배 청산이라는 문제는 없다는 견해를 갖고 있었기 때문에, 그런 의미에서는 '해결이 끝났다'는 게 맞을지도 모르겠습니다. 하지만 식민지배 문제를 언급한 1998년의 한일 공동선언(김대중 대통령과 오부치 게이조 총리), 2002년의 평양선언(김정일 위원장과 고이즈미 준이치로 총리)을 보더라도 오늘날 이미 역사청산 문제로서 식민지배의 청산은 불가피합니다.

그런데 청구권협정에는 무상 3억 달러, 당시 환율로 1,080억 엔 상당의 금액을 "일본국 생산물 및 일본인 역무役務를 이 협정의 효력발생일부터 10년 기간에 걸쳐 무상으로 제공한다"(제1조)라고 돼 있습니다.

즉, 무상 3억 달러가 일괄 지급된 것이 아니라, 10년에 걸쳐 분할되어, 그것도 '현물 지급' 형태로 지급됐습니다. 일본정부는 신일철주금 등의 국내(일본)기업으로부터 플랜트를 사서 이를 한국에 제공했습니다. 이처럼 청구권협정은 일본기업에 이익을 안겨주는 일석삼조의 협정이었습니다. 배상금 지급이 모두 이런 현물배상 형태로 이뤄짐에 따라 일본기업들이 다시 아시아로 진출하는 계기가 됐던 것입니다.

청구권협정 체제가 이런 것이었다는 점에 대해서는 일본사회에서 그다지 자세히 거론되지도 않았습니다.

외교보호권의 포기론이란

외교보호권 포기론은 일본정부가 연합국에 대한 자국민의 배상청구권을 포기한 결과, 그로 인해 연합국 쪽에 배상을 청구할 수 없게 된 일본 국민이 대신 자국 정부를 상대로 제기할 배상청구를 모면하기 위해 짜낸 말이 아닌가 생각합니다.

1945년 8월 15일의 패전으로 일본은 연합국의 점령 아래에 놓이게 됐습니다. 그리고 1952년 4월 28일에 발효된 샌프란시스코 강화조약으로 일본은 마침내 점령에서 해방돼 독립을 회복했습니다.

샌프란시스코 강화조약 제14조는, 일본은 전쟁배상 의무가 있다, 그러나 일본의 경제상태가 이 의무를 이행하기에 충분하지 않다, 따라서 일본에 대한 연합국 및 연합국민의 배상청구권은 포기한다, 그리고 동시에 연합국에 대한 일본국과 일본 국민의 배상청구권도 포기한다고 돼 있습니다.

"패전국인 일본 국민의 연합국에 대한 배상청구권"이란 말을 이해하기 어려울지도 모르겠습니다.

전승국인 연합국에게도 전쟁 과정에서 국제법을 위반한 행위가 있었습니다. 원폭투하 등은―미국은 그 위법성을 인정하고 있지 않습니다만―그 하나의 예라고 생각합니다. 그 밖에도 전시 중 적국인이었던 일본인의 자산 몰수와 그 반환과 같은 문제도 있었습니다.

샌프란시스코 강화조약은 연합국과 연합국민, 일본국과 일본

국민이 서로에 대한 배상청구권을 포기하고 전쟁 중 일어난 피해에 대한 보상을 청구하지 않겠다고 한 것입니다. 이것이 전쟁배상 문제를 둘러싼 샌프란시스코 강화조약체제라는 것인데 이체제가 나중에 여러 가지 문제를 낳게 됩니다.

일본정부에 대한 일본 국민의 전쟁 피해 배상청구는 전시 중에 캐나다에 있던 자산을 동결, 몰수당한 일본인이 전후에 샌프란시스코 강화조약 제14조 때문에 캐나다 정부에 배상청구를할 수 없게 되자, 일본국 헌법 제29조 3항 "사유재산은 정당한보상하에 이를 공공을 위해 사용할 수 있다"라는 규정을 근거로, 개인의 재산을 공공을 위해, 즉 일본국에 대한 연합국으로부터의 배상청구 면제를 위해 사용했다는 이유를 들어 일본국정부에게 배상을 청구한 것이 첫 케이스였습니다.

일본정부는 전쟁 피해가 심대했기 때문에, 국민이 이를 동등하게 부담하지 않으면 안 된다고 답변했고, 판결도 이를 인용했습니다. 이른바 '공동수인론共同受忍論(함께 견뎌냄)'입니다.

그 뒤 원폭 피해자들이, 원폭투하는 국제법에 위반되는 것이므로 피폭자들은 미국에 대해 손해배상 청구권을 가진다, 그러나 샌프란시스코 강화조약에 따라 일본정부는 이 청구권을 포기해버렸다며, 앞서 얘기한 사례와 같은 취지의 이유로 일본정부에 대한 배상을 청구했습니다.

일본정부는 원폭 피해자들에 대해서는 도저히 '공동수인론'을 주장할 수 없어서, 샌프란시스코 강화조약으로 포기한 것은 외교보호권이지 미국에 대한 원폭 피해자들의 손해배상 청구권 자체를 포기한 것은 아니므로, 헌법 제29조 3항에 따른 배상 의무를 지지 않는다고 항변(변명)했습니다.

이후 재판소는 원폭투하가 국제법 위반이라고 인정해놓고는 정부의 항변을 받아들여 원폭 피해자들의 일본정부에 대한 배상청구권을 기각해버렸습니다.

이처럼 조약으로 포기한 것은 외교보호권이지 개인의 청구권이 아니라는 일본정부의 견해는 정부가 자신의 책임을 모면하기 위해 고안해낸 것이었습니다.

매우 흥미롭게도 한국 대법원 판결에서 2명의 판사가 낸 반대의견이 그것을 지적하고 있습니다.

1965년의 한일 청구권협정 때에도 제2조에서 제1조의 규정 외의 한일 양국 및 양국민의 권리를 서로 포기했기 때문에 일본 원폭 피해자들의 소송의 경우와 마찬가지 문제가 발생합니다. 따라서 정부가 포기한 것은 외교보호권이며 개인 청구권 자체를 포기한 것은 아니라고 한 것입니다. 그런 바탕 위에서 일본정부가 포기하지 않은 개인의 청구권에 의거한 소송을 막기 위해 법률 제144호를 제정했다는 것은 이미 앞에서 얘기한 바와 같습니다.

일본 최고재판소가 인정한 개인 청구권

나중에 자세히 얘기하겠지만, 2007년 4월 27일 니시마쓰 건설 중국인 강제노동 사건에 대해 최고재판소 제2소법정은 다음과 같이 판결하였습니다. "전기前記 사실관계에 비춰 본건 피해자들이 입은 정신적·육체적인 고통은 지극히 큰 것이었던 것으로 인정된다"라고 하면서도, 수난자受難者(피해자)들의 청구권은 1972년 9월 29일의 '일중 공동성명' 제5항에 "중화인민공화국 정부는 일중 양국 국민의 우호를 위해 일본국에 대한 전쟁배상의 청구를 포기할 것을 선언한다"라고 돼 있으므로, "일중전쟁 수행 중에 발생한 중화인민공화국 국민의 일본국 또는 그 국민 또는 법인에 대한 청구권은 일중 공동성명 제5항에 따라 재판상 소구訴求*할 기능을 잃었다고 해야 하며, 그러한 청구권에 기초한 재판상의 청구에 대해 동同 항에 토대를 둔 청구권 포기에 대한 항변이 주장될 경우 해당 청구는 기각을 면할 수 없다"라고 했습니다.

판례 용어가 다소 난해할지도 모르겠지만, 일중 공동성명 제5항의 전쟁배상 청구권 포기는, 그것(청구권)이 주장될 경우 이미 재판상으로 그것을 요구할 권리가 없어진 것이라 얘기하고 있습니다. 하지만 권리 그 자체는 없어진 것이 아니라고도 했습니다. 이는 1965년 청구권협정으로 포기된 것은 외교보호권이

---

* 재판을 통해 권리를 행사함.

며, 개인의 권리는 포기되지 않았다는 한국 대법원의 견해(이것
은 예전부터 일본정부가 표명해온 견해이기도 합니다)와 같습니다.
대법원 판결에서 나온 2명의 대법관의 반대의견도 본건 피해자
들의 권리 그 자체가 소멸한 것은 아니라고 한 점에서 일본 최
고재판소의 판결에 가까운 것이라고 할 수 있겠지요.

앞서 얘기한 최고재판소 판결은 권리 자체는 소멸하지 않았
다는 생각이기 때문에, 판결주문에서는 강제노동 수난자와 그
유족들의 청구를 기각하면서도 "피해의 중대성을 생각하면 당
사자들 간의 자발적 해결이 바람직하다"라고 판결 말미에 '부언
附言'을 덧붙였습니다(126쪽 참조).

조약·협정으로 개인의 청구권을 소멸시킬 수 있는가

2000년 11월 29일의 '중국인 강제연행·강제노동 하나오카
사건의 견해'를 성립시킨 전 도쿄 고등재판소 재판장 니이무라
마사토新村正人 씨는 잡지 《세카이世界》(2019년 2월호)에 실린 논고
'전후보상 관견管見, 기억의 승계와 화해를 둘러싸고'에서 다음과
같이 말했습니다.

"이번 (한국) 대법원 판결이 마치 폭거라도 되는 양 주장하며 비
난하는 것은 삼가야 할 일이 아닌가. 청구권협정으로 포기한 것
은 외교보호권이고, 개인의 손해배상 청구권은 소멸하지 않았다
며 이 판결 논리 진행을 지지하는 논조를 우리나라의 일부 식

자들이 보여주고 있는데, 원래 일본정부는 개인의 청구권은 소멸하지 않았다는 입장을 계속 유지해왔다.

국가 간의 조약, 협정으로 개인의 청구권을 일방적으로 소멸시키고, 재판상 청구할 수 없다는 것이 자명한 이치인가. 이처럼 기본으로 되돌아가서 생각해봐야 하는 게 아닌가 하는 생각이 든다.

피해 사실이 인정되고 피해자 개인에 대한 권리 침해가 있어서 구제할 필요가 있는 것으로 인정되지만, 큰 벽이 있을 경우 재판관으로서는 벽을 넘어 나아갈 수 없다며 청구를 인정하지 않는 안이한 결착으로 빠지는 것은 있을 수 있는 일이다. 하지만 벽을 돌파하기 위한 이론을 구성하거나, 벽이 있는 것은 어쩔 수 없다면서도 그것을 우회해서 다른 해결 방법을 찾는 등의 선택지도 생각할 수 있다. 하나오카의 화해는 후자, 한국 대법원 판결은 전자의 길을 간 것이라고 할 수 있다."

조약과 법률이 어떠하든, 피해 사실이 엄연히 존재하는데도 그것에 대한 보상이 전혀 이뤄지지 않고 있다면 피해자에 대한 뭔가의 '조처'가 이뤄져야 하는 게 당연하지 않을까요.

후술하겠지만, 피해자들에 대한 배상을 명한 어느 재판관은 판결문 말미에 "배상이 사리에 맞다"라고 썼습니다.

식민지배의 실태 제대로 보기

한국병합의 역사

한일기본조약에서 "이미 무효"라고 명기한, 1910년 8월 22일 이전에 대일본제국과 대한제국 간에 체결된 조약 및 협정은 다음과 같습니다.

1904년 한일의정서, 제1차 한일협약

러일전쟁이 시작될 무렵 한국이 중립선언을 했음에도 일본은 한국을 군사점령하고 고문정치顧問政治를 시작했다.

1905년 제2차 한일협약

러일전쟁에서 '승리'한 일본이 한국을 보호국화하고 한국의 내정, 외교권을 빼앗았다. 통감부를 설치하고 초대 통감으로 이토 히로부미伊藤博文가 취임했다.

이런 흐름에 저항해 1907년 6월, 대한제국의 고종 황제는 러시아 황제의 주최로 네덜란드 헤이그에서 열린 제2차 만국평화회의에 3명의 밀사를 보내, ① 모든 정치가 일본인의 독단적 전횡으로 이뤄지며, ② 일본은 육해군의 힘으로 조선을 압박하고, ③ 조선의 모든 법률, 풍속을 파괴하고 있다고 호소했습니다. 이른바 '헤이그 밀사 사건'입니다. 이 호소는 열강들이 무시함으로써 실패로 끝났고, 고종은 강제 퇴위를 당했습니다. 러시아는 포츠머스조약에 따라 일본의 한국 지배를 인정했고, 미국도 이미 러일전쟁이 종반에 접어든 1905년 7월 29일, '가쓰라-태프트 밀약'으로 이를 인정했습니다. 일본의 가쓰라 타로桂太郎, 1848~1913 총리와 미국 육군장관 윌리엄 태프트William Taft, 1857~1930(나중에 대통령이 됨)는, 일본은 미국이 식민지로 삼은 필리핀에 대해 야심이 없다는 뜻을 표명하고 미국은 조선에서의 일본의 지도적 역할을 인정하는 가쓰라-태프트 협정을 맺었습니다.

1907년 제3차 한일협약
대한제국 황제 고종을 퇴위시키고, 군대를 해산시켰다.

이런 흐름은, 병합에 이르기까지의 3차에 걸친 한일협약이 얼마나 한국의 뜻을 무시한 채 무단적으로 이뤄진 것인지를 보여

줍니다. 일본예술원 회원으로《다카무라 고타로의 전후高村光太郎の
戦後》등의 여러 저작을 남긴 시인 나카무라 미노루中村念, 1927~ 씨
는 이에 대해, "숨 막히는 듯한 우리 일본정부의 조선·한국에 대
한 포학暴虐이다"《나의 일한역사 인식私の日韓歴史認識》)라고 썼습니다.

이와 같은 일본의 대한정책에 저항해 1907년에는 조선민중의
의병투쟁이 활발해졌고, 이후 일본의 패전에 이르기까지 계속
이어졌습니다.

을미사변乙未事變이라는 사건도 있었습니다. 청일전쟁 직후
인 1895년 10월 8일, 고종의 왕비 민비閔妃(명성황후)가 친러파
의 중심인물이라고 보고 주한국 일본공사 미우라 고로三浦梧楼,
1846~1926(나중에 가쿠슈인學習院 원장) 등이 일본군 수비대, 영사관
경찰, 장사壯士(폭력배·건달) 등을 왕궁에 난입시켜 살해한 사건
입니다. 서울 주재 영사 우치다 사다쓰지内田定槌, 1865~1942는 사이
온지 긴모치西園寺公望, 1849~1940 외무대신 앞으로 기밀 보고서를 보
내면서 그 말미에 다음과 같이 썼다고 합니다.

"이번에 뜻밖에도 의외의 장소에서 의외의 일을 꾀하는 자들
이 있었습니다. 장사 무리들뿐만 아니라 수다한 양민良民, 그리
고 질서를 유지해야 할 임무를 지닌 당 영사관원 및 수비대까
지 선동하여, 역사상 고금에 일찍이 없었던 흉악한 짓을 자행
하기에 이른 것은 우리 제국을 위해 지극히 유감스러운 일입니
다."(김문자,《명성황후 시해와 일본인》)

명성황후 시해는 한국에서는 누구나 알고 있는 일본의 만행

입니다. 1909년 10월 26일 중국 하얼빈 역에서 이토 히로부미를 사살한 안중근도 그의 죄목 15가지 중에서 제일 먼저 명성황후 시해를 들었습니다.

히데요시의 조선침략이 근현대사인 한국에서 을미사변은 한국민족에게 현대사 그 자체입니다. 하지만 일본사회에서는 이런 사실을 거의 모르고 있습니다. 바로 여기에 문제가 있습니다.

한번 상상을 해보시길 바랍니다. 만일 미국대사가 미군, CIA(중앙정보국) 등을 동원해서 일본총리 관저 또는 황거(천황거처)에 난입시키고 총리나 천황을 살해하는 사태가 벌어졌다면 일본사회는 어떤 반응을 보일까요. 일본은 식민지배 전 단계로 이런 공공연한 폭력을 자행했던 것입니다.

《나의 일한역사 인식》에서 나카무라 미노루 씨는 이에 대해서, "도대체 우리나라 공사의 지시로 다른 나라 왕궁에 침입해서 왕비를 살해하는 따위의 상궤를 벗어난 폭력 행위에 대해 우리 일본인들은 조선인들에게 어떤 보상을 할 수 있을까. 우리에겐 아무런 변명의 여지도 없다. 민비가 러시아와 손을 잡으려 했든 말든 그것은 문제가 되지 않는다. 이런 무법 무모한 짓을 한 우리 조부祖父들에 대해 우리는 책임을 져야 한다"라고 썼습니다. 그리고 이 사건 뒤 하수인으로 조선인 3명이 처형당하고, 미우라 고로 이하 일본인 관련자들은 재판에 회부됐지만 모두 무죄로 석방된 데에 대해, "또 그들을 면소免訴한 우리나라 재판관들의 행위는 파렴치할 뿐만 아니라 우리나라 재판의 공정성에 강한 의문을 품게 하는 것이어서, 우리는 이런 행위에 대해서도 부끄러워해야 한다"라고 썼습니다. 나카무라 씨는 변호사이기도 합니다.

작가 쓰노다 후사코角田房子. 1914~2010 씨는 한국인에게 명성황후 시해는 일본인에게 '주신구라忠臣蔵'* 만큼이나 회자되는 사건이라는 말을 듣고 놀라 그 사건을 조사해서 《명성황후: 최후의 새벽》을 집필했습니다.

강제징용자 판결을 둘러싸고 한일관계가 최악으로 치닫고 있는 가운데, 에도시대 한일교류의 증표였던 조선통신사를 두고 의회에서 '흉악자 범죄집단' 등의 발언을 하는 지방의원(2019년 9월 19일자 〈아사히신문〉)까지 나타나기 시작했습니다. 북방영토** 귀속과 관련해 "전쟁을 하지 않고는 돌려받을 수 없다"라고 공언한 국회의원도 있었습니다. 걱정스러운 역사에 대한 무지입니다.

그리고 1910년, 한국병합조약입니다. 이 조약 체결 이후, 일본은 조선총독부를 설치하고 헌병·경찰 통치를 시작했습니다.

'일한병합에 관한 조약'의 내용은 다음과 같습니다.

---

* 1700년대 초 일본 아코번 영주가 막부의 의전 담당 다이묘와의 충돌로 할복자살 명을 받고 죽자 그의 가신이었던 47명의 사무라이들이 와신상담 끝에 주군의 복수를 위한 학살극을 벌인 뒤 모두 할복 참수당한 실제 사건을 가부키 등으로 극화한 유명한 이야기.
** 일본이 자국영토라 주장하며 실효지배 중인 러시아에 반환을 요구하고 있는 홋카이도 북쪽의 작은 4개 섬.

제1조 한국 황제폐하는 한국 전부에 관한 일체의 통치권을 완
전히 그리고 영구히 일본국 황제폐하에게 양여讓與한다.

제2조 일본국 황제폐하는 앞 조항前條에 게시한 양여를 수락하
고, 또 완전히 한국을 일본제국에 병합할 것을 승낙한다.

얼마나 고압적인 내용인가요. 나카무라 미노루 씨는 "우리 선
조들이 강제한 일한병합조약을 읽노라면 참으로 암담한 생각이
든다. 한국 황제가 병합을 요청하는 형식을 취하게 한 것도 조
선·한국 사람들에 대한 모욕이 아닐 수 없다. (…) 일한병합조약
은 형식도 내용도 실로 파렴치한 것이었다"라고 했습니다.

이 조약은 2대 통감인 데라우치 마사타케寺内正毅. 1852~1919(육군
대신 겸임)와 한국의 이완용 총리대신 사이에 체결됐습니다. 당
시 한국 황제 순종은 조서에 서명하지 않았으며, 그런 의미에서
조약은 성립되지 않았습니다.

애초에 1905년 일본은 한국에 통감부를 설치하고 한국의 내
정·외교권을 빼앗았기 때문에 이완용 총리대신에게는 그런 조
약을 체결할 권한이 없었습니다.

이에 대해 와다 하루키和田春樹 도쿄대 명예교수는 "데라우치
와 이완용 두 사람은 병합조약 2통, 일본어판과 한글판에 서명
했다. 데라우치는 '통감 자작子爵 데라우치 마사타케'라고 서명했
고, 이완용은 '내각 총리대신 이완용'이라고 서명했다. 조약문은
모두 통감부에서 준비한 것이었다. 결국 병합조약 조인은 대등

한 조약을 체결할 자격을 갖지 못한 자들끼리 지배국의 대표자와 그 지휘감독을 받는 피지배국 관리의 자격으로 연출한 조약 조인 연극이었다"《한국병합 110년 만의 진실》)라고 알기 쉽게 해설했습니다.

데라우치는 1910년 10월 1일, 육군대신 겸임으로 초대 조선총독에 취임합니다.

"고바야카와小早川隆景, 고바야카와 다카카게, 1533~1597, 고니시小西行長 고니시 유키나가, 1555?~1600, 가토加藤清正 가토 기요마사, 1562~1611●가 살아 있다면 오늘밤 달을 어떻게 볼까."

그가 술자리에서 읊었다는 노래라고 하는데(앞의 책). 이 대목에서 저는 그만 말문이 막혀버렸습니다. 이는 도요토미 히데요시의 조선침략의 연장입니다. 죠슈벌長州閥●●인 데라우치는 막부 말기 죠슈번의 이론적 지도자인 요시다 쇼인吉田松陰, 1830~1859이 주창한, "국력을 길러, 취하기 쉬운 조선·만주·지나(중국)를 굴복시키고, 교역으로 미국·러시아에게 잃은 것을 다시 땅으로 조선·만주에서 보상받아야 한다"(안세이安政 2년[1855년] 4월 24일 서간)는 주장, 즉 미국, 러시아와의 교역(불평등조약)으로 잃은 것은 국력을 키워서 조선, 만주, 청국을 '굴복시켜' 영토를 확대함으로써 되찾아야 한다는 가르침을 자신이 실천하고 있다고

●　고바야카와 고니시, 가토는 임진왜란 때 조선에 파병된 전국시대의 무장들이다.
●●　지금의 야마구치현 일대를 다스린 죠슈번 출신의 번벌藩閥. 번벌이란 메이지 시대에 일본 육·해군 요직을 차지한 정치세력이다.

생각했을지도 모르겠습니다. 요시다 쇼인의 편지에 대해 "그러면 일이 잘못된다"라고 타이른 이는 쇼인의 스승 사쿠마 쇼잔佐久間象山, 1811~1864이었습니다. 경기도 천안에 있는 독립기념관에 가면 정한론征韓論의 주창자인 사이고 다카모리西鄕隆盛, 1827~1877와 함께 요시다 쇼인이 조선침략의 원흉으로 전시돼 있습니다. 이처럼 일본과 한국에서는 요시다 쇼인에 대한 평가가 전혀 다릅니다. 이 차이를 알아야 합니다.

한일기본조약 체결 교섭 중에 한국 측이 한국병합조약은 당초부터 무효라는 입장을 고수한 것도 무리가 아닙니다.

식민지배는 한국에 좋은 일이었다는 주장

일본사회에는 한국의 식민지배가 한국인을 위해 좋았다는 식의 견해도 있습니다.

식민지배는 경제적인 수탈뿐만 아니라 문화의 파괴도 동반합니다. 일본은 메이지유신 이후 오키나와·아이누모시리(홋카이도)에서 식민지를 경영하면서 경제적 수탈과 함께 오키나와와 아이누의 문화를 파괴하고 언어를 부정했는데, 그와 같은 행위를 한국에서도 자행했습니다. 황민화皇民化 정책(내선일체화內鮮一體化)의 일환으로 한국인의 이름을 일본식으로 바꿀 것을 요구하면서 1940년 2월, 조선총독부 제령制令 '조선민사령民事令 중 개정의 건', '조선인의 씨명氏名(이름)에 관한 건'을 시행해 창씨개명創氏改名을 강행했습니다. 한국에서 태어나고 자란 작가 가지야마 도시유키^{梶山季之, 1930~1975}는 창씨개명에 항의해 자살한 한국의 중견 지주를 모델로 한 작품 《족보》를 쓰기도 했지요. 조상 추모 관념이 강한 한국사회는 이 창씨개명을 그때나 지금이나 용납하기 어려운 일로 여기고 있습니다. 굴욕으로 받아들이기도 합니다.

이토 히로부미가 초대 통감으로 부임할 때 연인으로 동행한 게이샤의 눈으로 식민지배 사태를 그린 작가 마쓰모토 세이초^{松本清張, 1909~1992}의 《통감^{統監}》 말미에 이런 구절이 있습니다. 이토로부터 "휴가를 받은" 연인 게이샤는 (본국으로) 귀국할 때 편지와 작은 오동나무 상자를 늙은 아내에게 전해달라는 이토의 부탁을 받습니다. "오오이소^{大磯}에 가서 통감 마님을 뵙고, 통감이 부탁한 편지와 오동나무 상자를 건넸습니다. (…) 오동나무 상자에 들어 있던 것은 조선 인삼이었습니다. 마님 손에 들린 희고 쪼글쪼글한 인간 모양의 인삼이 마치 말라비틀어진 조선국민처럼 보였습니다."

해방 후 한국에서는 1946년 10월에 조선성명복구령^{姓名復舊令}이 제정됐으며, 이후 일본 식민지 시대에 창씨개명한 이름을 쓰는 사람은 한 사람도 없습니다.

1919년 3·1운동 직후에 천황은 "짐은 일찍이 조선의 강녕^{康寧}을 위해 그 민중을 애무^{愛撫}하기를 일시동인^{一視同仁}하고 짐의 신민^{臣民}으로 추호의 차별도 없었노라"라는 조서를 발표했습니다. 그렇게 '황민화' 정책이 추진돼 전쟁 중에는 소학교(초등학교)에서 "우리는 대일본제국 신민입니다. 우리는 합심해서 천황폐하

께 충의를 다하겠습니다'라는 '황국신민의 서사皇國臣民の誓詞'를 낭독하게 했습니다.

합병 뒤인 1912년에 발령된 '토지조사령'은 조선인의 토지를 큰 뱀처럼 삼킨 교활한 법령이었습니다. 그런 방법은 이미 아이누모시리에서 써먹은 바 있습니다. 토지조사령으로 '무주지無主地(주인 없는 토지)'가 된 땅은 총독부가 취득해서 조선에 이주해 온 일본인들에게 나눠주었습니다. 토지를 빼앗긴 수많은 조선인들은 유민流民이 돼 결국 일본 본토로 흘러들어갔습니다. 이것이 '강제징용자'의 기원이 됐습니다.

조선인들의 토지를 빼앗을 때 '활약'한 것은 병합 직전인 1908년 당시 총리였던 가쓰라 다로가 설립한 국책회사 동양척식회사였습니다. 이런 과정을 거쳐 나중에 카이로선언에서 얘기한 "조선인민의 노예 상태"가 형성돼 갔던 것입니다. 조선에서 써먹은 이런 수법은 이윽고 중국 만주(동북부)로 확대됐습니다.

그런 식민지배의 실태를 외면해서는 안 됩니다. 한국병합 당시 시인 이시카와 다쿠보쿠石川啄木, 1886~1912는 "지도상의 조선국에 새까맣게 먹칠을 하며 가을바람 소리를 듣는다"라고 노래하면서 일본국가를 날카롭게 비판했습니다.

1932년 4월 29일, 상하이사변 휴전 중에 상하이 훙커우 공원에서 열린 천장절(히로히토 쇼와裕仁昭和 천황 탄생일) 축하 행사장에서 한창 '기미가요'를 합창하고 있을 때 폭탄이 투척돼 행사에 참석했던 시라카와 요시노리白川義則, 1869~1932 상하이파견군 사령관, 시게미쓰 마모루重光葵, 1887~1957 주화駐華(주중)공사, 노무라 기치사부로野村吉三郎, 1877~1964 제3함대 사령관 등 다수의 일본인이 중경상(시라카와는 다음 달인 5월 사망, 시게미쓰는 한쪽 다리 절단, 노무라는 한쪽 눈 실명)을 입었습니다. 폭탄을 던진 이는 한인 애국단원인 윤봉길이었습니다.

1936년 베를린 올림픽에서 '일본인' 손기정이 마라톤에서 우승했습니다. 그는 오늘날까지 올림픽 사상 '일본' 남자 마라톤의 유일한 금메달리스트입니다. 손기정의 승리를 일본 각 신문들은 "마라톤 세계제패! 손 선수의 역주(《아사히신문》)""패업을 이루다! 마라톤 결승선에 도착한 손 선수(《요미우리신문》)" 등의 제목을 달아 호외를 내 알렸습니다. 〈동아일보〉는 손 선수 유니폼의 일장기를 삭제한 사진을 실었다가 무기한 발행정지를 당했습니다.

폭탄을 던진 윤봉길, 시상대에서 '기미가요' 연주를 들어야 했던 손기정, 일장기를 삭제한 사진을 게재한 〈동아일보〉, 그들의 마음을 헤아릴 필요가 있지 않을까요.

1988년 《명성황후: 최후의 새벽》 집필을 끝낸 쓰노다 후사코 씨는 '후기'에 다음과 같이 썼습니다.

　"《명성황후: 최후의 새벽》을 쓰기 위해 거의 3년간 나는 한일관계의 역사, 특히 근대사를 공부했다. 그렇지만 지금까지 대중의

한 사람으로서 세계를 역사 이야기 정도로만 알고 있던 내 지식은 그저 그렇고 그런 수준이었다. 그러나 미흡하나마 한일관계의 사실을 알고 나서 나는 실감과 함께 '유감의 념'을 갖게 됐다. 내가 곧잘 쓰는 말로 하자면, '죄송스러움'이 그 기반이 된 감정이다. 그리고 나는 한국의 발전에 지원을 아끼지 않았던 고故 이나야마 씨의 말*에서 큰 감동을 느꼈다.

《명성황후: 최후의 새벽》을 읽어주시는 분들 중 한 분이라도 더 많이 이웃 나라에 대한 '유감의 념'을 가지고, 그 바탕 위에서 우호관계, 상호이해를 심화시켜주기를 나는 간절히 바란다. 하지만 나는 이 책에서 나 개인의 그런 바람에 대해서는 언급하지 않았다. 더구나 그것을 강요하는 투의 말은 쓰지 않았으며 다만 사실을 가능한 한 정확하게 쓰는 일에만 전념했다. 그다음은 그 역사를 읽어주시는 분들이 판단해야 할 몫이며, 필자인 내가 독자의 머릿속에까지 들어갈 수는 없다고 생각했기 때문이다. (…)

---

* 1987년, 이나야마 요시히로稲山嘉寬, 1904~1987 게이단렌経団連(경제단체연합회) 명예회장의 고별식에 참석하기 위해 일본에 온 박태준(한일경제협회 회장, 포항종합제철 회장)의 '쓸쓸한 방일'(《산케이신문》 1987년 10월 28일 '교유초交遊抄')을 다룬 기사를 말한다. "1960년대, 세계은행과 미국 수출입은행이 포항제철 사업에 대해 회의적인 판단과 비협조적인 태도를 취하면서, 한국의 일관 제철소 건설에 필요한 자본과 기술 공여 등 주요한 문제가 무엇 하나 해결되지 못한 상태였을 때 마지막으로 믿고 의지할 곳으로 야하타八幡 제철 사장이었던 이나야마 씨 등 일본철강연맹 수뇌에게 지원을 요청했다. 그때 이나야마 씨의 자세는 평생 내 뇌리에서 지워지지 않을 것이다. 고인은 경제발전을 위해 거국적으로 노력하고 있는 한국에 진정한 발전의 토대가 될 제철소를 건설하는 것은 지극히 타당할 뿐만 아니라 일본이 수십 년에 걸친 한국 지배를 통해 한국민들에게 입힌 손실을 보상하는 의미에서라도 그 사업에 협력하는 것이 당연하다고 역설했다."

만일 이 책을 통해 한일관계의 역사를 처음 알게 됐다는 독자가 계시다면 꼭 '유감의 념'을 가져주시기를 바라는 것은 동포에 대한 나의 믿음이기도 하다."

일본의 한국 때리기

가두연설에서 한국 대법원 판결을 '폭거'라며 격렬하게 비판해, 한국 청와대로부터 "최근 일련의 일본의 정치적인 행동은 매우 불쾌하며, 유감이라고 말씀드리지 않을 수 없다"(2018년 11월 7일 〈아사히신문〉 석간)라는 비판을 받은 고노 다로 외상은, 앞서 얘기한 야나이 순지 당시 외무성 조약국장의 답변을 이해하지 못했습니다. 아니, 일본정부는 이제까지의 정부 견해를 국민들에게 설명하지 않고 그저 "국가 간의 합의에 반한다"라는 주장만 줄곧 되풀이하면서 한국정부 비판에만 골몰하고 있습니다.

2019년 7월 19일, 한국의 강제동원 피해자 문제를 두고 주일 한국 대사를 외무성으로 불러들인 고노 외상은 남관표 한국 대사가 강제징용자 문제는 한일 기업들이 함께 돈을 내서 기금을 만들어 해결하자는 한국정부 견해를 설명하려고 하자, "제안을 받아들일 수 없다"라며, 그에 대해 이미 전달했음에도 "모르는 척하면서 다시 제안하는 것은 무례"라며 거칠게 얘기했다고 합니다(2019년 7월 20일 〈아사히신문〉). 얼마나 오만한 태도인가요.

후술하겠지만, 필자는 강제징용자 문제의 해결 방법으로 기금방식이야말로 현실적인 것이라 생각합니다. 설령 일본정부로서는 그것을 받아들일 수 없다고 할지라도, 한국정부가 거듭 설명하려 하는 것에 대해 거칠게 항의하며 가로막고는, 무례하다고 힐난하는 것은 외교의례에 반합니다. "고노 외상이 보인 태도야말로 무례하다"라고 한국 외교부가 반발한 것은 당연하다고 할 수 있겠지요.

2019년 7월, 일본정부는 한국에 대한 반도체 소재 수출 규제를 강화했습니다. 그 뒤 우대국 대우를 해주는 화이트국가 리스트에서 한국을 제외했습니다. 이는 그때까지 일본정부가 식민지배 등의 역사 문제에 대해 견해의 차이 정도로 여기며, 소극적으로 대처해온 정책을 일변시켜 적극적으로 공격하는 쪽으로 돌아섰음을 의미합니다.

한국사회가 이를 역사 문제에 대한 새로운 도발로 받아들임으로써 한일관계는 더욱 악화됐습니다. 이후 한국정부의 한일 군사정보포괄보호협정 파기 통고(그 뒤에 파기 유보) 등 한일관계 악화는 멈출 기미가 보이지 않습니다. 한국에서 일본으로 가는 여행자도 급감했습니다.

일본 미디어, 특히 텔레비전 와이드쇼의 한국 때리기는 가혹합니다. 잡지도 혐한을 부추기고 있습니다.《국가의 품격》의 저자 후지하라 마사히코藤原正彦 씨는 '총력특집 일한 단절'을 주제로 한《문예춘추》2019년 10월호에 '일본과 한국《국가의 품격》'이라는 글을 기고했습니다.

"한국의 역대 정권은 궁지에 몰리면 일본에 난제를 던져 국민의 갈채를 받는 것으로 구심력을 회복하는 것을 상투적 수단으로 삼아 되풀이해왔습니다. 그 일본이 이런 국면에서 마침내 '말 잘 듣는 아이'이기를 그만뒀습니다. (…) 한국은 국가 간의 약속을 파기하는, 국제법상 해서는 안 될 행동을 했습니다. 거기에 대해 합당한 제재를 가하는 것은 당연한 대응입니다."

그는 나아가 다음과 같은 얘기도 했습니다.

"이제부터 일본에게는 'benign neglect'한 자세가 요구됩니다. 일본어로 번역하면 '점잖은 무시'라는 뜻입니다. (…) 한국에서는 대규모 반일 시위나 일본제품 불매운동이 벌어지고 있습니다. 그러나 일본 국내로 눈을 돌려 보면 한국제품 불매운동도 반한 시위도 전혀 벌어지지 않습니다. 이런 국가로서의 품격 차이가 지금 세계적으로 도드라져 보입니다."

1885년 "나는 진심으로 아시아 동방의 악우惡友를 사절謝絶하노라"라고 했던 후쿠자와 유키치福澤諭吉, 1835~1901의 탈아론脫亞論에서 한 치도 벗어나지 못한, 위에서 내려다보는 매우 오만한 태도라고 할까요. 일본사회에도 일부이긴 하나, 한국이나 재일 한국인들을 표적으로 삼아 벌이는 헤이트hate 시위(혐한 시위)가 횡행하고 있습니다. 서점에는 한국이나 중국을 겨냥한 헤이트 도서들이 눈에 띄게 진열돼 있습니다. 후지하라 씨의 글이 발표된 그해 12월에 가와사키川崎시에서는 헤이트 스피치hate speech(혐오 발언)를 금지하는 차별금지조례를 제정하기에 이르렀습니다. 후지하라 씨는 이런 사실들을 몰랐을까요. 이런 사람이 얘기하는 국가의 품격 따위는 필요 없습니다.

부끄러운 역사에 맞서는 용기

필자는 매월 첫째 주 토요일 〈마이니치신문〉에 기고되는 이토 도모나가伊藤智永 기자의 칼럼 〈도키노 아리카時の在りか〉를 즐겨 읽습니다. 이토 도모나가 기자는 2019년 6월 1일자 칼럼에서 '완전하고 최종적인 미로'라는 제목으로 강제징용자 문제에 대해 다음과 같이 썼습니다.

> "한국은 어쩔 수가 없네. 나라와 나라 간의 약속을 지키지 않는다. 몇 번이나 옛날 일을 다시 끄집어낸다. 상대하지 않는 것이 제일 좋아."
>
> 이자카야(선술집)에서도 국회에서도 한창 세상 이치를 분별할 나이의 어른들이 분개하고 있다. 이달 하순 개최되는 주요 20개국 정상회의에서도 한일 정상회담은 열리기 어렵다.
>
> 징용자 소송으로 일본기업에게 배상을 명한 한국 대법원 판결이 한일 청구권협정의 "청구권에 관한 문제가 완전히, 그리고 최종적으로 해결됐다"라고 한 결정을 깨뜨렸다고 안달복달하지만,

(한일 양국이) 확인을 주고받은 것은 바로 완전하고도 최종적인 해결은 어렵다는 것을 우려했기 때문이다. (…)

한일기본조약 체결은 법리를 넘은 정치결단의 전형이었다. 한국 병합(1910년)을 위법, 부정한 식민지배로 간주하는 한국과, 합법이요 정당한 것이라며 양보하지 않는 일본의 대립을 덮어서 감춘 '합의 없는 타협'은 토대부터 "완전하고도 최종적인 해결"과는 거리가 멀다. (…)

마지막 교섭이 시작됐을 무렵, 유럽을 방문한 박정희 대통령에게 일본의 부탁으로 서독 대통령이 독일-프랑스 화해 경험을 얘기하면서 한일 화해를 촉구했더니 박 대통령은 이렇게 대답했다고 한다.

"독일 프랑스는 서로 때리고 맞은 사이이지만, 한국은 일본에게 일방적으로 맞기만 했으니 (화해가) 어렵다." (…)

한일 '65년 체제'는 냉전과 군사정권의 그늘에서는 탈이 나지 않았으나, 인권외교가 발달하고 개인이 국가의 껍질을 깨고 권리를 주장하기 시작함에 따라 꿰맨 실밥이 터져 나왔다.

한국을 제멋대로라고 얘기할 수는 없다. (…)

앞서 얘기한 한국병합에 이르는 역사에 대해 상상력을 발휘한다면, 박 대통령의 "맞기만 했다"라는 말을 이해할 수 있지 않을까요.

역사 문제의 해결을 위해서는 피해자의 관용이 필요하지만,

그것을 위해서는 가해자가 역사를 진지하게 대하는 신중함과 절도가 불가결합니다. 예전에는 이런 생각을 한 외무관료들이 없지 않았습니다.

스노베 료조 전 외무성 사무차관이 한일 청구권협정에 대해 "일본의 부담을 '줄이는' 데에 중점이 놓여" 있었기 때문에 "조약적, 법적으로는 확실히 끝났지만 뭔가 석연치 않은 불만이 남게 됐다"라고 말한 것은 앞서 얘기한 바와 같습니다.

그 밖에도 구리야마 다카카즈栗山尚一 전 주미 일본대사는 "화해-일본외교의 과제, 반성을 행동으로 보여주는 노력을"(《외교포럼》, 2006년 1월호)이란 제목의 글을 썼는데, 경청해야 할 견해입니다.

"(…) 국가가 잘못을 범하기 쉬운 인간의 산물인 이상, 역사에 어두운 부분이 있는 것은 당연하며, 부끄러워해야 할 것은 아니기 때문이다. 오히려 과거의 잘못을 잘못으로 인정하는 것은 그 나라의 도의적 입장을 강화시켜준다. (…)

이처럼 조약 등의 문서(샌프란시스코 강화조약, 일중 공동성명, 한일 청구권협정 등—필자 주)는 전쟁이나 식민지배라는 비정상적인 상태에 종지부를 찍고 정상적인 국가관계를 수립하기 위해서는 반드시 거쳐야 할 과정이지만, 그것만으로는 화해가 이뤄지지 않는다. (…)

가해자와 피해자 사이의 화해에는 세대를 뛰어넘는 쌍방의 용기와 노력이 필요하다. 그것은 가해자에게는 과거와 정면으로 맞설 용기와 반성을 잊지 않으려는 노력을 의미하며, 피해자에게는 과거 역사와 현재를 구별하는 용기이며 또한 상대를 용서하고 받아들이려는 노력이다."

하지만 "과거 역사와 현재를 구별하는 용기"라는 말은 이해하기 어려운 표현입니다. 그것은 전전戰前 일본과 전후 일본은 다르다는 점을 이해해달라는 것일까요. 저는 이 말이 피해자에 대해, 우리는 변했으니 그것을 받아들여 관용을 베풀어주기 바란다고 요구하는 것이라고 생각합니다.

그러나 전전의 일본과 전후의 일본이 정말로 변했는지 그렇지 않은지는 피해자가 판단해야 하는 것이지, 가해자가 피해자에게 그렇게 판단할 용기를 가지라는 식으로 압박할 성질의 것은 아닙니다.

가해자로서는 오로지 신중하고 절도 있게 역사를 대하는 수밖에 없습니다. 그렇게 해야 피해자로부터 관용을 얻을 수 있다고 생각합니다.

평론가 호사카 마사야스保阪正康 씨도 〈아사히신문〉과의 인터뷰(2019년 10월 10일) 기사인 '저항국회냐 익찬翼贊*국회냐의 기로'에서 이렇게 썼습니다.

* 도와서 올바른 데로 이끌어간다는 의미.

일본정부는 1965년의 한일기본조약·청구권협정을 토대로 전 징용자의 보상 문제는 "완전히, 그리고 최종적으로 해결됐다"라는 입장을 취해왔다. 한국정부도 같은 입장이었으나, 지난해 10월에 한국 대법원이 이를 뒤집었다. 이것만 보면 아베 정권이 말하는 "한국은 약속을 지키지 않는다"라는 주장이 맞다고 생각한다.

그러나 1965년 당시 한국은 군사독재체제하에 있었고, 동서냉전 한복판에 있었기 때문에 조약이나 협정이 애매한 구석을 남긴 것은 부정할 수 없다.

거기에 대해 눈을 감은 채 일본정부가 "우리가 옳다"라는 주장만 하고 있다면 한국정부와 평행선을 달릴 뿐이다. (…) 예전의 자민당 내 거물 보수정치가는 기본조약·청구권협정의 약속은 약속이고, 일본이 한국을 식민지화한 역사가 있기 때문에 "한국의 주장도 알겠다"라며 정치적인 타협점을 찾았다.

이는 대법원 판결을 둘러싸고 국가 간의 합의에 반한다며 일제히 반발하고 있는 일본사회 속에서 냉정하게 문제의 본질을 파악하고, 무엇보다도 식민지배 피해자의 시선에서 강제징용자 문제를 바라본 경청할 만한 견해가 아닐까요.

또한 호사카 씨는 앞의 논고에서 "세간에 퍼져 있는 한국에 대한 묘한 감정의 고양은 쇼와 10년대(1935~1945년)에 '중국을 해치워, 중국을 지원하고 있는 미국을 해치워'라고들 했던 감정의 흐름에 가깝다고 해도 좋다. 내셔널리즘이 한 번 퍼지면 그 앞에 기다리고 있는 것은 폭력의 정당화다" "파시즘이라는 말은 어쩐지 과장되게 들리지만, 간단히 말하면, 행정부가 입법부와 사법부를 그 아래에 두는 것이다. 그것이 행정독재다"라며, 일본 사회에 경종을 울렸습니다.

2부

중국인
강제연행·강제노동

중국인 강제연행·강제노동의
역사에서 배우다

중국인 강제동원 피해 해결에서 답을 찾다

강제징용자 문제에 대한 한국 대법원 판결을 두고 일본에서 반발의 폭풍이 일어난 가운데 작가 다카무라 가오루^{高村薫} 씨는 꽤 일찍이 다음과 같은 글로 일본 사회에 경종을 울렸습니다.

일본정부는 전후배상 문제에서도 정확한 말을 하고 있지 않다. (…) 일본은 총리도 외무대신도 1965년의 한일 청구권협정으로 전후배상 문제는 양국 간에 최종적으로 해결됐다고 거듭 목소리를 높이고 있다. 마치 한국 사법부가 국제법을 무시하고 있는 양 얘기하고 있는데, 일방적인 폭언을 하고 있는 것은 일본 쪽이 아닐까. (…)

2000년 이후, 일제 때 강제연행당한 중국인 노동자들이 제기한 재판에서는 중국이 일본에 대한 전후배상 청구권을 포기한 일중 공동성명에 의거해 원고의 소는 기각됐으나, 한편으로 개인 청구권은 소멸되지 않았다는 원칙 아래에서 피해자 구제를 위해 가시마鹿島 건설과 니시마쓰 건설, 그리고 원고들 사이에 화해 권고가 이뤄졌다.

당시 신문이 전한 화해의 내용을 어렴풋이 기억하는 일본인으로서, 이번 판결에 대해 일본사회가 귀신의 목이라도 딴 듯 요란하게 국제법 위반이라느니, 단호한 조치라느니 하며 이구동성으로 떠드는 것에 위화감을 느낀다. 전전戰前의 식민지배를 뒤돌아보면 일본은 인권이 중시되는 지금 시대에 걸맞은 화해의 길을 찾아야 할 책무가 있다. 일찍이 가시마 건설과 니시마쓰 건설이 할 수 있었던 일을 신일철주금이 하지 못할 까닭이 없다.

일본의 정치가가 전후배상 문제는 해결이 끝났다고 호언장담하는 것은 일본에 대한 한국 국민의 뿌리 깊은 '한恨'의 불꽃에 기름을 붓는 얕은 생각인데, 그 이상으로 인간으로서 부끄러운 일이라고 나의 보잘것없는 양심이 말하고 있다.

《선데이 마이니치》, 2019년 2월 3일호)

필자는 많은 사람들로부터 똑같은 강제연행·강제노동 문제인데 중국인 강제징용자의 경우에는 하나오카 화해(가시마 건설), 니시마쓰 건설 화해, 미쓰비시 머티리얼三菱マテリアル 화해 등이 이뤄진 데 반해 한국인 강제징용자의 경우에는 그렇지 못한 차이

가 있는 것은 무엇 때문이냐는 질문을 받았습니다.

불법적인 노예노동이라는 점에서는 양자 간에 본질적인 차이가 없습니다. 다만 기간과 그 수에서 큰 차이가 있습니다.

중국인 강제연행·강제노동은 1944년 9월부터 1945년 8월까지 약 1년간 발생한 피해자 수가 약 4만 명입니다만, 한국인의 경우는 기간도 길고 피해자 수도 20여 만 명에서 수십만 명으로 훨씬 더 많습니다.

그리고 1965년의 한일기본조약·청구권협정과 1972년의 일중공동성명 사이의 차이가 있습니다. 이 점에 대해서는 후술하겠습니다. 이런 차이들을 제대로 살핀 뒤 계속해서 한국인 강제징용자 문제의 해결을 모색하고자 할 때, 중국인 강제연행·강제노동 문제와 화해를 통한 그 '부분적인 해결'의 성과를 생각해보는 것이 유익하지 않을까 생각합니다.

각의 결정, '중국인 노무자 내지이입에 관한 건'

일본은 1931년 9월 18일, 중국 펑톈奉天(지금의 선양瀋陽) 교외의 철도 폭파 모략(만주사변)을 계기로 해서, 1937년 7월 7일 베이징 교외에서 벌어진 루거우차오 사건을 거쳐 중일'전쟁'의 수렁에 빠져들었고, 마침내 1941년 12월 8일의 하와이 진주만 공격으로 미국·영국·호주·캐나다·네덜란드 등과도 전쟁을 벌이기에 이르렀습니다.

이 아시아·태평양전쟁이 장기화하는 가운데 일본 국내에서는 성년 남자들이 차례차례 전장으로 출정함에 따라 심각한 노동력 부족이 초래됐습니다.

이에 대처하기 위해 정부는 먼저 당시 식민지였던 조선반도에서 노동력을 끌어들이기로 했습니다. 그 형태는 '모집' '관 알선' 나중에는 징용령에 의한 노동력 동원이었습니다만, 그 실태는 '다코베야蛸部屋'＊가 상징하는 강제노동과 다를 바 없었습니다. 한국 대법원 판결도 노예 상태였던 강제노동 실태에 대해 언급하고 있습니다.

악화되는 전황으로 노동력 수요는 더욱 커졌습니다.

1942년 11월 27일, 당시 도조 히데키東條英機, 1884~1948 내각은 중국대륙에서 중국인들을 일본 국내로 강제연행해 광산, 댐 건설 현장 등에서 강제노동을 시키기 위해 '중국인 노무자 내지이입에 관한 건'을 각의閣議 결정하고, 1944년 2월 28일 차관회의를 거쳐 그해 8월부터 다음 해인 1945년 5월까지 세 차례에 걸쳐 3만 8,935명의 중국인들을 일본으로 강제연행해 광산, 댐 건설 현장 등 135개 사업장에서 강제노동을 시켰습니다.

그 강제연행·강제노동은 형식적으로는 '고용계약' 체제를 갖추고 있었지만, 전투에서의 포로, 점령지에서의 민간인 여부와 상관없이 납치하여 강제연행·강제노동을 시킨 것 외에 다른 어떤 것도 아니며, 이는 명백한 국제법 위반입니다.

＊   광산이나 공사장 인부들의 열악한 합숙소.

이후 일본이 패전할 때까지 약 1년간 중국인 노동자 6,830명이 죽었습니다. 이는 17.54퍼센트의 사망률입니다.

'하나오카 사건', 1945년 6월 30일의 '폭동'

당시 강제연행당한 중국인들 중에 986명이 아키타^{秋田}현 오다테^{大館} 시 교외의 하나오카 구리 광산에 있던 가시마 구미^{鹿島組} (가시마 건설의 전신) 하나오카 출장소에 배치돼 하나오카 강 개수공사 등에 동원됐습니다.

당시 증산^{增産} 호령 아래 광산의 지하를 하나오카 강 밑에까지 파들어간 결과, 1944년 5월 29일 나나쓰다테^{七ツ館} 갱에서 낙반 사고가 일어나 일본인 광부 11명, 조선인 광부 12명이 생매장당하는 사고가 일어났습니다. 조선인 광부 1명은 구출됐지만 나머지 22명은 생존 응답이 있었음에도 광구를 지켜내기 위해 갱도를 폐쇄하는 바람에 그곳에 갇혀 사망했고 이후 유해도 거두어들이지 못했습니다. 게다가 굴진을 계속하기 위해서는 하나오카 강의 흐름을 바꾸는 공사를 해야 할 필요가 생겼습니다.

그들은 제대로 된 식사도 제공받지 못했으며, 옷도 끌려올 때 입고 있던 그대로여서, 추운 강 속에 가혹한 노동을 강요당하면서 잇따라 폐사^{斃死}했습니다.

이런 강제노동을 견뎌낼 수 없었던 그들은 1945년 6월 30일 밤중에 4명의 일본인 지도원을 비롯해 일본인과 내통하여 동포를 괴롭힌 식량계의 중국인 한 사람을 죽이고 '폭동'을 일으키기

약 4만 명의 중국인들이 일본 각지로 연행 배치되어 그 중에서 약 7,000명이 일본에서 사망했다.

다음은 중국인들이 강제노동을 한 135개 사업장을 표시한 전국지도이다. 지역명 옆의 숫자는 사망자 수·연행당한 사람 수이다(《자료 중국인 강제연행》 등을 토대로 작성).

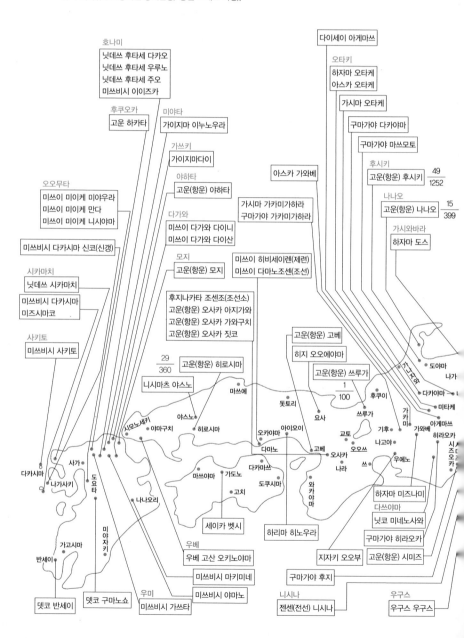

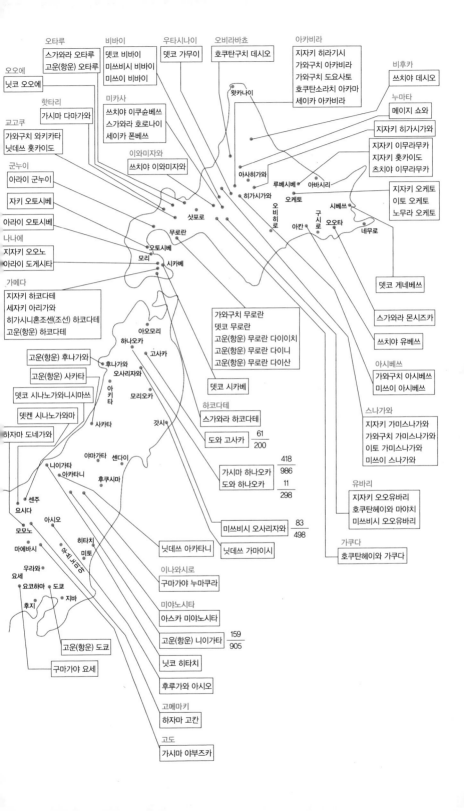

오타루
스가와라 오타루
고운(항운) 오타루

비바이
뎃코 비바이
미쓰비시 비바이
미쓰이 비바이

우타시나이
뎃코 가무이

오비라바쵸
호쿠탄구치 데시오

아카비라
지자키 히라기시
가와구치 아카비라
가와구치 도요사토
호쿠탄소라치 아카마
세이카 아카비라

오오에
닛코 오오에

핫타리
가시마 다마가와

미카사
쓰치야 이쿠슌베쓰
스가와라 호로나이
세이카 폰베쓰

비후카
쓰치야 데시오

누마타
메이지 쇼와

교고쿠
가와구치 와키카타
닛데쓰 홋카이도

이와미자와
쓰치야 이와미자와

지자키 히가시가와

지자키 이무라무카
지자키 홋카이도
츠치야 이무라무카

군누이
아라이 군누이

자키 오토시베

아라이 오토시베

삿포로

아사히가와

루베시베   아바시리
오케토

지자키 오케토
이토 오케토
노무라 오케토

나나에
지자키 오오노
아라이 도게시타

무로란

오토시베
모리
시카베

오비히로

아칸

구시로

시베쓰
오오타

네무로

뎃코 게네베쓰

가메다
지자키 하코다테
세가키 아리가와
히가시니혼조센(조선) 하코다테
고운(항운) 하코다테

아오모리
하나오카
고사카

가와구치 무로란
뎃코 무로란
고운(항운) 무로란 다이이치
고운(항운) 무로란 다이니
고운(항운) 무로란 다이산

스가와라 몬시즈카

쓰치야 유베쓰

아시베쓰
가와구치 아시베쓰
미쓰이 아시베쓰

고운(항운) 후나가와
후나가와
오사리자와

고운(항운) 사카타

뎃코 시나노가와니시마쓰

뎃켄 시나노가와마

하자마 도네가와

아키타

모리오카

뎃코 시카베

하코다테
스가와라 하코다테

도와 고사카   61
200

스나가와
지자키 가미스나가와
가와구치 가미스나가와
이토 가미스나가와
미쓰이 스나가와

사카타

갓시

야마가타   센다이
아카타니   후쿠시마

가시마 하나오카   418
도와 하나오카   986
                 11
                298

유바리
지자키 오오유바리
호쿠탄헤이와 마야치
미쓰비시 오오유바리

니이가타
아카타니

센주
요시다

아시오

모모노

마에바시

우라와
요세
요코하마   도쿄

후지

지바

미쓰비시 오사리자와   83
                    498

닛데쓰 아카타니   닛데쓰 가마이시

가쿠다
호쿠탄헤이와 가쿠다

히타치
미토

이나와시로
구마가야 누마쿠라

미야노시타
아스카 미야노시타

고운(항운) 니이가타   159
                    905

고운(항운) 도쿄

구마가야 요세

닛코 히타치

후루가와 아시오

고메마키
하자마 고칸

고도
가시마 야부즈카

에 이르렀습니다. 이른바 '하나오카 사건'입니다.

이 봉기가 일어날 때까지 이미 137명이 혹사와 학대 속에서 죽어갔습니다. 이 절망적인 봉기는 즉각 헌병대, 경찰, 지역 경방단警防團 등에 의해 진압됐습니다. 중국인들은 산속으로 도망갔지만 결국 전원이 붙잡혔습니다. 체포당한 이들에게는 더욱 가혹한 고문이 기다리고 있었습니다.

사건의 진압, 그리고 그 뒤의 고문으로 100명 이상의 중국인들이 죽었습니다. 결국 가시마 구미 하나오카 출장소에서는 중국인들이 강제연행당한 뒤부터 일본의 패전에 이르기까지 1년여간, 연행당한 이들의 약 절반에 해당하는 418명이 사망했습니다. 이는 42.39퍼센트의 사망률로, 강제연행당한 중국인 전체 사망률인 17.54퍼센트(이 수치 자체도 높습니다만)의 2배가 넘는 수치입니다.

포로수용소 소장의 보고

폭동의 원인에 대해 조사하라는 명을 받은 당시 센다이 포로수용소 소장이 정보국에 보낸, 1945년 7월 20일자에 작성된 '가시마 중국인 노무자 폭동상황의 건'이라는 제목의 보고서가 있습니다. 이 보고서는 고故 니이미 다카시新美隆, 1947~2006 변호사와 필자 등이 미국 국립공문서관의 자료를 조사하던 중에 발견한 것입니다.

이 보고서는 "하나오카 폭동"의 원인을 다음과 같이 기술하

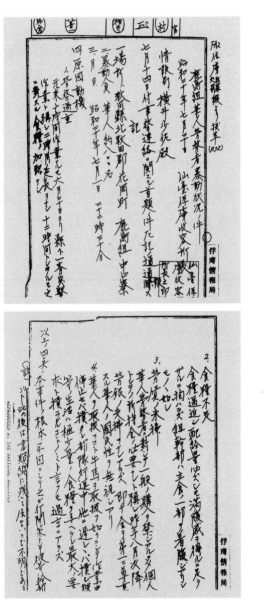

俘虜所處理班ヨリ抜革（22）

産業道華人労務者暴動状況ノ件

昭和二十年七月二十一日　仙臺俘虜収容所長代理ヨリ

情報局横井少佐殿

　七月十四日付事務連絡ニ関シ件名ノ件左ニ記通報ス

記

一、場所　秋田県北秋田郡花岡町　鹿島組中山寮

二、暴動華人　約八百名

三、日時　昭和二十年七月一日　二十三時三十分

四、原因動機

　人夫労務過重

　元来七月同作業として六月三十日ヨリ県下一斉共励運動トシテ一斉ニ稼働シ二ケ月更長トモ十一時間トシタルヲ之ニ堪ヘズ食糧ノ加配ヲ要スル

2、食糧不足

　食糧過ヲシ配給量少シテ満腹感ヲ得ルニ足ラズ掬八炊組幹部主食一部ヲ着服シタル

3、労役ノ未掃

　労務ノ暴行、割合ニ一般ノ購入ヲ稀ニアルモ個人トシテ所持金ヲ必要トシ稍々昨年八月次降……

4、華人ヲ取扱フ牛馬ノ如ク作業中止セシメ隊行進中止サセ……

以上ノ四点ヲ本事件ノ根本ナルコトニシ打開策トシ彼等給料……

註）尚此ノ後ハ書類綴ニ残ラ無シ　故ニ・・・デ不明デアル。

伊藤情報局

센다이 포로수용소 소장의 보고서.

고 있었습니다. "원래 10시간 작업이었으나 6월 20일부터 현이 일제 돌격작업이라며 2시간을 연장해 작업시간이 12시간으로 늘었지만 식량의 추가 배급은 없었다" "식량이 핍박해 배급량이 만복감을 느끼기에는 부족함에도 불구하고 구미(회사) 간부는 주식主食의 일부를 착복하기도 했다" "중국인 노무자에게 물건의 일반 구입을 금지하므로 개인 소지금이 필요 없다면서 지난해 8월 이후 노임을 지불하지 않았다". 이처럼 노무 가중, 식량 부족, 노임 체불, 그리고 "중국인을 다룰 때는 소나 말처럼 취급하고, 작업 중에 일을 중단하면 때리고 부대 행진 중에 남보다 뒤처지면 때린다. 그들의 생활은 극소량의 식량을 받고 최대의 요구를 수행하며 구타당하는 것뿐이라고 해도 과언이 아니다" 등의 진술은 가시마 구미 하나오카 출장소에서의 강제노동이 얼마나 가혹한 것이었는지를 여실히 보여줍니다.

아키타 지방재판소의 판결

이 '폭동'에 대하여 국방보안법상 전시소요 살인사건 등으로 중국인 대대장 경준耿諄 씨 등 13명이 기소당했고, 일본 패전 뒤인 1945년 9월 11일 아키타 지방재판소에서 경준 씨가 무기징역형을 받는 등 전원이 유죄판결을 받았습니다(그 뒤 전원 석방). 당시 판결문도 폭동의 원인에 대해 다음과 같이 인정했습니다.

중국인 노동자 중에는 일본 도착 전부터 영양불량으로 고통받은 자가 있었다. 거기에다 숙소에서 배급받은 식량이 깎여서 부족했던 것이었다.

1945년 6월 25일부터는 작업 진척을 위해 노동시간을 늘리고, 이른바 '돌격기간'을 강행했다. 그 결과 상당수의 사람들 사이에 설사 등의 증상이 퍼져 많은 사람들이 사망하기에 이르렀다.

지도원 중 몇 명은 비열하고 수준도 낮아 종종 노동자들을 구타했다. 그들의 노무관리 방법은 지극히 빈약한 것이었으며, 그 때문에 피고인 경준은 대대장으로서의 책임을 느끼고 그 상황을 개선하려고 노력했다. 그는 종종 주식회사 가시마 구미 하나오카 출장소 및 관할 경찰 당국에 개선을 요청했으나 도리어 그런 행위가 지도원 등의 반감을 불러 그는 학대당했다.

그리하여 피고인 경준은 중국인 노동자들을 곤경에서 구제하기 위해서는 숙소 책임자와 지도원 등을 살해하고 도망가는 수밖에 없다고 결단하기에 이르렀다.

그리고 피고인 경준은 일본인 지도원 살해 외에 식사 담당이었던 런펑치任鳳岐도 징벌하기로 결의했다. 그는 식량배급을 할 때 불공평한 방식으로 자신의 동포를 괴롭혔던 것이다.

아키타 지방재판소 판결이 일본의 패전 뒤인 그해 9월에 이뤄졌다는 것, 전시 중의 언론탄압 사건인 '요코하마橫浜 사건'의 판결도 마찬가지로 그해 9월에 있었다는 것, 치안유지법 위반으로 구속돼 있던 미키 기요시三木清, 1897~1945(철학자, 호세이대 법문학

부 교수)의 옥사도 같은 해 9월이었다는 것 등으로도 알 수 있
듯이, 그해 5월 8일의 독일 항복과 달리 그해 8월 15일의 일본
항복은 패전했음에도 전전과 전후의 연속성이 단절되지 않았다
는 사실을 말해줍니다.

심슨 보고서와 요코하마 BC급 전범재판

일본의 패전으로 연합국은 '하나오카 사건'을 알게 됩니다. 당
시 하나오카 인근에 연합군 포로수용소가 있었고, 그곳을 조
사차 방문한 미군 심슨 중위가 이따금 근처에 있던 하나오카의
중국인 수용시설 나카야마료中山寮를 시찰했는데, 그곳에 중국인
사체가 그대로 방치돼 있고 위생상태도 열악한 비참한 광경을
목격했던 것입니다. 그것이 계기가 돼 미군의 본격적인 조사가
이뤄졌고 하나오카에서의 강제노동 실태, 하나오카 폭동의 실태
가 세상에 드러나게 됐습니다.

이 건과 관련해 미 제8군의 요코하마 BC급 전범재판에서 당
시 가시마 구미 하나오카 출장소장 고노 마사토시河野正敏, 나카
야마료장 이세 지토쿠伊勢知得, 보도원補導員 후쿠다 긴고로福田金五
郞, 시미즈 마사오清水正夫, 오다테 경찰서장 미우라 다이치로三浦太一
郞 등 8명이 전쟁범죄인으로 재판받았고(1947년 11월 26일 개시),
1948년 3월 1일 보도원 등 6명에게 각각 교수형(3명), 무기징역
(2명), 징역 20년(1명)의 형이 선고됐습니다(그 뒤 교수형은 무기징
역으로 감형되는 등의 과정을 거쳐 결국 1955년에 이르러 모두 석방

됐습니다).

요코하마 BC급 전범재판에서는 하나오카 현지 관계자들만이 아니라 가시마 구미 책임자인 가시마 모리노스케鹿島守之助의 책임을 묻는 소리도 있어서 그도 국제검사국에 소환당해 엄중한 취조를 당했으나 결국 기소되지는 않았습니다.

앞서 얘기했듯이 필자 등은 하나오카 사건의 기록에 대해 미국 워싱턴의 국립공문서관에 가서 조사를 했습니다. 그때 사건 관계서류가 담겨 있던 종이상자 안에 요코하마 법정 앞으로 관대한 처분을 요청하는, 검은 먹으로 쓴 탄원서 여러 장이 손도 대지 않은 채 들어 있는 것을 보고 놀랐습니다. 그 탄원서들은 하나오카 주민들이 작성한 것이었습니다.

4년간 이뤄진 요코하마 BC급 전범재판에서는 격추당한 미 폭격기 탑승원 살해 등의 혐의로 1,039명이 재판을 받았고, 최종적으로 51명에 대해 교수형이 집행됐습니다.

도쿄 재판(제2차)에서 전범소추를 면한 기시 노부스케

1945년 9월 2일, 도쿄만에 정박한 미 전함 미주리호 함상에서 일본이 항복문서 조인을 한 지 9일 뒤인 그달 11일, 연합국 총사령부는 도조 히데키 전 총리 등 39명(그 뒤에 11명 추가)에 대해 전범 혐의자 체포 명령을 내렸습니다.

체포당한 전범 혐의자들 가운데 개전 당시 도조 내각의 상공대신(나중에 군수차관도 겸임)이었던 기시 노부스케岸信介, 1896~

1987(아베 신조의 외조부)도 포함되어 있었습니다. 그의 전범 혐의에는 군수차관으로서 중국인들을 강제연행해 강제노동을 시킨 것이 포함돼 있었습니다.

체포당한 전범 혐의자들은 국제검사국의 엄중한 취조를 받았고, 이듬해인 1946년 4월 29일(히로히토 천황 탄생일) 도조 히데키 등 28명이 통례대로 전쟁범죄 외에 '평화에 대한 죄' 등으로 기소됐습니다. 기시 노부스케는 그 기소에서 제외됐으나, 연합국 총사령부는 제2차 기소를 고려하고 있었고 거기에는 기시 노부스케도 포함돼 있었습니다.

1948년 11월 4일과 12일, 제1차 기소조에 대한 판결이 이뤄졌는데, 도조 히데키 등 7명에 대해 교수형을 선고하는 등 전원 유죄(재판 도중에 사망하거나 정신이상을 일으킨 피고들은 제외) 판결이 내려졌습니다.

이윽고 그해 12월 23일(나중에 천황이 되는 아키히토明仁의 탄생일), 도조 히데키 등 7명에 대한 교수형이 집행됐습니다. 그러나 그날 제2차 기소가 예정돼 있던 기시 노부스케 등 전범 혐의자들은 모두 석방됐습니다. 전쟁이 끝나고 3년여 사이, 미국·소련을 두 축으로 한 냉전의 격화라는 정치상황의 변화가 있었던 것입니다. 그 점이 유럽에서의 전범재판인 뉘른베르크 재판과 다른 점입니다.

뉘른베르크 재판에서는 괴링 등 나치의 최고책임자들이 유대인, 폴란드인 등에 대한 강제노동에 책임을 지고 유죄판결을 받

하나오카를 방문해 증산을 독려하는 기시 노부스케 상공대신.

은 뒤에도 뉘른베르크 연속재판을 통해 나치의 준간부들을 비롯해 기타 여러 분야의 전쟁협력자들이 형을 선고받았습니다.

반면, 기시 노부스케는 도쿄 재판의 지연, 냉전의 진행(제1차 기소조의 변호인단도 이것을 노리고 있었습니다)으로 가까스로 전범 신세를 면하고 결국에는 총리 자리까지 올랐습니다.

남방전선으로도 강제연행당한 중국인들

일본의 패전 뒤 뉴브리튼섬 라바울에서도 오스트레일리아의 BC급 전범재판이 열려 이마무라 히토시今村均. 1886~1968 제8방면군 사령관, 가토 린페이加藤鑛平. 1891~1974 제8방면군 참모장, 히로타 아키라廣田明 제8방면군 야전화물창장野戰貨物廠長, 아다치 하타조安達二十三. 1890~1947 제18군 사령관 등 4명의 장군을 포함한 다수의 일본군 장병들이 기소돼 유죄판결을 받았습니다.

주요 기소사실 중에는 아시아인 특설근무대원에 대한 학대가 있었습니다. 아시아인 특설근무대는 일본군의 포로가 된 인도인, 중국 국민당군 병사, 중국인 게릴라, 일본군에 붙잡힌 중국 민간인, 인도네시아의 병보兵補(현지인 보조병) 등으로 구성돼 있었습니다. 그들은 물자를 배에 싣고 내리는 일, 병사兵舍나 창고 건설, 식량 운반 등의 일을 했는데 그 일을 시킬 때 학대를 했다 하여 재판을 받은 것입니다.

1942년 11월 중순 제8방면군에 부임한 이마무라 사령관은 방면군의 노동력 부족사태에 대처하기 위해 대본영大本營* 쪽에

"이곳當地에 배속될 예정인 부대는 가능한 한 많은 노동자들을 함께 데려오도록" 해달라고 요청했습니다.

이 요청은 대본영에서 즉시 승인됐고, 대본영은 중국대륙에서 전투 중인 지나(중국) 파견군 중 남방전선으로 향하고 있던 제6사단에게 "가능한 한 많은 노동자들을 뉴브리튼까지 연행해서 제8방면군에 인도하라"라는 명령을 내렸습니다.

이에 따라 제6사단장 간다 마사타네神田正種, 1890~1983는 제6사단 병사들이 탄 수송선에 약 1,500명의 중국인을 함께 태워 제8방면군에게 인도했습니다. 인도된 중국인 노동자들은 중국정부의 협력을 얻어 모집했다고 돼 있었지만, 이 중국정부는 충칭重慶의 국민당 정부가 아니라 일본군이 세운 괴뢰정권이었습니다.

전범재판 법정의 검찰관 주장에 따르면, 이들 1,500명의 대부분은 국민당군 포로였으며, 또 일본군 점령지에서 붙잡혀 강제연행당한 중국 시민들이었다고 합니다. 남방전선에는 그 밖에도 다수의 중국인 포로와 시민들이 특설근무대원으로 파송돼 있었는데, 모두 본인의 의사에 반한 것이었습니다.

1943년 초에는 대본영이 동남아시아 점령지를 책임지고 있던 남방총군에 대해 특설근무 중대 30개를 편성한 뒤 그중에서 14개를 제8방면군으로 수송하라는 명을 내렸습니다(도타니 유마戸谷由麻, 《불확실한 정의, BC급 전범재판의 궤적》).

＊　　전시체제 일본제국의 육해군 최고통수기관.

'환상'의 외무성 보고서

패전 이듬해, 일본 외무성은 중국인 강제연행에 관한 보고서를 정리한 '외무성 보고서'를 작성했습니다. 보고서의 정식 명칭은 '화인華人(중국인) 노무자 취로사정 조사보고서(1946년 3월 1일, 외무성 관리국 발행)'로 제1권(이입移入, 배치 및 송환사정), 제2권(사망·역병·상해 및 관계사정), 제3권(취로사정, 분쟁 및 취로성과) 등의 본문 3권과 2권의 별권('사업장 개요', 그리고 전체를 종합한 '요지') 등 전 5권으로 구성됐습니다.

이 기록은 강제노동을 시킨 135개 사업소에서 제출한 '사업소 보고서'를 토대로 작성한 것인데, 그 목적이 반드시 명확하지는 않습니다. 1946년 2월 12일, 외무성 관리국장 결재의 '본국 이입 화인 노무자 취로사정 조사에 관한 건'에는 "화인 노무자에 관해 그 초치에서 환송에 이르기까지의 제반 실정을 정밀하게 조사해서 안팎의 여러 사정에 대한 설명자료, 특히 가까운 시일 안에 내조來朝*가 예상되는 중국 측 조사단에 대한 설명에 대비할 목적으로, 별첨 요령에 따라 이를 상세히 실시할 것"이라 적혀 있습니다.

전승국의 일원인 중국정부로부터 강제연행·강제노동에 동원된 중국인 피해자들에 대해 추궁당할 것을 피할 수 없음을 알고 거기에 대응하기 위해 보고서로 정리해둘 필요가 있다고 생

---

*   외국 사절단이 찾아오는 것.

각한 것이겠지요.

중국 체류 일본인들의 귀환사업을 추진할 때 중국 쪽의 협력이 불가결했기 때문에 그 교환조건으로 강제연행당한 중국인 명부를 작성해둘 필요가 있다고 생각한 면도 있었을 것으로 짐작됩니다.

1950년대부터 1960년대에 걸쳐 일본적십자사나 일중우호협회 등이 '중국인 포로수난자 위령 실행위원회'를 만들고, 강제연행돼 일본에서 사망한 중국인들의 유골송환운동을 벌였습니다. 그 유골송환운동의 일환으로 정리된 '중국인 강제연행 사건에 관한 보고서' 속에 '외무성 보고서'의 존재가 지적됐습니다.

그러나 외무성은 보고서 작성 사실은 인정하면서도 현재 그 보고서는 존재하지 않기 때문에 자세한 것은 모른다는 태도를 취해왔습니다.

예컨대 1960년 5월 3일에 열린 중의원 일미 안전보장조약 특별위원회에서 외무성의 이세키 유지로伊関佑二郎, 1909~1999 국장은 다음과 같이 답변했습니다.

"쇼와 21년(1946년) 3월에 외무성 관리국에서 그런 조서調書를 작성했다고 합니다만, 그런 조서가 있다면 전범문제 자료로 사용돼 대단히 많은 사람들에게 폐를 끼치지 않을까 싶습니다. 그런데 전부 소각했다고 하므로, 현재 외무성으로서는 그런 자료를 한 부도 갖고 있지 않습니다."

'소각해서 없다'라는 것은 매우 무책임한 대응인데 외무성의 이런 태도는 그 뒤에도 일관됐습니다.

1993년 5월 11일, 참의원 후생위원회에서 외무성 아시아국 고지마 세이지小島誠二, 1948~ 지역정책과장도 다음과 같이 답변했습니다.

> "그런 조서를 외무성이 작성했다는 것은 들은 적이 있지만, 어쨌든 동同 조서가 현존하고 있지 않아서 확정적인 것은 말씀드릴 수 없습니다. (…) 이런 자료의 유무 파악에 대해서는 일찍이 외무성으로서도 여러 방면으로 손을 써봤지만 그런 자료는 남아 있지 않다는 취지의 답변을 국회에서 드릴 수밖에 없었다고 알고 있습니다. 그런 상황은 지금도 변함이 없어서 참으로 거듭 죄송합니다. (…)"

그 뒤 관계자 조사를 통해 그 환상의 '외무성 보고서'가 도쿄 화교총회에 남아 있다는 사실이 판명됐습니다. 그리고 1993년 5월 17일, NHK 보도 프로그램 〈클로즈업 현대〉에서 그 사실이 방영됐습니다.

'외무성 보고서'와 그 토대가 된 '사업소 보고서'의 존재에 의해 중국인 강제연행·강제노동의 실태는 한층 더 명백해진 것입니다.

'외무성 보고서'는 강제연행·강제노동의 실태뿐만 아니라 그 '성과'에 대해서도 구체적으로 기술하고 있습니다. 예컨대 동 보고서 제3권은 '취로성과'라는 제목 아래 "총 석탄산출량 1,389만 톤 중 153만 톤, 즉 총출탄량의 11퍼센트가 화인 노무자들에 의해 채굴된 것"이라고 기록하고 있습니다.

기업에 대한 국가의 이상한 보상

그런데 도무지 이해가 되지 않는 부분이 있습니다. 동 보고서 제3권에는 강제연행된 중국인을 받아들여 노동을 시킨 사역使役 기업 35개사가 중국인을 받아들임으로써 '손실'을 입었다며 정부에 보상금 지출을 요구했고, "정부는 이에 대해 이미 이들 화인 노무자 이입 및 취로관리 보조금으로 각 관계사업주에 대해 총액 5,672만 5,474엔을 교부했다"라는 기술이 있습니다. 도대체 이것은 무슨 얘기일까요. 어떤 손해를 입었다는 것일까요.

다나카 히로시田中宏 히토쓰바시대 명예교수의 계산에 따르면, 1946년 당시 공무원의 초임(540엔)이 1994년에는 334배가 됐으니 앞의 보조금을 1994년 기준으로 환산하면 보상 총액은 190억 엔 정도가 됩니다(야마다 쇼지山田昭次·다나카 히로시 편, 《이웃나라의 고발隣国からの告発 – 강제연행의 기업책임 2》).

다음의 도표는 사역 기업 35개사가 받은 '보상액' 일람표인데, 이에 따르면 이 책에서 다루고 있는 관련 기업 중 가시마 건설(가시마 구미)이 346만 1,544엔, 니시마쓰 건설(니시마쓰 구미)이 75만 7,151엔, 미쓰비시 머티리얼(미쓰비시 광업)이 286만 9,060

엔을 받았습니다(《외무성 보고서》 제3권).

이를 334배 해서 1994년의 가치로 환산해보면 각각 11억 5,615만 5,696엔, 2억 5,288만 8,434엔, 9억 5,826만 6,040엔이 됩니다. 1994년에서 25년이 지난 지금(2019년)의 엔화 가치에 따른 계산으로는 얼마나 될까요.

금액의 규모도 규모이지만 그보다 괘씸한 것은 '외무성 보고서'의 존재를 계속 부정한 외무성의 태도입니다. 1993년 5월, '외무성 보고서'가 발견되자마자 그해 6월 22일 중의원 외무위원회에서 가와시마 유타카川島裕. 1942~ 아시아국장은 "일련의 조사를 해본 결과, 본건 보고서가 당시 외무성이 작성한 것이라는 점은 틀림없는 사실입니다"라며 뻔뻔스럽게 답변했습니다.

오키나와 본토 복귀에 관한 미일 밀약문제, 미국의 국립공문서관에 자료가 존재한다는 사실이 분명함에도 불구하고 그 존재를 일관되게 인정하지 않는 외무성, 또는 약해藥害 에이즈 사건* 자료의 존재를 계속 부정해온 후생성 등 최근에도 일본 관료들의 이런 체질은 전혀 변하지 않았습니다. 아주 최근에 발생한 예로는 아베 총리가 주최한 '사쿠라(벚꽃)를 보는 모임' 초대자 명부 파기 문제가 있습니다.

---

* 1980년대 일본에서 혈우병 환자들을 상대로 가열처리 하지 않고 바이러스를 불활성화한 혈액응고인자제제를 치료약으로 사용한 결과, 다수의 HIV감염자 및 에이즈 환자가 발생해 전체 혈우병 환자의 약 40퍼센트인 1,800명이 HIV에 감염되고 그들 중 약 400명이 사망했다.

중국인 사역 기업별 정부 보상액

기업	사업장 수	중국노동자 유입 수 (단위: 명)	중국노동자 유입 수 (%)	정부보상액 (단위: 엔)	정부보상액 (단위: %)
지자키 구미 地崎組	11	1,741	4.5	3,443,502	6.1
가와구치 구미 川口組	6	2,660	6.8	4,319,889	7.6
쓰치야 구미 土屋組	5	900	2.3	1,828,525	3.2
스가와라 구미 菅原組	4	784	2	1,629,435	2.9
아라이 구미 荒井組	3	573	1.5	1,190,783	2.1
이토 구미 伊藤組	2	499	1.3	803,397	1.4
세자키 구미 瀬崎組	1	299	0.8	603,380	1.1
데쓰도공업 (철도공업) 鉄道工業	7	1,608	4.1	2,803,745	4.9
가시마 구미 鹿島組	5	1,888	4.8	3,461,544	6.1
데쓰도겐세츠공업 (철도건설공업) 鉄道建設工業	2	니시마쓰 구미 西松組에 포함			
하자마 구미 間組	5	1,172	3	2,775,887	4.9
아스카 구미 飛鳥組	3	584	1.5	1,291,256	2.3
다이세이 구미 大成組	1	299	0.8	644,374	1.1
니시마쓰 구미 西松組	1	543	1.4	757,151	1.3
구마가야 구미 熊谷組	7	1,705	4.4	2,872,958	5.1
소계	63	15,253	39.2	28,425,826	50.1
노무라 광업 野村鉱業	1	195	0.5	1,247,818	2.2
메이지 광업 明治鉱業	1	200	0.5	92,322	0.2
홋카이도 단코기센 (탄광기선) 北海道炭礦汽船	4	1,311	3.4	4,500,871	7.9
세이카 광업 井華鉱業	3	1,194	3.1	86,888	0.2
니혼 광업 日本鉱業	3	1,305	3.4	2,264,685	4.0
닛데쓰 광업 日鐵鉱業	7	1,793	4.6	2,179,222	3.8
도와 광업 同和鉱業	2	498	1.3	672,269	1.2
후루카와 광업 古河鉱業	1	275	0.7	28,615	0.0

기업	사업장 수	중국노동자 유입 수 (단위: 명)	중국노동자 유입 수 (%)	정부보상액 (단위: 엔)	정부보상액 (단위: %)
젠센(전선) 광업戰線鑛業	1	200	0.5	53,990	0.1
우구스 광업宇久須鑛業	1	199	0.5	73,212	0.1
니혼야킹(야금) 공업日本冶金工業	1	200	0.5	771,000	1.4
우베 흥산宇部興産	1	291	0.7	28,599	0.0
가이지마 탄광貝島炭鑛	2	499	1.3	267,226	0.5
미쓰비시 광업三菱鑛業	9	2,709	7	2,869,060	5.1
미쓰이 광산三井鑛山	10	5,517	14.2	7,745,206	13.7
소계	47	16,368	42	22,880,983	40.4
미쓰이 조선	1	132	0.3	–	0.1
하리마 조선播磨造船	1	490	1.3	–	0.1
후지나가타 조선藤永田造船	1	161	0.4	78,220	9.4
히가시니혼 조선東日本造船	1	431	1.1	–	100.0
소계	4	1215	3.1	78,220	
해운업회	21	6099	15.7	5,340,445	
총계	135	38935	100	56,725,474	

출처: 〈외무성 보고서〉 제3분책, 59~61쪽을 토대로 작성.
숫자가 맞지 않는 경우가 있으나, 원전 그대로 옮김. 단순히 계산하면 중국인 1인당 1,457엔이 된다.
(야마다 쇼지·다나카 히로시 편저 《이웃 나라의 고발》)

중국인 수난자·유족의 손해배상 청구

가시마 건설과의 교섭 개시

하나오카 사건에 대해서는 1970년대 후반 아키타 현 노시로

^{能代} 시에 거주했던 작가 노조에 겐지^{野添賢治, 1935~2018} 씨 등이 관계

자들로부터 청취한 것을 토대로 르포를 써서 발표하는 등의 활

동을 통해 점차 세상에 알려지게 됐습니다. 1981년에는 아키타

시에 소재한 출판사인 무묘샤^{無明舍}에서 다키다이라 지로^{滝平二郎,}

^{1921~2009} 등의 판화를 실은 《하나오카 이야기》도 출간됐습니다.

판화에는 가혹한 노예노동의 모습이 새겨져 있습니다.

강제연행당한 중국인 중 생존자 대부분은 일본의 패전 뒤 중

국으로 송환됐지만, 일본에 남은 이들도 일부 있었습니다. 삿포

로에 거주한 류지추^{劉智渠}, 리전핑^{李振平} 씨 등이 그들입니다.

1980년대에 류지추·리전핑 씨 등 일본에 잔류한 중국인 강

제연행·강제노동 피해자 4명은 작가 이시토비 진石飛仁, 1942~ 씨
등의 지원을 받아 가시마 구미의 후신인 가시마 건설 주식회사
에 대해 미불임금의 지불을 요구했습니다. 가시마 건설은 금액
에 대한 협의는 별도로 하더라도, 한때 이들의 요구에 응할 듯
한 자세를 보였습니다.

그 뒤 니이미 다카시新美隆, 1947~2006 변호사와 필자 등이 류지추
씨 등의 대리인 변호사로 가시마 건설 주식회사와의 교섭을 맡
았습니다. 그 교섭 경과가 〈교도통신〉을 통해 전해지고 그것을
〈홋카이도신문〉이 기사로 썼습니다. 해당 기사는 이후 중국대
륙에 전송됐으며, 그것이 중국 허난성에 귀환해 살고 있던 경준
씨 등의 눈에 띄었습니다.

경준 씨는 "이것은 우리의 일"이라며 류지추·이시토비 진 씨
등에게 연락했습니다. 이시토비 진 씨는 서둘러 중국으로 날아
가 경준 씨와 만났습니다.

그리고 1987년, 경준 씨의 일본 방문을 거쳐 중국으로 귀환
한 하나오카 광산 강제노동 피해자 및 유족들이 가시마 건설에
대한 배상청구를 목적으로 한 '연의회聯誼會'를(회장 경준) 결성했
습니다. 이렇게 되자 가시마 건설에 대한 배상청구는 당초 류지
추 씨 등 4명이 시작했던 '미불임금 지불' 청구운동에서 그 규
모가 더 크게 발전했습니다.

'공동발표'로 책임을 인정하다

중국인 강제연행·강제노동 피해 생존자·유족들은 1989년 가해 기업인 가시마 건설에 대해 1인당 500만 엔(당시 전상병자戰傷兵者·전몰자 유족 등에 대한 보상금이 원호법에 따라 1인당 지급액 합계가 약 500만 엔이었던 것이 그 근거가 됐습니다), 약 1,000명의 피해자에 대해 합계 50억 엔의 손해배상을 청구했습니다.

이후 몇 차례의 교섭을 거쳐 1990년 7월 5일, 가시마 건설과 다음과 같은 공동발표를 하기에 이르렀습니다.

1944년부터 1945년까지 주식회사 가시마 구미 하나오카 출장소에서 수난을 당한 중국인 생존자·유족이 이번에 일본에 와서 가시마 건설 주식회사를 방문하고 다음 사항을 함께 얘기한 결과, 의견이 일치했으므로 여기에 발표한다.

1. 중국인이 하나오카 광산 출장소 현장에서 수난을 당한 것은 일본정부의 각의 결정에 따른 강제연행·강제노동에 기인하는 역사적 사실이며, 가시마 건설 주식회사는 이를 사실로 인정하고 기업으로서도 책임이 있다고 인식하고, 해당 중국인 생존자 및 그 유족들에 대해 심심한 사죄의 뜻을 표명한다.
2. 중국인 생존자·유족은 상기 사실에 따라 지난해 12월 22일부로 공개서한을 가시마 건설 주식회사에 보냈다. 가시마 건설 주식회사는 이에 대해 쌍방이 서로 대화하여 해결을 위해

노력해야 할 문제라는 것을 인정한다.

3. 쌍방은 이상의 사실 및 "과거의 일을 잊지 않고 장래의 교훈
으로 삼는다(저우언라이)"라는 정신에 기초하여 향후 생존
자·유족의 대리인 등과 협의를 계속해서 문제의 조기 해결
을 꾀한다.

1990년 7월 5일 도쿄에서 하나오카 사건

중국인 생존자·유족을 대표하는 경준의 대리인

변호사 니이미 다카시, 변호사 우치다 마사토시內田雅敏,

다나카 히로시田中宏, 우쓰미 아이코內海愛子, 하야시 하쿠요林伯耀,

가시마 건설 주식회사 대표이사 부사장 무라카미 미쓰하루村上光春

가시마 건설은 중국인 강제연행·강제노동은 국책에 따른 것이
지만, "기업으로서도 책임이 있다고 인식하고, 해당 중국인 생
존자 및 그 유족들에 대해 심심한 사죄의 뜻을 표명한다"라며
기업의 책임을 인정했습니다. 그리고 수난자 유족들의 보상 청
구에 대해서도 가시마 건설은 이에 대해 쌍방이 서로 대화하여
해결을 위해 노력해야 할 문제라는 것도 인정했습니다.

아키타 지역 방송인 ABS아키타 방송의 스도 마사타카須藤正
隆 디렉터는 이런 일련의 움직임을 텔레비전 다큐멘터리 〈바람의
뼈風の骨, 45년째의 중국인 강제연행 사건〉에 담았는데, 이는 나
중에 전국으로도 방송돼 큰 화제를 불러일으켰으며, 이를 통해
하나오카 사건을 세상에 널리 알렸습니다.

이 작품은 1991년 NNN다큐멘트 최우수상, 제29회 갤럭시상 장려상 등 많은 상을 받았습니다. 스도 디렉터는 1987년 경준 씨의 일본 방문 때도 라디오 다큐멘터리 〈종전의 날 특별프로 호아간 1987, 42년째의 하나오카 사건〉을 제작해 제25회 갤럭시상 선장選奬을 받았습니다.

제소에서 화해의 성립까지

그러나 그 뒤의 교섭에서는 진전을 보지 못했습니다. 가시마 건설로서는 동일한 문제를 안고 있는 타사에 대한 배려가 있었다고 생각합니다. 또 사내의 반대 여론도 강했다고 봅니다.

그래서 1995년 6월 28일, 경준 씨 등 11명의 생존자·유족이 대표소송을 통해 가시마 건설에 대해 1인당 500만 엔씩의 손해배상금 지불을 요구하며 도쿄 지방재판소에 제소했습니다. 중국인 피해자들이 일본 재판소에 제기한 첫 제소였습니다.

1997년 12월 10일, 도쿄 지방재판소(소노베 히데오園部秀穂 재판장)는 사실심리를 하지 않고 시효, 제척除斥기간의 법률론(120~121쪽 참고)만으로 간단히 청구를 기각했습니다.

이 판결에 대해 신문들이 비판적인 보도를 한 것은 당연했습니다. 판결 3일 뒤인 12월 13일자 〈아사히신문〉 석간은 '듣는 귀'라는 제목으로 다음과 같은 사설을 실었습니다.

원고나 이들을 지지하는 사람들이 분노하는 것도 무리가 아니다. 도쿄 지방재판소가 언도한 하나오카 사건 판결 얘기다. 대전 말기에 아키타 현 하나오카 광산에서 일어난 중국인 노동자 탄압사건을 둘러싸고 생존자와 유족들이 광산을 경영했던 가시마에 배상을 청구했다.

도쿄 지방재판소는 당시 어떤 사태가 벌어졌는지 조사하지도 않고 시간이 지나 배상청구권은 이미 소멸했다고 판시했다. 이는 최고재판소 판례에 의거한 것으로, 지금의 법률 해석에 따르면 그런 결론에 도달할 수밖에 없을지도 모르겠다.

하지만 본인 심문을 포함해 아무 증거조사도 하지 않은 것이 도의에 맞는 것이라 할 수 있을까. 이런 소송을 심리한 재판소는 이제까지 원고의 호소에는 귀를 기울여왔다. 법정을 호소의 장으로 삼아 여론을 환기하려는 생각에도 일정한 이해를 보여온 것이다.

한국의 전 징용자(징용 피해자)들이 미쓰비시 중공업과 국가를 제소한 재판에서 나가사키 지방재판소는 이번 달 초 청구는 기각했지만 판결이유 중에서 위법행위가 있었다는 점을 인정했다. 대만 출신의 전 일본군에게 조의금을 지불하도록 결정한 법률은 12년 전, 국정 관계자들에게 "국제신용을 높이는 조치"를 취하도록 요구한 도쿄 고등재판소 판결이 계기가 돼 제정됐다.

사소한 것일지도 모르겠으나, 늦어진 전후처리의 전진에 사법이 공헌할 수도 있는 것이다. 그러나 이번처럼 사실조사도 하지 않은 것은 말이 안 된다. 억제, 금욕, 겸양도 좋지만 그런 자세가 자신들의 존재감을 점점 약화시키고 있다는 것을 재판관들은 어떻게 생각하고 있을까.

도쿄 지방재판소는 중국에 사는 원고들을 배려해서 판결기일을 조정하고 항소기간도 60일간 연장했다. 하지만 그것보다도 더 심사숙고해야 할 사항이 있었다고 생각한다.

이윽고 무대는 도쿄 고등재판소로 옮겨갔습니다. 심리를 배정 받은 도쿄 고등재판소 제11민사부(니이무라 마사토新村正人 재판장, 미야오카 아키라宮岡章 판사, 다가와 나오유키田川直之 판사)는 1심이 가혹했던 만큼 신중한 심리를 진행한 끝에 1999년 9월, 화해를 권고했습니다.

화해 교섭은 가시마 건설 쪽의 완강한 태도로 난항을 겪었지 만 수난자·유족 연의회는 화해 성립 뒤에 설립될 기금 수납자 로 중국홍십자회(적십자)의 동의를 얻는 등 화해 성립을 위한 환 경정비에 노력했습니다.

여기에 재판소의 끈질긴 설득과 덴 히데오田英夫, 1923~2009(중의 원 의원, 사민당), 도이 다카코(사민당 당수 역임), 고토다 마사하 루後藤田正晴, 1914~2005 씨 등 재판소 밖에서 일중우호에 진력한 분 들의 공도 어우러져 2000년 11월 29일, 도쿄 고등재판소에서 화해가 성립됐습니다.

하나오카 화해는 화해조항 제1항에서 앞서 1990년 7월 5일, 가시마 건설과 중국인 수난자 연의회가 연명한 '공동발표'의 내 용을 재확인하는 것으로부터 시작됩니다.

가시마 건설은 강제연행·강제노동에 대해 "기업으로서도" 책임을 인정하고 피해자·유족들에게 심심한 사죄를 한 뒤 화해금으로 5억 엔을 지출하기로 했습니다.

화해의 성립을 두고 재판소는 법정에서 다음과 같이 소감을 피력했습니다.

"전쟁이 초래한 피해의 회복 문제를 포함한 사안의 해결에는 갖가지 곤란이 있어, 입장이 다른 쌍방 당사자의 인식이 쉽게 일치할 수 있는 것이 아니라는 점은 사안의 성질상 어쩔 수 없는 바가 있다고 생각돼, 재판소가 공평한 제3자 입장에서 조정을 맡아 한꺼번에 해결을 도모해야 할 필요가 있다고 생각했다.

재판소는 화해를 권고하는 과정에서 기회가 있을 때마다 재판소의 생각을 솔직하게 피력하고, 본건 사안 특유의 여러 사정, 문제점에 머무르지 않고, 전쟁이 가져다준 피해의 회복을 위해 해외 각국에서 기울였던 노력의 궤적과 그 성과에도 신경을 썼다. 그리하여 종래의 화해 수법에 구속당하지 않는 대담한 발상으로 이해관계자인 중국홍십자회의 참여를 얻어내 이른바 하나오카 사건에 대해 모든 현안의 해결을 꾀하는 노력을 거듭해왔다. 일전에 재판소가 당사자 쌍방에게 제시한 기본적 합의사항의 골자는 실로 이러한 재판소의 결의와 신념의 표출이다.

오늘의 '공동발표'로부터 꼭 10년이 흐른 뒤, 20세기가 그 종언을 맞이할 즈음에 하나오카 사건이 이와 궤를 같이 해서 화해를 통해 해결을 보게 되는 것은 실로 의의가 큰 것이며, 항소인들과 피항소인 간의 분쟁을 해결하는 데 그치지 않고 일중 양국 및 양국 국민 상호 간의 신뢰와 발전에 기여하는 것이라 생각한다. 재판소는 당사자 쌍방 및 이해관계자인 중국홍십자회의 현명하고 미래를 내다보는 결단에 대해 다시 한번 심심한 경의를 표명한다."

그날 오후 3시, 법조기자클럽에서 열린 기자회견에 나온 원고 및 대리인단은 원고단이 작성한 시를 발표했습니다.

하나오카 사건 화해 성공을 위하여

헌언獻言
討回歷史公道 (역사의 공도를 되찾고)
維護人類尊嚴 (인간의 존엄을 지켰다)
促進中日友好 (중일 우호를 촉진하여)
推動世界和平 (세계 평화를 추진하자)

큰 반향을 일으키다

"전후처리의 커다란 이정표."

(2000년 11월 30일 〈아사히신문〉 사설)

"역사를 제대로 전하자."

(같은 날 〈마이니치신문〉 사설)

"전후보상 문제에서 냉엄한 법률론에 의해 거부당해온 피해자
들에게 늦었지만 빛이 가닿게 됐다. 정부는 '나라의 책임'이라는
남겨진 문제의 해결을 서둘러야 한다."

(같은 날 〈도쿄신문〉 사설)

"전면 결착(매듭지음)에 들끓는 원고, 망부(亡夫)와 동료들 기뻐하다."

(같은 날 〈요미우리신문〉 사회면 기사 제목)

"기금신탁으로 구제에 공평성을 도모하고, 피해자 전원을 일괄
구제한 이번의 화해는 전후보상 소송 중에서도 사건을 전면 해
결한 점에서 전례 없는 획기적인 것이다."

(같은 신문 해설)

"전후보상의 해결책 제시, 고령화가 진행 중인 원고에게 오래 끌
어온 재판의 부담은 무겁다. 국회는 입법에 의한 피해자 구제를
조속히 꾀할 필요가 있다."

(2000년 11월 29일 〈니혼게이자이신문〉 해설)

이처럼 일본 언론들도 화해를 적극적으로 평가했습니다.

〈마이니치신문〉의 '뉴스 키 2000'에서는 "구미의 흐름을 눈여
겨보며 전후보상 문제 '세기 내 해결'"이라는 제목으로 그 의미
를 다음과 같이 해설했습니다.

"중국인 강제연행·강제노동의 상징으로 일컬어져온 하나오카 사건의 전후보상이 화해로 매듭지어졌다. 굶주림, 학대, 가혹한 노동으로 400명 이상의 중국인들이 사망한 역사의 암부暗部를 건설 대기업인 가시마가 외면하지 않고 처음으로 본격적인 기금을 설립한다. 전국적으로 약 60건에 이르는 전후보상 소송에서 니시마쓰 건설과 미쓰이三井 광산 등 많은 기업들이 피고의 자리에 놓여 있다.

도쿄 고등재판소(니이무라 마사토 재판장)가 지난해 9월 이래 끈질기게 화해를 권고했던 하나오카 소송의 해결은 전후 55년의 '과거 극복'의 한 사례가 될 것으로 관계자들은 기대하고 있다."

이 기사의 말미에는 "경준 씨는 교섭 중, 가시마의 전쟁범죄를 고발하는 한편, '사건은 과거의 일, 새로운 세기를 앞두고 보상 문제를 해결해서 중국과 일본은 우호를 증진해야 한다'라고 말했다"라고 언급해 중국인 수난자 쪽의 변화된 태도도 소개했습니다.

〈산케이신문〉은 "중국인 전후보상 소송에서 화해는 처음. 기금방식을 채용한 화해도 처음이며, 같은 종種의 소송에 영향을 줄 것 같다"라며 화해에 대한 평가를 빼고 사실만 담담하게 보도했습니다.

필자는 이 화해에 대해 잡지 《세카이》(2001년 2월호) 《군축문제 자료》 《와다쓰미노 고에》[*](114호) 등에 기고했는데, 그 소개문의 '추기追記'로 다음과 같이 썼습니다.

> "승리" "축하합니다"라는 말은 하지 말아주시길.
>
> 화해 성립 보도가 나온 이후 벗들과 지인들로부터 (…) "승소 축
> 하합니다"라는 말을 들은 적이 있는데, 그에 대해서는 일종의 당
> 혹감을 느낀다. 화해의 내용이 중국인 생존자·유족이 충분히
> 만족할 만한 게 아니었다는 것만이 그 이유는 아니다. 설사 충
> 분히 만족할 만한 내용으로 화해가 이뤄졌다 하더라도 역시 '가
> 해자' 일본인의 일원인 나로서는 '승리'라거나 '축하합니다'와 같
> 은 말은 어울리지 않는다고 본다.
>
> 하나오카 사건 재판에서 우리는 피해자들의 대리인으로 행동했
> 다. 그러나 내게 피해자의 호소는 가시마에 대해서만이 아니라
> 일본사회 전체에 대한 것으로 여겨졌다. 이 재판은 원고 대리인
> 도, 피고 대리인도, 그리고 재판관도 자기 자신에 대한 질문이라
> 는 것을 잊어서는 안 된다. 그것이 피해자에 대한 시선이 된다.
>
> 화해 해결에 대해 '승리'라거나 '축하합니다'라고 하지 말아주시
> 길. 그저 한마디, "잘됐네"라고 해주시길. 그리고 "이것을 다른 전
> 후보상 문제 해결의 계기로" 삼아달라고 해주시길.

이처럼 하나오카 화해는 '과거 극복의 모델'이 될 것이라는 기

---

* 제2차 세계대전 전몰학생 유고집.

대가 모아졌음에도 불구하고 화해 직후에 가시마 건설 측이 홈페이지에 "책임을 인정한 것은 아니다"라는 글을 올림으로써 (나중에 삭제함), 중국 측 수난자·유족 일부가 반발하면서 화해 시비에 대한 논쟁이 일어나 고난의 길을 걷게 됐습니다.

그러나 2000년 11월 29일의 하나오카 화해가 있었기에 2009년 10월 23일의 니시마쓰 건설 히로시마 야스노安野의 화해, 2016년 6월 1일의 미쓰비시 머티리얼 화해가 가능했습니다.

또 가시마 건설이 부정한 책임은 법적인 의미에서의 책임이지, 일절 책임이 없다고 한 것은 아닙니다. 이 부분은 이해하기 어려운 것이지만(특히 중국인에게는), 책임은 크게 법적 책임과 도의적 책임으로 나눌 수 있습니다. 이는 본래 어느 쪽이 무겁고 어느 쪽이 가볍다는 얘기는 아닙니다. 2000년 당시 시점에서 가시마 건설은 다른 기업에 앞서 '법적 책임'을 인정하기가 곤란했습니다. 그래서 굳이 "법적 책임을 인정한 것은 아니다"라고 글을 올린 것입니다.

화해조항 제1항에서는, "당사자 쌍방은 헤이세이平成 2년(1990년) 7월 5일의 '공동발표'를 재확인한다. 다만 피항소인(가시마 건설)은 위 '공동발표'가 피항소인의 법적 책임을 인정하는 취지가 아니라는 뜻의 주장을 하고 항소인들은 이를 양해했다"라고 돼 있어, 화해 교섭에서 화해 금액은 물론이거니와 이 '책임'을 둘러싼 해석의 공방에 중점이 놓이게 됐습니다.

"항소인들은 이를 양해했다"라는 것은 '승인承認' '납득了承'이 아닌, 양쪽 주장을 함께 기록한다는 양론병기兩論倂記의 의도로 가까스로 선택한 결과였습니다.

이 점이 중국 쪽으로서는 충분히 이해할 수 없는 부분이었다고 생각합니다. 후술하겠지만, 그 뒤의 니시마쓰 건설 화해, 미쓰비시 머티리얼 화해에서는 '책임'에 대해서 '역사적 책임'이라는 표현을 썼습니다.

니시마쓰 건설 화해에서는 니시마쓰 건설이 최고재판소에서 '법적 책임'은 면했으나 '부언(덧붙이는 말)'을 토대로 자발적으로 해결해야 한다는 견해가 있었습니다.

이에 대해 피해자 측은 최고재판소 판결이 '법적 책임'을 부정하고 있는 것은 객관적 사실이지만, 피해자 측이 이를 인정한 것은 아니라며 양론병기로 갔습니다. 그런 토대 위에 니시마쓰 건설은 역사적 책임을 인정한다고 분명히 말했으며, 니시마쓰 건설과 피해자 측이 '본 화해에 관한 확인사항'을 교환하면서 '역사적 책임'의 해석에 대해서는 "글자 뜻 그대로다"라고 했습니다. 또 화해조항 외의 사안에 대해서도 의심을 사지 않도록 '확인사항'이라는 장치를 고안해냈습니다. 이것은 화해조항 일부에서 해석의 오해를 산 하나오카 화해의 교훈에 토대를 둔 것이었습니다. 니시마쓰 건설 화해를 발전시킨 미쓰비시 머티리얼 화해에서는 화해조항을 둘러싼 의심 같은 일이 일절 생기지 않았습니다.

오다테에서 추도행사를 열다

일본 오다테에서는 매년 6월 30일 오다테 시 주최로 중국에서 온 생존자·유족도 참석한 가운데 추도식이 열리고 있습니다. 1990년부터는 중국 대사관도 참가하고 있는데, 지금의 외교부 장인 왕이王毅 씨가 참사관 자격으로 추도식에 처음 참석했습니다. 다음은 2016년 6월 30일 추도식에서 오다테 시장이 낭독한 '추도의 말'입니다.

> 오늘 여기에 추도식을 집행하면서 멀리 고향을 떠나 이 하나오카의 땅에 잠든 429주柱(이 429명에는 가시마 구미 외의 사업소 사망자도 포함돼 있다―저자 주)의 영령에게 삼가 애도의 뜻을 바칩니다. (…) 71년 전 오늘, 이 하나오카 땅에서 나중에 '하나오카 사건'이라 불리게 되는 사건이 일어났습니다. 먼 이국의 땅에 연행돼 가혹한 노동과 비참한 대우 속에 147명이 돌아가시게 됐고, 또 자유와 존엄을 지키기 위해 어쩔 수 없이 궐기한 282명이 희생돼, 모두 429명이 귀한 목숨을 잃었습니다.
>
> 사건을 불러일으킨 요인이 된 비인도적 행위는 전쟁이라는 비정상적인 상황하의 사건이었다고는 하나 결코 용납돼선 안 되는 것이었습니다.
>
> 사건 뒤 이미 반세기 이상의 세월이 흘러 우리나라도 평화와 민주주의를 기조로 다시 태어나 눈부신 발전을 이룩했습니다만, 과거의 비참했던 사실을 결코 풍화시켜서는 안 됩니다. 두 번 다

시 같은 과오를 되풀이하지 않도록 이 사실을 역사의 교훈으로 삼고 일중 양국의 우호와 세계의 항구적 평화를 위해 오다테 시민과 함께 노력할 것을 여기에 맹세합니다.

마지막으로 일중 양국이 더욱더 발전하기를 바라면서, 망향에 젖은 채 여기에 잠든 영령에게 충심으로 조의를 표하며, 평안하게 잠드시기를 기원하면서 식사式辭를 마치고자 합니다.

헤이세이 28년(2016년) 6월 30일

오다테 시장 후쿠하라 준지福原淳嗣

일본정부가 이 문제를 모르는 척하고 있는 가운데 일개 지방 자치체가 이런 추도사업을 계속 이어가면서 시장이 이런 추도문을 낭독하는 것은 큰 의미가 있습니다. 그것은 수난자·유족에 대한 자그마한 위로임과 동시에 풀뿌리 일중 우호운동의 일단을 담당하는 것이며, 자치체 외교이기도 합니다.

중국대사관에서도 다음과 같은 추도문을 보내왔습니다.

2016년도 하나오카 사건 중국인 수난자 추도식 식사

중화인민공화국 주일본국 대사관 참사관 톈페이량田培良

앞의 대전이 종결된 지 71년의 세월이 흘렀습니다. 요즘 사람들은 당시 중국인 노동자들이 체험했던 비참한 경우를 상상조차할 수 없을지 모르겠습니다. 그러나 이 비참한 역사를 잊어서는 안 됩니다. 그리고 다음 세대에게 계속 얘기해주어야 합니다.

역사에서 교훈을 길어내고 중일 양국 자자손손이 우호와 영구 평화를 실현토록 노력을 거듭해서 두 번 다시 비참한 역사를 되풀이하지 않도록 하는 것이야말로 돌아가신 분들에 대한 최고의 기념이라고 생각합니다. (…)

그러나 지적해야 할 것은, 일본 국내에서 예전의 침략전쟁을 부인하고, 나아가 미화하려는 세력이 시종 존재하고 있다는 사실입니다. 근년에 이런 움직임이 줄어들기는커녕 오히려 증가하고 있습니다. 이는 피해국 인민에 대한 또 다른 가해이며, 일본이 아시아 이웃 나라와 미래지향적 관계를 발전시키는 데에도 지장을 초래하고 있습니다. 이에 대해 평화를 사랑하는 사람들은 공동으로 반대해야 할 것이라고 생각합니다.

전쟁이 끝난 이후 양국 각계의 노력 아래 중일관계는 장족의 발전을 이뤘으며, 각 분야의 교류와 협력은 커다란 성과를 올렸습니다. 근년에 주지하는 바와 같은 원인으로 중일관계는 대단히 곤란한 국면에 빠졌습니다. 이제 양국 관계는 개선의 궤도로 복귀했습니다만, 개선의 기운은 여전히 약합니다. 중국정부는 일관되게 중일 우호선린 관계를 발전시키는 것을 중시하고 있습니다. 쌍방은 함께 노력해서 중일 간의 4가지 정치문서 및 4개 항목 합의를 토대로 "역사를 거울로 삼아 미래로 향한다"라는 정신에 따라 양국 관계의 끊임없는 개선과 발전을 추진해야 하지 않겠습니까.

중국 대사관의 추도문은 당시의 정치정세, 특히 일중관계가 미묘하게 반영돼 있어서 필자도 매년 흥미 있게 귀 기울여 듣고 있습니다.

니이무라 마사토 전 재판장의 헌화

2013년 6월 30일 추도식에는 화해 성립을 이끈 당시 재판장이었던 니이무라 마사토 씨도 참석해 중국인 수난자 위령비에 헌화했습니다.

마사토 씨는 전날 밤에 열린 중국인 환영 모임에서도 중국인 유족들과 친밀하게 교류했습니다. 판결이 아니라 화해를 통한 해결이었기에 그런 교류가 가능했을 것이라고 생각합니다.

니이무라 전 판사는 2015년, 기자의 열성적인 요청에 따라 전후 70년을 맞아 NHK 아키타방송에 다음과 같은 수기手記를 기고해, 앞의 추도식에 참석했을 때의 감상을 피력했습니다. 이 수기는 그 일부가 그해 6월 30일 NHK 아키타방송 아침 프로그램에서 소개됐습니다.

재작년 오다테 시에서 열린 하나오카 사건 추도식에 참석한 것은 이 사건의 재판에서 미력이나마 화해 성립을 위해 다리를 놓는 역할을 한 자로서, 그 성과를 직접 확인하고 싶다는 바람과 중국에서 건너와 참석하신 유족 분들 및 오다테 시 여러분과 함께 위령의 염念을 함께하고 싶다는 생각 때문이었습니다.

제2차 세계대전 당시 일본의 잘못된 국책의 희생이 된 중국인 노동자들의 영을 위로하기 위해 일개 지방공공단체가 공적인 입장에서 시민 여러분들과 하나가 돼 추도식을 매년 거행하고 있는 데에 큰 감명을 받았습니다.

중국에서 오신 참석자들에 대해 예를 다하는 듯한 행사를 사건이 벌어졌던 현장인 오다테 시가 솔선해서 개최함으로써 일중 양국 참석자들의 교류가 실질적으로 이뤄지고, 참석자들 기억에 의미 깊게 새겨질 것이라는 깊은 염원을 갖게 됐습니다.

눈물과 웃음 속에 번갈아가며 술잔을 들고 서로 손을 붙잡고 환담하면서 어깨동무한 채 노래를 부르는 등 교류의 장이 저절로 실현되는 그 상황을 눈으로 보면서 나도 그 속에 함께 어울리며 마음이 이끌리는 듯한 감동을 느꼈습니다.

뒤돌아보건대 정치, 외교 면에서 현재의 일중 관계가 삐걱거리고 있는 것은 바람직하지 않고, 그 원인 해명과 해결 방법에 대해서는 냉정한 분석과 판단이 필요하다는 것은 말할 필요도 없겠습니다만, 그 배경에 앞의 대전에서 일본이 중국을 침략하고 가해한 역사가 있음은 움직일 수 없는 사실이라고 생각합니다.

그 점을 생각할 때 먼저 일본 쪽에서 겸허하게 역사와 대면하는 것이 요구되며 나라의 지도자들은 그것이 중요하다는 점을 강하게 인식해주기를 바랍니다. 또한 국민 한 사람 한 사람도 그에 대해 깊이 생각하는 것이 중요하다고 생각합니다.

니이무라 전 재판장이 중국인 수난자 위령비에 헌화한 것은
그때가 처음이 아니었습니다.

필자는 2008년 여름, 그로부터 다음과 같은 마음 따뜻해지
는 편지를 받았습니다.

하나오카 사건 해결에 미약하게나마 역할을 한 것은 나의 긴 재
판관 생활 중에서 특히 강한 인상을 남겼고, 한 번쯤 하나오카
를 찾아보고 싶다는 생각이 간절해졌습니다. 다만 현역으로 재
직 중에는 재판 당사자 어느 한쪽 편을 드는 듯이 보이는 행동
은 삼가야 한다고 생각했습니다. 그러나 지금은 재야의 일개 변
호사에 지나지 않기 때문에 그런 배려는 쓸데없는 것이 되었고,
(…) 중국인 수난자 위령비에 참배하는 도중에 꽃다발을 바치고
지참한 삼각대를 써서 셀프 타이머로 사진을 찍었습니다. 그러
고는 문득 생각이 나 스케치북 1장을 뜯어내 감회를 적은 뒤 꽃
다발과 함께 위령비 앞에 놓았습니다. 위령비 뒤쪽에 희고 큰 백
합 꽃송이가 만개해 있는 것이 인상적이었습니다. 순식간에 한
시간이 지나 3시 반께 물러났습니다. (…)
위령비 앞에 써서 놓아둔 종이에 담긴 글은 다음과 같습니다.

연※이 있어 하나오카 사건에 관여한 이래 한 번쯤 이곳에 찾아
오기로 마음먹고 있었습니다. 오늘 위령비 앞에 서서 숙제를 풀
었습니다. 숙연한 마음으로 꽃다발을 바칩니다.

2013년 6월 30일, 하나오카 사건 추도식에서 헌화하는
니이무라 마사토 전 도쿄 고등재판소 재판장. 장궈퉁張国通
씨 촬영.

헤이세이 20년(2008년) 7월 27일

니이무라 마사토

즉석에서 생각이 떠올라 쓴 이 짧은 글이 모든 내 심경을 말해
주고 있습니다. (…) 지금은 비를 맞고 바람에 날아가버렸겠지만,
그걸로 족하다고 생각합니다.

하나오카 사건 기념관 개관

매년 6월 30일, 오다테 시 주최로 열리는 하나오카 사건 추도
식을 지원 중인 오다테 시민들이 중심이 돼 결성한 NPO(비영리
단체)법인 '하나오카 평화기념회(가와다 시게유키川田繁幸 이사장, 필
자도 이사를 맡고 있다)'가 전국에서 모은 기부금으로 토지를 구
입해서 총 공사비 약 4,000만 엔을 들여 210평 규모의 '하나오
카 평화기념관'을 건설했습니다.

2016년 4월 17일의 개관식에는 하나오카 사건 생존자 리티에
추李鉄垂 씨(87세)와 유족들, 중국 대사관 참사관, 현지 오다테 시
장 등 관계자들이 참석해 "우리는 사건을 잊지 않겠다"라는 메
시지를 내보냈습니다.

기념관에는 하나오카의 강제노동 실태, 하나오카 사건의 전
모, 전후사업으로 추진된 유골송환운동, 매년 6월 30일에 열리
는 추도식 모습, 가시마 건설에 대한 배상교섭부터 제소, 화해
에 이르기까지의 과정이 담긴 사진과 도표 등이 알기 쉽게 전시

돼 있습니다.

기념관에 들어서면 가장 먼저 눈에 들어오는 것은 세로 196센티미터, 가로 391센티미터의 〈하나오카 봉기·참극 만다린도〉입니다. 홋카이도 거주 화가 고^故 시무라 보쿠넨진^{志村墨然人} 씨가 하나오카 사건을 그린 것입니다.

기념관은 4월 1일부터 10월 31일까지 매주 월, 금, 토, 일요일에 오전 10시부터 오후 3시까지 개관합니다.

앞서 얘기했듯이 오다테 시는 매년 6월 30일 하나오카에서 중국인 수난자를 위한 추도식을 열고 있는데, 가시마 건설은 화해 성립 다음 해에 열린 추도식에 상무이사 나카토 요시히로^{中洞好博} 도호쿠^{東北} 지점장을 참석하게 했습니다. 추도식이 끝난 뒤에 나카토 씨는 수난 생존자·유족들을 만나 "이곳에서 돌아가신 많은 분들의 명복을 빕니다. 화해를 했다고 해도 당시의 가혹한 체험이 사라지진 않을 것이며, 당사도 마음 아파하고 있습니다. 기금이 양국 우호의 초석이 되기를 기원합니다"라는 취지의 메시지를 전했습니다.

그런데 추도식에 참가한 일부 시민들이 나카토 이사에게, 가시마 건설 홈페이지에 올라온 회사의 책임을 부정하는 듯한 글과 관련해 가시마의 책임자를 추궁하기 시작했습니다. 그 결과 가시마 건설은 다음 해부터 추도식에 참가하지 않게 됐습니다.

일부 사람들의 행동이긴 했으나 가시마 건설 책임자를 쫓아내버린 결과로 이어진 것은 유감스러운 일이었습니다. 후술하게 될 니시마쓰 건설 화해처럼 화해 성립 뒤 매년 가시마 건설 책임자가 하나오카에서 열리는 추도식에 참가해 회사 차원의 메시지를 계속 발신했더라면 중국인들의 가시마 건설에 대한 느낌이 달라졌을 가능성도 있습니다. 이 부분과 관련해 시민운동 쪽도 생각해봐야 할 문제가 있다고 생각합니다.

전국에서 잇따라 일어난
손해배상 청구소송

'법률의 벽' '조약의 벽'

중국인 강제연행·강제노동 사건에 대해서는 1995년 6월 28일의 하나오카 사건 제소 이래 국가 및 사역 기업(사역 기업만 제소한 경우도 있다)에 10여 건의 소송이 제기됐지만, 화해를 통해 해결된 일부를 제외하고는 최고재판소 판결에 이르는 과정에서 모두 원고 패소로 끝났습니다. '법률의 벽' '조약의 벽' 때문입니다.

(1) 법률의 벽이란?

일본국 헌법 아래에서는 국가 또는 공공단체가 불법행위를 하고 그로 인해 손해를 입었을 경우, 국가나 공공단체에게 배상을 청구할 수 있습니다. 이것이 헌법 제17조에 명시된 국가 및 공공단체의 배상책임, 국가배상법입니다. 그런데 전쟁 전의 대일본제국 헌법에는 이런 조항이 없었기 때문에 국가의 불법행위로 손해를 입더라도 국가에게 배상을 청구할 수 없었습니다. 이것을 '국가무답無答 책'이라고 합니다. 국가 및 공공단체는 악을 행하지 않는다는 전제 위에 있다는 것인데, 몹시 난폭한 생각입니다.

전쟁은 국가가 일으키는 가장 큰 불법행위입니다. 전시 중에 뉴기니에서 한쪽 팔을 잃고 아사 직전 상태에 빠져 많은 동료들이 죽어가는 것을 지켜봤던 만화가 미즈키 시게루水木しげる. 1922~2015 씨는 국가야말로 가장 추악한 요괴라고 말했습니다.

그런데 이 국가무답책 때문에 전쟁과 관련한 불법행위의 배상을 국가에게 청구하기 어려운 것입니다.

그러나 민법에는 '시효時效' '제척除斥 기간'이라는 이론이 있습니다. 시효란 타인의 불법행위로 손해를 입었을 경우 그 배상청구권을 손해의 발생, 가해자를 알고 난 뒤 3년 내에 행사하지 않으면 청구권이 소멸해버린다는 이론입니다. 불법행위가 저질러진 때로부터 10년 안에 배상청구권을 행사하지 않을 때도 마찬가지입니다.

다만 시효에는 중단이라는 것이 있어서, 중단하면 그때로부터 3년간 또는 10년간은 시효가 적용되지 않습니다. 그리고 시효를 주장하는 것이 권리남용이라 하여 인정받지 못하는 경우도 있습니다.

이에 반해 제척기간은 불법행위 발생 시점으로부터 20년이 지나면 무조건 배상청구권이 소멸한다는 이론입니다. 이 책에서 얘기하고 있는 강제연행·강제노동은 전시 중에 벌어진 일로 전후에 바로 소송을 제기했다면 모를까, 구체적으로 제소된 것은 한참 뒤였기 때문에 이 시효와 제척기간을 적용해 판결하게 됩니다.

이것이 법률의 벽입니다. 시효, 제척기간은 법적 안정성이라는 관점에서 "권리상 잠자고 있는 자"는 권리를 행사할 수 없고, 보호받을 수 없다는 생각에 토대를 둔 법리입니다. 하지만 전쟁배상, 식민지배 청산 등과 같은 역사 문제의 해결에는 본래 적합하지 않은 이론입니다.

독일에서는 전쟁범죄의 시효가 연장됐으며, 나아가 그 뒤에 전면 폐지돼 전후 70여 년이 지난 지금도 여전히 나치 전쟁범죄자 추적이 진행되고 있습니다. 그렇게 하지 않으면 주변국들로부터 신용을 얻지 못합니다.

(2) 조약의 벽이란?

조약의 벽이란, 한국인 강제동원 피해자의 경우처럼 1965년의 한일 청구권협정으로 정한 것 이외의 배상청구권은 협정에 근거하여 포기되었으므로 그 해결이 끝났다는 생각입니다.

중국인 강제동원 피해자의 경우는 1972년의 일중 공동성명으로 배상청구권이 포기됐다는 생각입니다. 전후보상 청구 재판은 관계자들 다수가 이미 사망했고, 관련 자료의 소각, 인멸,

산일散逸(흩어져 없어짐) 등으로 인한 어려움이 있는 데다 이런 법률의 벽, 조약의 벽이라는 어려운 문제까지 있는 것입니다.

류롄런 사건

1958년 2월 9일, 홋카이도 도베쓰정当別町의 산속에서 지역 주민이 이상한 모습의 중국인을 발견해 신고하여 도베쓰정 파출소가 그를 구출 후 신병을 보호했습니다. 그는 전시 중에 중국 산둥성山東省에서 강제연행돼 홋카이도의 메이지 광업 쇼와광昭和鑛에서 강제노동을 당하다가 일본의 패전 직전에 도망쳐서, 이후 13년간 홋카이도의 산속에서 살고 있던 류롄런 씨였습니다.

구출된 류롄런 씨는 그해 4월 본국으로 귀국할 때까지 풀뿌리 차원에서 일중 우호운동을 하던 사람들의 지원을 받아 자신의 체험을 얘기하고 일본정부에 대해서도 다음과 같은 희망사항을 밝혔습니다.

나는 지난 2월 9일 홋카이도 이시카리石狩 도베쓰정 오쿠노사와奥の沢의 산속에서 일본 당국에 발견된 중국인 포로 류롄런입니다. 나는 원래 농민이었습니다.

중일전쟁 기간 중에 지금의 중화인민공화국 산둥성 주청諸城현에서 밭농사를 하던 도중 불행하게도 일본군에 의해 불법 납치당해 칭다오青島를 거쳐 일본으로 연행당한 뒤 홋카이도의 탄갱(메이지광업 쇼와광)에서 강제노동을 하고 있었는데, 굶주림과 중노동, 구타를 참을 수 없어 쇼와 20년(1945년) 7월께 탄광에서 도망나온 이래 13년간 전쟁이 끝난 줄도 모른 채 홋카이도의 산야에 계속 숨어 지냈습니다. (…)

나는 도주 중이던 13년간 붙잡히면 "죽임을 당한다"라고만 생각해 사람들의 눈을 피해 가까스로 살아남았습니다. 지금은 일본에 있는 동포나 친절한 분들의 도움을 받아 삿포로에서 귀국할 수 있는 날을 기다리며 나날을 보내고 있습니다. (…)

일본군은 중국에 살던 나의 평화로운 생활을 파괴했으며, 내가 이처럼 고생하게 된 것은 일본의 침략전쟁 때문입니다. 인도적으로나 국제법상으로 일본정부의 지금의 태도는 이대로 괜찮다고 생각하지 않습니다.

법률을 운운하는 일본정부는 먼저 국제법에 따라 나의 존재를 신속하게 내 조국인 중화인민공화국 정부에 알리고, 하루빨리 나를 다시 평화로운 가정으로 돌려보내야 한다고 생각합니다. 물론 나는 과거 일본에서 14년간 당한 육체적, 정신적인 손해의 보상을 메이지 광업과 일본정부에 대해 요구하는 바입니다. (이하 생략)

1958년 2월 26일, 중국인 포로 류롄런

류롄런 씨는 그해 4월 10일에 본국으로 귀국했는데, 귀국 전 기시岸信介 내각의 아이치 기이치愛知揆一, 1907~1973 관방장관이 류롄런 씨에게 서한과 10만 엔을 건네주려고 했으나 류롄런 씨는 이를 거부하면서 다음과 같은 성명을 발표했습니다.

나는 3군데의 단체 연락사무소의 후원으로 내일 도쿄항을 출항하는 하쿠산마루白山丸를 타고 귀국하게 됐습니다. 지난 2월 9일 하산한 이래 나는 홋카이도와 도쿄에서 일본 각지의 벗들과 교포들로부터 따뜻한 동정과 위문을 많이 받았습니다. 이런 따뜻한 후의에 진심으로 감사를 드립니다.

내가 하산한 이후 지금까지 일본정부의 기시 내각은 그저 침묵을 지켜왔는데, 이는 절대로 용납할 수 없습니다.

나는 어제 일본정부 내각의 아이치 기이치 관방장관으로부터 한 통의 편지를 받았습니다. 아이치 관방장관은 이 편지 속에서도 일본 당국이 나를 불법으로 납치하고 학대한 엄연한 사실을 인정하지 않았는데, 이는 예전의 국제적 범죄를 숨기기 위해 새로운 국제적 범죄를 저지르는 것입니다.

나는 여기서 다시 기시 내각이 응당 져야 할 책임을 지지 않는 태도를 비난하려 합니다. 나는 귀국한 뒤에 전쟁에 반대하고 중일 양국민의 우호를 위해 싸울 결심입니다.

나는 또한 일본의 벗들이 보내준 따뜻한 우정을 결코 잊지 않겠습니다. 그러나 나는 끝까지 일본정부의 책임을 추궁할 것이며, 일본정부에 대한 일체의 손해 배상청구권은 후일 중화인민공화국 정부를 통해 행사할 때까지 이를 유보하겠습니다.

1958년 4월 9일, 류롄런

손해배상에 응하는 것이 '사리'에 맞다

그 뒤 긴 공백이 있었지만 류롄런 씨는 1996년 3월 25일, 일본국가를 상대로 손해배상 소송을 제기했습니다.

2001년 7월 12일, 도쿄 지방재판소 민사 제14부(니시오카 세이이치로西岡清一郎 재판장, 가네코 오사무金子修 재판관, 미야자키 다쿠야宮崎拓也 재판관)는 류롄런 사건에 대해 원고 승소 판결을 언도하고, 제소 뒤에 사망한 류롄런 씨의 유족에게 총 2,000만 엔의 손해배상을 명했습니다.

그 판결 요지는 다음과 같습니다.

먼저 "본건 소송은 태평양전쟁하에서의 노동력 부족 해소를 위해 취해진 국책인 중국인 노동자의 일본 내지로의 이입에 관해, 중국인인 류롄런이 행정공출 명목으로 그 의사에 반해 강제적으로 일본국내에 연행돼 홋카이도의 쇼와 광업소에서 강제노동을 당했고, 이에 참을 수 없어 도주한 뒤 홋카이도 내에서 13년에 걸친 가혹한 도주생활을 할 수밖에 없었던 것을 이유로 피고인 일본국에 대해 이런 일본국의 행위로 인해 입은 손해의 배상을 청구한 사안이며, 이른바 전후보상 재판이다"라며 재판의 위치를 명확하게 부여했습니다.

이어서 "피고에 의한 류롄런에 대한 강제연행·강제노동 실태의 개요는 앞서 얘기한 바와 같으며, 이에 따라 류롄런이 다대한 피해를 입었던 것은 명백하다"라며 류롄런 씨가 입은 손해를 인정했습니다.

그다음 전시 중의 강제연행·강제노동에 대해서는 앞서 말한 국가무답책의 벽이 있기 때문에 국가배상 청구는 인정할 수 없다고 했지만, 전후에 제정된 국가배상법에 근거하여 전후의 일본국가는 강제노동을 견딜 수 없어 홋카이도의 산속으로 도망친 뒤 13년간 숨어 지낸 류롄런 씨를 구출할 의무가 있었으나 이를 이행하지 않았으므로 일본국가의 전후책임이 있다고 인정했습니다.

그리고 이 손해배상 의무에 대해 일본국가가 민법의 제척기간을 적용하는 것은 "류롄런이 입은 피해의 중대성을 생각하면 정의 공평의 이념에 현저히 반하는 것이라 하지 않을 수 없으며, 또한 이런 중대한 피해를 입은 류롄런에게 국가로서 손해배상에 응하는 것은 사리條理에도 맞는 것이다"라고 했습니다.

전시 중의 불법행위뿐만 아니라 전후의 부작위不作爲 ―류롄런 씨를 찾아내서 중국으로 돌려보낼 의무의 불이행―에 착안해 현행의 법해석 범위 내에서 국가의 의무를 불이행한 것으로 보고 류롄런 씨가 입은 손해를 배상하라고 사법부가 일본국가에 명한 것입니다.

여기에서 우리는 강제연행·강제노동에 의한 피해의 중대성을 고려해 류롄런 씨가 입은 손해의 구제를 도모하고자 방법을 궁리해낸 재판관들의 성의를 엿볼 수 있습니다.

판결문에서 언급된 '사리'라는 표현은 법조문상 그 규정이 있을 리 없는, 귀에 익숙하지 않은 말이라고 생각합니다. 그러나

그것이 의미하는 바는 "권리 행사 및 의무 이행은 신의에 따라 성실하게 이뤄지지 않았다"에 나오는 '신의', 즉 민법 제1조(기본원칙) '신의성실의 원칙'을 가리킵니다. 바꿔 말하면, '사람의 길人の途'과 같은 것입니다.

민법학의 태두 와가쓰마 사카에我妻榮의 《민법 총칙》은 '조리條理'에 대해 "법률이 존재하지 않는 경우 조리에 따라 재판해야 한다는 것이다"라며, "재판관은 법률에 규정이 없다고 해서 재판을 거부할 수 없으며, 그럴 경우에는 자신이 입법자라면 규정했을 법한 것, 즉 조리에 따르는 수밖에 없는 것이다"라고 해설하고 있습니다.

이렇게 생각하면, 류렌런 사건에 대한 판결이 "중대한 피해를 입은 류렌런에게 국가로서 손해배상에 응하는 것은 사리(조리)에 맞는 것이다"라고 한 것은 그 의미가 함축적이라고 할 수 있지 않을까요.

후술하게 될 니시마쓰 건설 최고재판소 판결에서 말하는 '부언'도 이런 정신의 토대 위에서 이뤄진 것입니다.

그러나 류렌런 사건 1심 판결은 2005년 6월 23일, 도쿄 고등재판소에서 파기됐고, 이 파기 판결이 최고재판소에서도 유지·확정됐습니다. 도쿄 고등재판소 판결은 1심의 사실인정은 그대로 유지했으나 제척기간 경과를 이유로 류렌런의 호소를 기각한 것입니다.

니시마쓰 건설
히로시마 야스노 재판, 화해로 가다

지방재판소에서 기각된 판결, 고등재판소에서 승소하다

히로시마에서는 강제연행당한 중국인들 중 360명이 니시마쓰 건설의 주고쿠전력中国電力 야스노 발전소 도수導水터널 공사현장에 배치돼 주야 2교대의 가혹한 노동을 했으며, 이로 인해 29명이 이곳에서 사망했습니다. 1년이 채 되지 않은 기간 동안 강제연행당한 중국인의 약 1할이 사망한 사실에서 가혹한 노동의 실태를 엿볼 수 있습니다.

유족 중 한 사람인 양시더우楊世斗 씨의 아버지 양시엔楊希恩 씨는 건설현장에서의 저항행위로 히로시마 시 당국에 연행돼 경찰서에서 취조를 받다가 원폭이 투하되는 바람에 피폭사하기도 했습니다.

히로시마현의 야스노에 살던 중국인 수난자 및 그 유족들은

1993년 8월 3일, 니시마쓰 건설에 대해 ① 공식으로 사죄할 것, ② 사망자를 추도하고, 역사의 사실을 전하며, 후생의 교육을 위해 추도비 및 기념관을 설립할 것, ③ 마땅히 해야 할 보상을 할 것 등 3개항의 요구를 제출했습니다.

그러나 교섭은 결렬됐고 1998년 1월, 수난자 및 유족 5명이 전체 수난자 360명 및 그 유족의 대표로서 니시마쓰 건설을 상대로 강제연행·강제노동이라는 불법행위를 강제한 것에 대한 손해배상 청구소송을 히로시마 지방재판소에 제소했습니다.

이후 2002년 7월 9일, 히로시마 지방재판소는 중국인 수난자들의 피해사실을 상세히 인정했으나 시효와 제척기간 경과를 적용해 수난자들의 청구를 기각했습니다.

그러나 2004년 7월 9일, 항소심을 맡은 히로시마 고등재판소(스즈키 도시유키鈴木敏之 재판장, 마스이 치즈코松井千鶴子 판사, 구도 료지工藤涼二 판사)는 히로시마 지방재판소가 인정한 전기前記의 피해사실을 그대로 인정한 뒤, 아래와 같은 판결을 내렸습니다.

① 니시마쓰 건설이 강제연행된 중국인들에게 가혹한 생활을 강제하고, 엄혹한 노동조건 아래서 노동에 종사하게 한 것은 안전배려 의무 위반에 해당한다.

② 중국인들이 중대한 피해를 당했고, 그 뒤에도 종종 계속 고통을 받은 것에 대해, 니시마쓰 건설이 국가보상금 취득으로 일정한 이익을 얻은 것 등에 비춰보면, 니시마쓰 건설이 소멸시효를 원용해서 손해배상 의무를 면한 것은 현저히 정의에 반하

며, 사리에도 어긋나기 때문에 니시마쓰 건설의 소멸시효 원용은 권리의 남용으로 허용될 수 없다.

더불어서 원고인 수난자·유족들의 청구를 인용하고, 니시마쓰 건설은 수난자·유족들에게 각 550만 엔씩을 지불하라고 명하는 판결을 내렸습니다. 고등재판소 단계에서 처음으로 수난자들의 배상청구를 인정한 것입니다. 여기에서도 '사리'라는 말이 사용됐습니다.

최고재판소에서 다시 기각되다

그러나 니시마쓰 건설로부터 상고를 수리한 최고재판소 제2소법정(나카가와 료지^{中川了滋} 재판장, 이마이 이사오^{今井功} 판사, 후루타 유키^{古田佑紀} 판사)은 2007년 4월 27일, 히로시마 고등재판소가 인정한 수난자들의 피해사실을 그대로 답습한 다음, 아래와 같이 수난자들의 청구를 기각했습니다.

"전기^{前記} 사실관계에 비춰 본건 피해자들이 입은 정신적·육체적인 고통은 극히 큰 것이었던 것으로 인정된다"라고 하면서도, 수난자들의 청구권은 1972년 9월 29일의 일중 공동성명 제5항에 "중화인민공화국 정부는 중일 양국 국민의 우호를 위해 일본국에 대한 전쟁배상 청구를 포기할 것을 선언한다"라고 돼 있으므로 "일중전쟁 수행 중에 발생한 중화인민공화국 국민의 일본국 또는 그 국민 또는 법인에 대한 청구권은 일중 공동성명 5항에 따라 재판상 소구할 기능을 잃었다고 해야 하며, 그러한 청구권에 기초한 재판상의 청구에 대해 동 항에 토대를 둔 청구권 포기에 대한 항변이 주장될 경우 해당 청구는 기각을 면할 수 없다."

다소 이해하기 어려울지 모르겠지만, 수난자들이 손해배상을 청구할 권리는 일중 공동성명 제5항으로 포기되었으므로 재판을 통해서는 배상을 청구할 수 없다는 의미로, 권리 그 자체가 소멸됐다는 의미는 아닙니다.

판결에서는 일중 공동성명 제5항을 해석할 때, 해당 성명은 1951년 9월 8일 체결(1952년 4월 28일 발효)된 샌프란시스코 강화조약의 틀 내에서 이뤄진 것이며, 동 조약 제14조에서 연합국 및 연합국민과 일본국 및 일본 국민은 서로 배상청구권을 포기했으므로 일중 공동성명 제5항도 이와 마찬가지로 해석돼야 한다고 했습니다.

그러나 이것은 잘못된 해석입니다. 당시 중화인민공화국은 샌프란시스코 강화회의에서 배제됐기 때문에, 일중 공동성명이 샌프란시스코 조약과 같은 틀 안에 있다고 해석하는 것은 무리가 있습니다.

또 조항상으로도 일중 공동성명 제5항은 "중화인민공화국은…"이라고 돼 있으며, 샌프란시스코 조약처럼 "연합국 및 그 국민의 청구권" 또는 "일본국 및 일본 국민의 청구권"으로 돼 있지 않습니다.

그리고 샌프란시스코 조약의 "국민의 청구권 포기"에 대해 일본정부는 청구권 자체가 아니라 외교보호권을 포기한 것이라고 얘기한 바 있습니다.

최고재판소 제2소법정 판결 다음 날인 4월 28일, 중국 외교부 보도관은 이 판결이 "중일 공동성명"을 제대로 이해하지 못한 것이라고 비판했습니다.

판결 말미에 덧붙여진 '부언'

부언은 판결과 다르며, 그것 자체에 힘이 있는 것은 아닙니다. 부언 자체만으로는 단순한 말뿐인 호의에 지나지 않습니다. 이 부언에 활력을 준 것은 히로시마 현지를 중심으로 이루어진 끈질긴 싸움이었습니다.

(1) 당사자 간의 자발적 해결을 요구한 부언

최고재판소 제2소법정 판결은 앞서 얘기했듯이 수난자들의 청구를 기각했지만, 부언이라는 형식으로 다음과 같이 재판관들의 의견을 밝혔습니다.

또한 (…) 개별 구체적인 청구권에 대해 채무자 쪽에서 임의의 자발적 대응을 하는 것은 막을 수 없는 바, 본건 피해자들이 입은 정신적·육체적 고통이 지극히 컸고, 상고인(니시마쓰 건설―저자 주)은 앞서 얘기한 바와 같은 근무조건으로 중국인 노동자들에게 강제노동을 시켜 상응한 이익을 얻었으며, 또 전기

^{前記}의 보상금을 수령하는 등 제반 사정에 비춰볼 때, 상고인을 포함한 관계자에게 본건 피해자들의 피해를 구제해주는 노력을 해줄 것을 기대하는 바이다.

실제로 수난자들이 입은 피해는 심대해서 그것을 무시할 수 없었습니다. 또 후술하겠지만, 최고재판소 판결의 부언은 이것이 처음은 아니었습니다. 이에 대해서는 제6장에서 상세히 얘기하겠습니다.

(2) 부언에 토대를 둔 화해

최고재판소에서의 패소 판결 뒤, 중국인 수난자·유족들은 히로시마의 지원자들을 비롯해 전국적인 지원을 받으면서 니시마쓰 건설을 상대로 최고재판소 판결의 부언에 토대를 둔 해결을 요구하는 운동을 전개해왔습니다.

이런 활동의 결과, 2009년 10월 23일 니시마쓰 건설과 중국인 수난자·유족들 사이에 화해가 성립됐습니다.

화해 성립 뒤 니시마쓰 측 대리인 다카노 야스히코^{高野康彦} 변호사와 공동 기자회견에 임한 수난 생존자 샤오이청^{邵義誠} 씨는 화해 내용에 불충분한 점이 남아 있다고 하면서도 이 문제의 해결을 위해 애쓴 니시마쓰 건설의 자세를 우호적으로 평가했습니다. 동시에 이 화해가 다른 기업과 일본국가에 의한 중국인 강제연행 문제의 전면적인 해결을 위한 발걸음이 되기를 바란다는 성명을 냈습니다. 니시마쓰 건설 측 대리인 다카노 야스히코 변호사도, 다음과 같은 사측의 입장을 발표했습니다.

지난해 이후 폐사의 불상사에 입각해서, 신생 니시마쓰 건설과 될 수 있는 한 과거의 여러 문제들에 대해 재검토를 계속해왔습니다. 그중 큰 과제로 강제연행 문제, 최고재판소 판결의 부언에 대해 니시마쓰 건설이 어떻게 대응해갈 것인가 하는 문제가 있었습니다. 이번에 이렇게 화해하기에 이르렀지만, 중국인 당사자 및 관계자의 노력에 감사드립니다.

샤오이청 씨는 다카노 야스히코 변호사에게 이제까지 싸웠으나 오늘부터는 서로 벗이 됐다고 말했고, 두 사람은 굳게 악수했습니다. 글자 그대로의 화해가 성립한 순간입니다.

그날 석간신문들은 "강제노동 화해, 65년 세월 끝에 악수, 원고 '중요한 한 걸음'"(《아사히신문》)이라고 하는 등 화해 성립을 적극적으로 평가했고, 다음 날 "정부는 용기 있는 행동을"(《아사히신문》) "국가도 대응할 때가 왔다"(《홋카이도신문》) "국가의 자세도마 위에"(《시나노信濃마이니치신문》)라는 제목의 사설들을 내보냈습니다. 이후에도 언론에서는 "국가도 역사를 재고해서 구제를"(《애히메愛媛신문》 10월 25일) "과거 보상 확실해져"(《니시니혼西日本신문》 11월 2일) 등 강제노동 문제 해결을 위해 일본정부가 적극적으로 움직여야 한다고 주장했습니다.

10월 24일에는 샤오이청 씨 등이 히로시마로 건너가서 25일 히로시마 시에서 열린 보고집회에 참석하고 26일에는 야스노의 수난 현장을 방문했습니다.

현장에 꽃을 바치고 중국에서 갖고 온 술을 뿌린 뒤 그곳에서 사망한 옛 동료들에게 화해 성립을 보고한 샤오이청 씨는 "지금까지는 이곳을 방문하면 당시의 일이 떠올라 눈물을 흘렸지만 오늘은 기쁜 보고를 하러 왔으니 울지 않겠다"라고 말했습니다.

1993년 8월 3일, 두 사람의 생존 수난자 뤼쉐원呂学文 씨와 멍샤오언孟昭恩 씨가 처음으로 일본에 와서 니시마쓰 건설을 상대로 청구서를 제출한 지 16년의 세월이 지난 뒤의 일입니다. 뤼쉐원 씨, 멍샤오언 씨는 이 화해를 직접 보지 못하고 세상을 떠났지만, 그 유족들이 부친의 생각을 계승해 긴 세월에 걸쳐 활동해왔습니다.

니시마쓰 건설 화해의 특이점

니시마쓰 건설 화해는 니시마쓰 건설 주식회사가 신청인이 돼 중국인 피해자 및 그 유족에게 문제의 해결을 위한 화해를 신청한다는 형식을 취했다는 점에서 특색이 있습니다.

화해의 내용은 앞서 얘기한 최고재판소 제2소법정 판결의 부언에 입각해서 이뤄졌습니다. 다음은 화해 내용의 골자를 구체적으로 정리해본 것입니다.

'신청인'은 니시마쓰 건설, '상대방'은 수난자·유족입니다.

① 신청인인 야스노 발전소 사업소에서 노동하기 위해 강제연행 당한 중국인 360명이 수난을 당한 것은 '중국인 노무자 내지이입에 관한 건'의 각의 결정에 따른 역사적 사실(이하 '야스노 안건'이라 한다)이며, 신청인은 이를 사실로 인정하고, 기업으로서도 그 역사적 책임을 인식하고, 해당 중국인 생존자 및 그 유족에 대해 심심한 사죄의 뜻을 표명한다(제2조).

② 신청인과 상대방들은 후생(後生)의 교육에 이바지하기 위해 야스노 안건의 사실을 기념하는 비를 건립한다. 건립 장소는 땅의 소유자, 관리자의 허락을 얻는 것을 전제로 주고쿠전력 야스노 발전소 부지 내를, 제1후보지로 한다(제3조).

③ 신청인은 제2조의 수난자 360명과 그 유족 등에 대해 화해금으로 2억 5,000만 엔을 일괄 지불한다. 이 금액은 수난에 대한 보상에 더해 미판명자 조사비용, 앞 조항의 기념비 건립 비용, 수난자의 옛터 참관·위령을 위한 비용, 기타 제2조의 수난에 관한 일체의 비용을 포함하는 것으로 한다(제4조).

④ 본건 합의는 제2조의 수난자와 관련된 모든 현안을 해결하는 것이며, 상대방들을 포함한 수난자 및 그 유족이 야스노 안건에 대해 모든 현안이 해결된 것을 확인하고, 향후 일본 국내는 물론 다른 나라 및 지역에서 일체의 청구권을 포기하는 것을 포함하는 것이다(제8조).

'야스노 안건'이라 일컬은 것은 이 사건의 강제노동 현장이 히로시마 오타太田 강의 상류 아키오타마치安芸太田町의 야스노였기 때문입니다. 니시마쓰 건설은 야스노 외에도 니가타新潟현 시나노가와信濃川 현장에서도 중국인들에게 강제노동을 시켰습니다. 이 건도 니시마쓰 히로시마 야스노 화해가 이뤄지고 1년 뒤에 본 화해와 같은 내용의 화해가 성립됐습니다.

여기서 제8조의 "향후 (⋯) 일체의 청구권을 포기" 부분은 본 화해에 응한 수난자·유족에 대한 것이며, 화해에 응하지 않았던 수난자·유족까지 구속하는 것은 아닙니다. 이는 법리론으로서 당연한 해석이지만 하나오카 화해에서는 일부 오해도 있었기 때문에 회사 측 대리인 변호사와 수난자·유족 대리인 변호사인 필자의 연명으로 '본 화해에 관한 확인사항'을 별도로 작성했습니다. 제8조의 해석으로 "화해의 법적 구속력이 당사자 간에만 미치는 것은 당연하다. 상대방(수난자·유족—필자 주)은 미판명자를 포함해서 본건 관계자에게 본 화해의 취지를 철저히 설명하고 신탁이라는 틀에 참가하도록 작업할 책임을 지는 것이다. 이 화해에 응한 분들에게는 본 화해의 취지가 구속력을 갖게 되지만, 어떻게든 참가하지 않는 분들에게는 본 화해가 그분들의 권리를 빼앗는 법적 효과를 갖지 않는다"라고 다시 한번 확인했습니다.

기본 원칙을 지킨 화해

전후보상 청구문제를 해결하기 위해서는, 아래의 3가지 원칙이 필수적입니다.

① 가해 사실 및 그 책임을 인정하고 사죄한다. ② 사죄의 증거로 경제적인 수당手當(배상·보상)을 준다. ③ 추도사업을 하고, 동시에 미래의 교훈을 위해 역사교육을 실시한다.

사죄를 역사 문제의 종지부로 삼지 않기 위해서는 ③이 불가결합니다. 가해자들이 피해자·유족들과 함께 ③을 성실하게 이어가야 피해자·유족들의 마음을 누그러뜨리고, ①의 사죄가 진지한 것임을 이해시킬 수 있습니다.

이런 관점에서 보면, 이 화해는 앞서 말했듯이 제2조에서 니시마쓰 건설이 "사실로 인정"하고 "그 역사적 책임을 인정"하며 "심심한 사죄의 뜻을 표명"했고, 제4조에서 2억 5,000만 엔의 화해금을 지불하며, 제3조에서 "후생(자손)의 교육에 이바지하기 위해" 기념비를 세운다고 함으로써 앞의 3가지 원칙을 충족시켰다고 할 수 있습니다.

또 1993년 8월 3일 뤼쉐원·멍샤오언 씨가 제출한 청구서에도 완전하진 않지만, 대응하고 있다고 할 수 있겠지요.

본 화해 내용의 제5조에 따르면 앞의 제4조에서 언급한 추도사업을 이행하기 위해 화해금을 자유인권협회에 신탁하기로 했으며, 제6조는 그 사업의 구체적 수행을 위해 '니시마쓰 야스노 우호기금' 및 '니시마쓰 야스노 우호기금 운영위원회'를 설치하고, 그 운영위원회에는 니시마쓰 건설 쪽도 참가하는 것을 내용으로 하고 있습니다.

기회를 살릴 수 있었던 것은 지속적인 운동 덕분

2008년 가을, 오자와 이치로小沢一郎. 1942~ 당시 민주당 대표에 대한 니시마쓰 건설의 불법 헌금 의혹이 밝혀져 니시마쓰 건설은 장기간에 걸쳐 회사를 독단적으로 좌지우지해온 구니사와国沢 사장이 해임되는 등 임원들이 대폭 교체됐습니다.

이후 이 회사는 사내 법령준수를 확립하기 위해 사외위원회에 검토를 위탁하는 등 경영 쇄신을 꾀해왔습니다. 그런 흐름 속에서 최고재판소 판결로 이 회사의 법적 책임은 없어졌다며 완강한 태도를 취해오던 니시마쓰 건설은 2009년 4월, 그런 자세를 완전히 바꿔 대화를 통한 해결을 모색했고, 그 결과 오늘의 화해에 이르게 된 것입니다.

오자와 이치로 불법 헌금 의혹 문제가 본건 해결의 한 계기가 됐지만, 그 해결을 성사시킬 수 있었던 것은 중국인 당사자는 물론 히로시마와 도쿄 등 전국의 일본인 지원자들이 니시마쓰 중국인 강제연행·강제노동 문제의 해결을 요구하며 십수 년에 걸쳐 지속적으로 운동을 해온 덕분입니다. 또한 청구는 기각했지만 수난자들이 당한 피해를 상세하게 인정한 히로시마 지방재판소의 판결, 그리고 최고재판소에서 파기되긴 했으나 앞서 얘기한 '부언'을 이끌어낸 히로시마 고등재판소의 원고 승소판결 등이 있었기 때문입니다. "필연은 우연을 통해 드러난다"라는 헤겔의 말을 빌린다면, 운동을 계속한 것이 우연으로 보이는 필연과의 만남을 가져다주었던 것입니다.

앞서 얘기했듯이 이듬해인 2010년 4월 26일에는 니시마쓰 건설 시나노가와에서도 화해가 이뤄졌습니다(보상 인원 183명, 화해금 1억 2,800만 엔).

니시마쓰 히로시마 야스노 화해에 대해서는 앞서 얘기한 바와 같이 여러 신문들이 "정부도 용기 있는 행동을"(2009년 10월 24일 〈아사히신문〉 사설) 등의 헤드라인을 달아 호의적으로 평가했습니다. 〈요미우리신문〉도 화해 사실을 담담하게 전하면서 반대 의향은 드러내지 않았습니다.

다만 같은 날 〈산케이신문〉은 후지오카 노부카쓰藤岡信勝, 1943~ 다쿠쇼쿠拓殖대 교수가 "국가와 국가 사이에는 배상책임이 없다는 결론이 났고, 최고재판소도 동일한 판단을 하고 있다. 국가와 국가의 합의를 넘어 일개 기업이 자신들의 이미지 전략의 일환으로 화해를 이용하는 것은 이상하다"라고 한 논평을 인용하며 "이번 화해를 계기로 그와 같은 움직임이 활발해질 것으로 예상되기도 한다. 분명 피해자들에 대한 보상은 중요할지도 모르겠다. 그러나 한편으로 일개 기업, 일개 개인의 생각 때문에 국가 간의 결정이 홀대받는 사태도 피해야 하는 만큼, 냉정한 대응이 요구된다"라며 화해에 의문을 제기했습니다.

그 뒤에 전개된 화해사업

화해 성립으로부터 1년이 지난 2010년 10월 23일, 히로시마현 아키오타마치 야스노에 있는 주고쿠전력 야스노 발전소의 한 켠에서 얼후二胡의 음악이 조용히 흐르는 가운데 중국에서 온 생존자 5명을 포함한 수난자·유족과 가해자 니시마쓰 건설 주식회사 연명으로 건립된 '야스노 중국인 수난비' 제막식과 제1회 중국인 니시마쓰 건설 강제연행·강제노동 수난자 추도식이 열렸습니다.

수난비 뒷면에는 중국어와 일본어로 다음과 같은 글이 새겨졌습니다.

제2차 세계대전 말기, 일본은 노동력 부족을 메우기 위해 1942년의 각의 결정에 따라 약 4만 명의 중국인을 일본 각지에 강제연행해 힘들고 고된 일을 강제했다. 히로시마현 북부에서는 니시마쓰 구미(지금의 니시마쓰 건설)가 진행한 야스노 발전소 건설공사에서 360명의 중국인들이 가혹한 노역을 강요당하면서 원자폭탄 투하로 인한 피폭사까지 포함해 29명이 이국땅에서 목숨을 잃었다.

1993년 이후 중국인 수난자들은 피해 회복과 인간 존엄의 복권을 요구하며 일본 시민운동의 협력을 얻어 니시마쓰 건설에 대해 사실인정과 사죄, 후세의 교육을 위한 기념비 건립, 합당한 보상 등 3개 항목을 요구했다. 이후 장기간에 걸친 교섭과 재판

을 거쳐 2009년 10월 23일에 360명에 대한 화해가 성립돼 양
측은 새로운 길로 나서게 됐다.

니시마쓰 건설은 최고재판소(2007년)의 부언에 따라 중국인 수
난자의 요구에 맞춰 기업으로서의 역사적 책임을 인식하고 신
생 니시마쓰로 새롭게 태어나고자 하는 자세를 명확하게 보여
줬다.

오타가와 상류에 위치해 도이±居에서 가구사좁草, 쓰나미津浪, 쓰
보노坪野에 이르는 긴 도수 터널을 갖고 있는 야스노 발전소는
지금도 조용히 전기를 내보내고 있다. 이런 역사를 마음에 새기
면서 일중 양국 자자손손의 우호를 기원하며 이 비를 세운다.

2010년 10월 23일

야스노·중국인 수난자 및 유족

니시마쓰 건설 주식회사

 이 수난비는 가해와 수난의 역사를 기억하기 위해 세워졌습
니다. 비의 양 옆에는 수난자 360명의 이름을 새긴 작은 비가
놓였습니다. 수난비 건립에는 아키오타마치 현지 관계자들과 주
고쿠전력 등 각 방면에서 협력을 했습니다.

 이후 2017년 10월 제10회(가능한 한 빨리 일본 방문을 희망
하는 유족들을 초빙하고자 봄·가을 두 번에 걸쳐 개최한 해도 있
다) 추도식에 이르기까지 '니시마쓰 야스노 우호기금 운영위원
회'(중국 측과 일본 측의 각 위원들로 구성되고 니시마쓰 건설도 참

가)는 확인된 248명의 수난자·유족들을 순차적으로 추도식에 초빙해 교류했습니다.

일본에 온 수난자·유족들은 매번 추도식이 끝난 뒤 강제노동 현장을 돌아보며 다시 한번 가혹한 노동을 강요당한 당시를 떠올렸으며, 그다음 날에는 원폭자료관을 견학해 처참했던 원폭 피해 상황을 되새기면서 수난비에 헌화했습니다. 원폭자료관에서는 히로시마 시민평화 자원봉사자들의 안내를 받았는데 그 중에는 히로시마대에서 박사과정을 밟고 있던 중국인 유학생도 있었습니다. 그는 원폭자료관에서만이 아니라 추도식에 참가한 중국인 수난자·유족들을 위해 줄곧 통역도 해주었습니다.

추도식에서는 여러 가지 에피소드들이 있었습니다.

건설 당시의 발전소가 지금도 가동되고 있는 사실을 안 유족 중 한 사람이 "아버지들이 만든 이 발전소를 오래도록 사용해주세요"라며 안내하던 주고쿠전력 담당자에게 말했고, 담당자는 바로 "예, 소중하게 사용하겠습니다"라고 대답했다고 합니다. 이런 이야기는 보고집회 등에서 정색을 하고 한 것이 아니라 안내를 받던 도중에 유족이 주고쿠전력 사원에게 따로 말을 건넨 것인데, 그것을 동행하던 필자에게 그런 일이 있었다는 식으로 언뜻 알려준 것입니다.

원폭자료관을 견학한 어느 유족은 그날 밤 교류 모임에서 "감상은 세 개다. 끔찍하고, 끔찍하고, 끔찍하다"라고 말했습니다. 1945년 8월 6일 히로시마에, 9일에는 나가사키에 원폭이 투하됐을 때 난징南京, 충칭, 싱가포르, 그 밖의 아시아 각지에서 사람들은 만세를 불렀습니다. "이제 일본은 졌다! 아시아는 해방됐다!"라며. 그 만세를 부른 사람들의 아들, 손자들이 원폭자료관을 견학하고 "끔찍하고, 끔찍하고, 끔찍하다"라는 소감을 얘기한 것입니다.

화해사업으로 실시된 추도식, 원폭자료관 견학 등의 활동은 풀뿌리 일중 우호운동의 일단을 담당했습니다. "이런 활동을 계속함으로써 이윽고 '수난의 비'는 '우호의 비'가 되겠지요"라고 어느 수난자 유족이 말한 것을 잊을 수 없습니다. "가해자는 잊어도 피해자는 잊지 못한다"라는 말이 거듭 회자되고 있지만, 역사 문제의 해결을 위해서는 피해자의 '관용'과 가해자의 '절도'와 '조신함'이 필수적입니다. 우리는 이것을 마음 깊이 새기면서 가해 사실을 마주해야 한다고 생각합니다.

당초에는 수난비 건립, 추도식 참석에 신중했던 아키오타마치의 고사카 신지小坂眞治 이장도 매회 참석해서 내빈으로 인사를 해주고 있습니다. 그는 이 추도식이 앞으로도 계속되기를 바란다고 얘기했습니다. 그 지역 사람들도 마찬가지입니다.

스즈키 도시유키 전 히로시마 고등재판소 재판장의 편지

화해를 통한 해결의 계기가 된 2004년 7월 9일의 히로시마 고등재판소 판결 때의 재판장 스즈키 도시유키 판사도 화해 성립을 몹시 기뻐하며 히로시마 고등재판소 시절의 일을 기분 좋게 얘기하면서 중국인 수난자·유족들 대리인으로 정력적으로 활동한 고故 니이미 다카시 변호사(하나오카 사건의 대리인이기도 했다)를 극찬했습니다.

그리고 히로시마의 지원단체가 작성한 화해 보고서에 다음과 같은 글을 기고해주었습니다.

니시마쓰 건설 중국인 강제노동 사건 판결 회고

(…) 사건에 대한 필자 등의 인식이나 생각은 고등재판소 판결에 꽤 솔직하게 드러나 있다고 생각하기 때문에 여기에서 다시 말 씀드릴 생각은 없습니다. (…)

완성된 판결을 앞에 놓고 필자 등은 좀 과장해서 말하면, 할 수 있는 일은 다했다는 달성감과 충실감 속에 역사에 남을 판결에 관여했다는 자부심과 고양된 감정을 공유했습니다. (두 분의 배석 재판관과 관계직원, 특히 주임 재판관의 수고가 여간이 아니었다 는 건 말할 필요도 없습니다.)

따라서 최고재판소에서 그런 이유로 파기되리라고는 전혀 예상 하지 못했다는 것이 솔직한 심정이었습니다. 최고재판소의 파기 이유에 대해서는 국제법학자를 비롯해서 많은 식자들 사이에서 여러 논의들이 이뤄지고 있기도 합니다만, 그 점이야 어찌 됐든 필자 등의 판결은 저 파기 이유를 빼고는 사실인정에 대해서도, 합리적인 이유 제시에 대해서도 최고재판소로부터 모두 지지를 받았다고 자부합니다. (…)

그리고 '부언'을 계기로 화해로 가는 착실한 노력을 계속한 끝에 마침내 화해를 성사시키기에 이른 것을 그 뒤의 자료 등을 통해 알 수 있었습니다만, 거기에 이르기까지의 관계자들 노력에 머리가 숙여집니다. 화해 조항 등도 살펴봤습니다만, 주도면밀하게 배려한 훌륭한 내용이어서 감명을 받았습니다. (…)

전후보상 문제의 해결이 다시 한 걸음 전진한 것을 기뻐함과 동시에 역사적인 사건의 재판에 관여할 수 있었던 것을 자랑으로 여기는 요즘입니다.

헤이세이 22년(2010년) 5월

스즈키 도시유키(도쿄 간이재판소 판사, 전 히로시마 고등재판소 판사)

역사적인 사건을 만나 재판관으로서의 직책을 잘 수행했다는 자부가 느껴집니다. 판결 당시의 배석 재판관뿐만 아니라 서기관 등 관계직원들의 수고까지 치하한 것은 스즈키 판사의 인품이라 생각합니다. 스즈키 판사와의 교류는 그 뒤에도 이어졌습니다.

일중 국교정상화 40주년 광경

2012년은 1972년의 일중 공동성명에 따른 일중 국교정상화 40주년인 해여서, 본래는 정치, 경제, 문화 등 모든 분야에서 성대하게 이를 축하해야 했습니다. 추도식에도 당초에는 30여 명의 중국인 수난자·유족들이 참가할 예정이었습니다.

그런데 이시하라 신타로石原慎太郎 당시 도쿄도 지사가 센카쿠열도尖閣諸島를 도쿄도가 구입하겠다고 한 발언을 계기로 일중 간에 긴장이 고조되는 가운데, "일본에 가기가 두렵다"라며 10여 명의 중국인 유족들이 일본 방문을 포기하는 사태가 벌어졌습니다.

강제연행·강제노동 문제를 연구하고, 방일단의 고문 격으로 매회 수난자·유족들의 도우미로 일본에 함께 갔던 대학교수도 그때는 대학 당국으로부터 출국하지 않는 것이 좋겠다는 말을 듣고 방일을 단념했습니다. 기금운영위원이기도 한 그는 일본에 갈 수 없게 된 것을 몹시 미안해했습니다.

그런 때야말로 일중 민간인들 간의 교류가 중요합니다. 당시 그런 상황에도 불구하고 관계자들이 애쓴 끝에 이전과 마찬가지로 중국에서 수난자 유족들을 맞이해 현지 아키오타마치, 젠푸쿠지善福寺, 주고쿠전력, 중국 영사관, 히로시마를 중심으로 한 각 우호단체, 그리고 전국에서 온 개인 참가자들과 함께 제5회 추도식을 집행할 수 있었고, 서로 간의 우호와 신뢰를 확인할 수 있었습니다. 가장 멀리서 온 사람은 신장웨이우얼 자치구 우루무치 시에서 참가한 분인데, 베이징까지 가는 데만 30시간이 걸렸다고 했습니다.

원폭자료관에서 평화 가이드를 했던 나이 든 여성이 유족들에게 "여러분, 이런 시기에 와주셔서 감사합니다. 열심히 안내해 드리겠습니다"라고 한 일도 잊을 수 없습니다.

스즈키 도시유키 전 히로시마 고등재판소 재판장의 헌화

2012년 가을 추도식에는 전 히로시마 고등재판소 판결 때의 재판장 스즈키 도시유키 씨도 참석해서 수난자 유족들과 교류했습니다. 스즈키 씨는 그 무렵 간이재판소 판사도 정년퇴직하고 변호사로 활동 중이었기 때문에 "이젠 괜찮겠지요"라며 필자 등이 강권한 결과 추도식에 참석하게 됐습니다.

'야스노 중국인 수난비'에 헌화하고 잠시 멈춰 선 스즈키 전 재판장의 모습을 보고 필자는 히로시마 고등재판소 판결이 재판관으로서의 양심에 따라 내린 것이었음을 다시 한번 생각했습니다.

신중하게 시간을 들여 합의하고 심혈을 기울여 쓴 8년 전의 판결. 그것이 최고재판소에서 파기당했으나 부언을 이끌어내고, 부언을 매개로 화해 해결로 이어졌으며, 게다가 화해 성사로만 끝난 것이 아니라 화해사업 수행으로 화해의 내용을 더욱 심화시키면서 풀뿌리 차원의 일중 우호운동이 착실하게 지속되고 있는 것이 그로서는 감개무량했을 것입니다.

스즈키 도시유키 전 판사는 추도식 참석 이후 〈아사히신문〉의 이시바시 히데아키石橋英昭 기자와 인터뷰을 했는데, 그 일부를 인용해보겠습니다.

Q. 히로시마에서의 추도식에 참가하셨습니다.

A. 재판관으로서의 직무를 모두 끝낸 퇴관 전후 무렵에 우치다

2012년 10월 20일, '야스노 중국인 수난비'에 헌화하는
스즈키 도시유키 전 히로시마 고등재판소 재판장. 가와미
가즈히토川見一仁 촬영.

변호사로부터 권유를 받고 마음이 움직였습니다. 실은 센카쿠 열도 문제의 바람이 거세어서 교류가 중지되는 게 아닌가 걱정했습니다. 그런데 교류모임에서 '화해 탄생의 어버이'로 소개받고 인사를 했더니 중국인 유족들이 차례차례 기념촬영과 악수를 요청했습니다. 건배와 술잔 주고받기를 몇 번이나 거듭했지요. 정말 기분이 좋았습니다. 내가 인사하자 눈물을 흘리는 유족도 있었어요. 이런 민간의 일중 친선이 언젠가 열매를 맺을 날이 오리라고 여러 사람이 말했습니다. (…) 잘 왔구나 하는 생각을 했습니다.

Q. '수난비'에 헌화하셨습니다.

A. (…) 재판소에서 열심히 밀어붙인 판단이 다양한 경위를 거쳐 이런 형태가 됐구나 싶었습니다. 우리는 잘못하지 않았다고 생각했습니다. 비문도 좋았어요. 니시마쓰 건설과 연명으로 만든 것이지만, 잘 만들었어요. 짧지도 길지도 않은 좋은 글입니다. 비를 우러러보며 가슴이 벅차 금방 자세를 고쳐 잡을 수 없는 상황이 돼버려서 헌화가 자연히 길어졌어요. 사회를 보고 있던 여성한테서 "비를 우러러보던 시간이 길어지셨던 것 같은데, 온갖 생각들이 떠오르신 모양이군요"라는 말을 들었는데 더 할 말이 없었어요. 바로 그랬습니다. 대답하면 눈물이 나올 것 같아 아무 말도 못했지요.

Q. 추도식에 참가하신 감상은 어떠했나요?

A. 감격해서 돌아왔습니다. 일중 간이 어려운 시절이어서 더욱 잘 갔다온 것 같습니다. (…) 화해라면 돈을 주는 정도로 끝나는 것인가 하는 생각을 했지만 운영위원회가 역사적인 기념비를 만들고 매년 몇십 명이나 되는 유족을 초대해서 수난의 현장을 보여주며 설명함으로써 그들의 부모님들, 조상들이 겪은 고난을 떠올리게 하는 것, 그것을 막대한 에너지를 투입해 열심히 착실하게 진행해온 운영위원회의 열의, 이건 작은 일이 아니라고 생각했어요.

《세카이》, 2013년 10월호)

아키오타마치 이장의 인사

아키오타마치 이장도 "오늘 이곳을 처음 방문하신 유족 분들도 계시리라 생각합니다만, 이 비가 역사를 미래영겁의 후세들에게 전해서 두 번 다시 이런 잘못이 되풀이되지 않도록 일중 양국의 우호가 한층 더 발전하고, 평화의 동심원이 더 널리 퍼져나가기를 바라마지 않습니다. 일중 국교정상화 40주년인 올해, 영토 문제 때문에 일중관계가 심각해진 사태 속에서 양국 경제에 대한 악영향을 크게 우려하고 있습니다만, 양국 정부 간의 대화를 통해 신속하게 평화적으로 해결해주기를 간절히 바랍니다" 하고 인사를 했습니다.

귀국하기 전날 밤의 교류모임에서 중국인 수난자 유족들은

입을 모아 일본에 와서 좋았다며 일본 측과의 우정을 서로 다
짐했습니다.

교류모임 석상에서 수난비를 건립한 현지 석재상의 요시무라
마사노리吉村政則 사장은 "평생 기억에 남는 큰일을 하게 해주셨습
니다. 매회 추도식에 참석해서 여러분의 말씀을 듣는 가운데 일
중 우호라는 더 큰일에 참가하게 해주신 것을 깨닫게 돼 감격의
종류도 바뀌었습니다"라고 인사했습니다.

이런 작업이 일중 양국에 널리 알려지고, 그것이 지금과 같은
어려운 일중관계를 바꾸는 큰 힘이 되기를 진심으로 바랍니다.

미쓰비시 머티리얼도
화해로 종결되다

잘못하고도 고치지 않으면, 그것이 잘못

"잘못하고도 고치지 않으면, 이를 잘못이라고 한다."

2016년 6월 1일, 베이징에서 체결된 미쓰비시 머티리얼 중국인 강제연행·강제노동 사건 화해에서 이 회사의 업무집행 임원인 기무라 히카루木村光 씨가 회사를 대표해서 중국인 수난자·유족들을 대표한 옌이청閻玉成(86세), 장이더張義德(88세), 간슌闞順(95세, 딸이 대리 참석) 씨 등 생존 수난자들에게 얘기한 '사죄문' 중의 한 구절입니다.

생존 수난자들은 이 회사의 "사죄를 성의 있는 것으로 받아들여(화해합의서 제1조)" "우리는 중국인 노동자 강제연행을 주도한 일본정부, 그리고 그 밖의 많은 가해 기업들이 여전히 역사적 사실을 무시하고 사죄를 거부하는 상황 아래서 미쓰비시 머티리얼 사가 역사적 사실을 인정하고 공개사죄 하는 자세를 적극적으로 평가한다'라고 말했습니다.

조인 뒤에 열린 기자회견에서 옌이청 씨는 "화해해서 기쁘다. 미래를 바라보며 (일본 측과) 서로 평화적으로 공존하고 싶다"라고 말했습니다.

미쓰비시 머티리얼 사의 '사죄문'은 다음과 같습니다.

> 제2차 세계대전 중에 일본국 정부의 각의 결정 '중국인 노무자 내지이입에 관한 건'에 따라 약 3만 9,000명의 중국인 노동자가 일본으로 강제연행당했다. 폐사의 전신인 미쓰비시 광업주식회사 및 그 하청회사(미쓰비시 광업주식회사 자회사의 하청회사를 포함)는 그 일부인 3,765명의 중국인 노동자를 그 사업소에 받아들여 열악한 조건 아래에서 노동을 강요했다.
>
> 그리고 그때 722명이나 되는 많은 중국인 노동자들이 사망했다. 본건에 대해서는 오늘에 이르기까지 종국적인 해결이 이뤄지지 않고 있다.
>
> "잘못하고도 고치지 않으면, 이를 잘못이라고 한다." 폐사는 이처럼 중국인 노동자 여러분의 인권이 침해당한 역사적 사실을 솔직하고 성실하게 인정하고, 통절한 반성의 뜻을 표한다.
>
> 또한 중국인 노동자 여러분이 조국 및 가족과 멀리 떨어진 이국의 땅에서 중대한 고통 및 손해를 당한 것에 대해 폐사는 당

시의 사용자로서 역사적 책임을 인정하며, 중국인 노동자 및 그 유족 여러분에게 심심한 사죄의 뜻을 표한다.

아울러 돌아가신 중국인 노동자 여러분에 대해 심심한 애도의 뜻을 표한다.

"과거 일을 잊지 않고, 장래의 교훈으로 삼겠다"라는 폐사는 상기의 역사적 사실 및 역사적 책임을 인정하고 또한 향후 일중 양국의 우호적 발전에 공헌하겠다는 관점에서 본건의 종국적·포괄적 해결을 위해 설립되는 중국인 노동자 및 그 유족을 위한 기금에 금원金員을 거출한다(화해합의서 제1조 [사죄]).

조인식을 마치면서 생존 수난자들과 이 회사는 강제연행당해 먼 이국땅에서 사망한, 그리고 고국에 돌아갔으나 본 화해가 성사되는 것을 보지 못하고 사망한 수난자들을 생각하며 묵념을 올렸습니다.

이 묵념은 조인식 당일 아침에 필자가 제안한 것인데, 이미 조인식 식순이 세세하게 결정돼 있었음에도 미쓰비시 머티리얼 사가 흔쾌히 제안을 반영해주었습니다.

필자는 중국인 수난자들에 대한 생각뿐만 아니라 이 문제 해결을 위해 진력했으나 화해의 날을 보지 못하고 돌아가신 일중 양국의 사람들도 생각했습니다.

화해계약 체결 뒤 미쓰비시 머티리얼 사가 배포한 보도자료는 본건의 화해 개요를 설명하면서 다음과 같이 서술했습니다.

당사는 오늘의 화해에 관한 조인식에서 역사적 책임에 대해 진지하고 성실한 사죄의 뜻을 표명했고, 3명의 전 노동자 분들은 이를 받아주셨습니다. (…)

본건에 대해서는 과거에 당사로 5건의 일본 국내 소송이 제기됐습니다. 어느 소송이나 모두 전 노동자 쪽 청구를 기각한다는 결정이 내려지고 확정됐습니다. 그러나 판결에서는 구 미쓰비시 광업 사업소에서 전 노동자 분들이 본인의 뜻에 반해 힘든 일을 강요당한 것이 사실로 인정됐으며, 또 "본 문제를 해결하기 위해 노력해야 한다"라는 부언도 있었습니다.

당사는 이를 진지하게 받아들여 협의를 계속한 결과 합의에 이르렀습니다. 또 전 노동자와 그 유족분들을 지원하는 단체도 본 화해에 찬성하고 화해사업에 협력하겠다는 의사를 표명해주었습니다. 당사는 화해사업을 통해 전 노동자 및 그 유족 분들과의 포괄적이고 종국적인 해결을 도모하고자 합니다.

화해에 대한 미쓰비시 머티리얼 사의 진지한 자세를 엿볼 수 있는 내용입니다.

역사 문제를 둘러싼 화해는 가해 사실을 마주하는 데서부터 출발해야 합니다. 그리고 한 사람이라도 더 많은 수난자가 건재할 때 이뤄져야 합니다. 화해 통보를 받은 유족이 아버지 또는 할아버지가 "살아계셨다면 무척 기뻐하셨겠지요"라고 말해봤자, 그렇게 돼서는 '화해'의 가치가 반감되고 맙니다.

미쓰비시 머티리얼 사의 사외이사 역을 맡은 외교평론가 오카모토 유키오岡本行夫(외무성 북미 1과장을 거쳐 퇴직, 하시모토 총리 및 고이즈미 총리의 보좌관 역임) 씨는 미국인 전 포로들에 대해 2015년 11월 5일 〈아사히신문〉과의 인터뷰에서 다음과 같이 말했습니다.

"이번 여름에 사외이사 역을 맡아 미쓰비시 머티리얼 대표단에 참가해, 제2차 세계대전 중 일본의 광산에서 강제노동을 당한 미국인 전 포로들과 면회하고 사죄했습니다. 전 포로들은 '사죄하러 와준 일본인의 용기에 경의를 표한다'라고 미국 언론에 밝혔습니다. '화해는 피해자 본인들이 살아 있을 때 하지 않으면 안 된다'라는 생각이 간절했습니다."

참으로 그렇다고 생각합니다. 전후보상 문제의 해결은 "시간과의 싸움"이기도 합니다. 남은 시간은 이제 얼마 없습니다.

"운영위원 여러분, 중국에서 조사한 끝에 오늘 생존자를 찾아냈습니다. 명부 번호 90번 위전커于振科 씨, 87세입니다. 건강하신 것 같습니다. 생존자에게 화해 통보를 할 수 있게 돼 기쁩니다. 보고 드림." 2010년 3월, 니시마쓰 야스노 우호기금 운영위원 중 한 사람인 히로시마의 가와하라 요코川原洋子 씨가 보낸 기쁨에 찬 연락입니다.

하나오카·니시마쓰 화해의 연장선상에 있는 화해

미쓰비시 머티리얼 사의 전신인 미쓰비시 광업주식회사는

비바이美唄 탄광(홋카이도) 289명, 오유바리大夕張 탄광(홋카이도) 292명, 오사리사와尾去沢 탄광(아키타) 498명, 가쓰다勝田 탄광(후쿠오카) 352명, 이이즈카飯塚 탄광(후쿠오카) 189명, 다카시마高島 탄광 신갱新坑(나가사키) 205명, 다카시마 탄광 하시마端島 갱 204명, 다카시마 탄광 사키토崎戸 갱 436명, 마키미네槙峰 광산(미야자키) 244명 등 9개 사업소에 총 2,709명을 강제연행해 강제노동을 시켰습니다.

이 중에서 나가사키 시의 하시마 해저탄광은 그 특이한 형태로 '군함도軍艦島'라는 이름으로 널리 알려져 있습니다.

이 회사는 그 밖에도 하청으로 오유바리 지자키地崎 구미(홋카이도) 388명, 유베쓰雄別 쓰치야土屋 구미(홋카이도) 253명, 비바이 철도공업(홋카이도) 415명 등에서 모두 3,765명에게 강제노동을 시켰습니다. 그중에서 일본의 패전까지 722명(배 안에서 사망한 11명 포함)이 돌아가셨습니다.

앞에서 언급한 탄광과 광산에서는 조선인도 '강제노동'당하고 있었습니다. 군함도 인근 다카시마에서 강제노동을 당한 한 유명 여배우의 부친은 가혹한 노동을 견디지 못하고 바다로 뛰어들어 도망친 뒤 목재에 매달려 가까스로 건너편 해안에 당도해 그곳 사람의 도움을 받은 전말을 수기로 쓰기도 했습니다.

군함도 등의 산업 유적지는 2015년 유네스코 세계문화유산에 등록됐는데, 이런 가혹한 노예노동의 역사야말로 제대로 알려져야 한다고 생각합니다.

나가사키 시의 '군함도'.

미쓰비시 머티리얼 사는 사죄의 증표로 중국인 수난자·유족들에 대해 한 사람당 10만 위안(약 170만 엔, 약 1,800만 원)의 화해금을 지급하는 한편, "두 번 다시 과거의 과오를 되풀이하지 않기 위해 기념비 건립에 협력하고, 이 사실을 다음 세대에게 전할 것을 약속한다"라며, 사업장 등에서의 수난비 건립비용, 중국에서 수난자·유족들을 초청하는 추도사업비(1인당 25만 엔), 수난자·유족 및 기금 조사비를 별도로 지급하기로 했습니다.

앞서 얘기한 대로 전쟁 피해에 관해 피해자와 가해자가 일궈내는 '화해'에는 다음의 3가지가 불가결합니다. ① 가해자가 가해 사실과 책임을 인정하고, 피해자에게 사죄한다. ② 사죄의 증표로 피해자에게 화해금(실손해에 대한 보상이 아니라 어디까지나 '마음')을 지급한다. ③ 장래에 같은 과오를 범하지 않도록 역사교육, 구체적으로는 수난비 건립, 수난자 추도사업 등을 진행한다.

본 화해도 이런 생각의 바탕 위에서 이뤄진 것이며, 그런 의미에서 미쓰비시 머티리얼 화해는 지금까지 얘기해온 하나오카·니시마쓰 화해의 연장선상에서 성립된 것입니다.

이제부터 그 화해까지의 경위를 자세히 살펴보기로 하지요.

교섭 → 재판 → 교섭의 경위

(1) 각각의 교섭에서 통일 교섭으로

중국인 수난자·유족들과 미쓰비시 머티리얼 사의 교섭 경위는 길었습니다. 먼저 교섭이 이뤄지면 그것이 거부당하고, 이어서 긴 재판 투쟁이 벌어졌습니다.

재판소는 강제연행·강제노동의 실태를 파헤치면서도 '국가무답책' '시효' '제척기간' 등의 법리를 앞세우거나 나중에는 일중 공동성명에 의거한 청구권 포기 등의 논리로 중국인 수난자·유족들의 청구를 기각했습니다.

그 결과, 일본에서의 재판은 모두 수난자·유족들의 패소로 끝났습니다. 단, 청구 자체는 기각하면서도 다수의 경우 강제연행·강제노동 사실은 인정했습니다. 이것이 재판관의 부언을 이끌어냈습니다.

재판이 끝난 뒤에도 수난자·유족들은 일본 측 지원자들의 도움을 받아 미쓰비시 머티리얼 사에 대한 손해배상 요구를 유지하면서 사측과 '교섭'을 계속했습니다.

필자가 관여한 나가사키의 세 탄광(다카시마, 하시마, 사키토)의 교섭의 경우 수난자·유족 모임의 대표인 모토시마 히토시故本島等 전 나가사키 시장이 고령임에도 휠체어에 탄 채 미쓰비시 머티리얼 본사로 가서 몇 번이나 끈질기게 교섭을 벌였습니다.

미쓰비시 머티리얼 사는 면회를 거부하진 않았으나, 이 문제에 관한 또 하나의 당사자인 일본정부가 배상에 응한다면 자신들도 응하겠다는 태도로 일관하는 바람에 교섭은 알맹이가 없었습니다.

이런 사태를 타개하기 위해 2011년 11월, 그때까지 몇 개의 그룹으로 나뉘어 있던 교섭단이 대동단결해 미쓰비시 머티리얼 사와 정기적인 교섭을 하기에 이르렀습니다.

그런데 이 단계에서도 미쓰비시 머티리얼 사의 대응은 무뎠습니다. 앞서 얘기한 대로 이 회사는 일본정부도 화해에 나서는 것을 본건 화해의 전제로 삼았고, 또 이 회사의 강제노동에 따라 피해를 입은 모든 수난자·유족들이 하나로 합쳐 해결하는 것이 조건이라고 계속 주장했습니다.

그러나 2013년 가을 무렵부터 이 회사의 대응에도 약간의 변화가 보이기 시작했습니다. 이 회사의 종래 주장이었던 일본정부의 동조라는 요건이 조금씩 완화되고, 중국인 수난자·유족 전체와의 통일 교섭을 통한 법적 안정성이 강조된 것입니다.

2013년 12월 12일, 중국인 수난자·유족들은 '제2차 세계대전 중국인 노동자 미쓰비시 피해자 대표단'의 이름으로 미쓰비시 머티리얼 사에 대해 강제연행·강제노동에 대한 사죄와 수난자·유족 한 사람당 10만 위안의 배상금 지불, 역사의 교훈으로 삼기 위한 기념비 건립 등을 요구하는 통일 요구서를 제출했습니다. 하지만 교섭은 여전히 지지부진한 채 진척이 없었습니다.

(2) 강젠康健 변호사의 제소와 화해의 진전

그런데 미쓰비시 머티리얼 사는 2014년 4월께부터 본건 화해 해결을 위해 적극적으로 움직이게 됩니다.

이런 변화는 그해 2월 26일, 중국의 강젠 변호사가 이 회사에

대해 강제연행·강제노동에 대한 사죄와 수난자·유족 한 사람
당 100만 위안의 배상금을 요구하며 베이징 시 제1중급 인민법
원에 제소한 것에 이어 그해 3월 18일 이것이 수리된 데에 따른
것이었습니다.

그때까지 중국정부는 강제연행·강제노동 문제, 위안부 문제,
독가스 방치 문제 등 3가지에 대해서는 전쟁유류遺留(뒤로 미뤄
둠) 문제로, 적절한 해결이 이뤄지는 것이 바람직하다고 얘기는
해왔으나 중국 국내에서의 제소에 대해서는 이를 수리하지 않
는다는 태도를 갖고 있었습니다.

강젠 변호사의 제소가 수리된 데에는 센카쿠열도(댜오위다
오), 다케시마(독도) 등의 영토 문제, 일본군 위안부 문제, 2013년
12월 26일의 아베 총리 야스쿠니신사 참배 문제 등에 따른 중
국 국내에서의 급격한 반일감정 고조가 그 원인으로 작용했습
니다.

도쿄도의 센카쿠열도 구입 및 국유화 구상으로 중국을 도발
한 이시하라 신타로 당시 도쿄도 지사는 앞선 전쟁이 아시아
민족의 해방을 위한 전쟁이었다는 '성전聖戰'사관에 입각해 야스
쿠니신사 참배에 나섰고, 그 책임은 무거운 것이었습니다. 물론
그런 도발을 마치 기다리고 있었던 듯 반일을 선동한 중국 군확
파軍擴派의 존재도 거기에 덧붙여야겠지요.

하나오카·니시마쓰를 훨씬 뛰어넘는 화해의 실현

필자는 이제까지 중국인 강제연행·강제노동 문제에 관해 가시마 건설의 하나오카 화해(2000년), 니시마쓰 건설의 히로시마 야스노 화해(2009년)에 관여해왔습니다.

가시마 건설 하나오카 화해는 재판소가 노력해서 이뤄낸 화해이자 니이무라 마사토 재판장의 식견이 큰 기여를 한 화해입니다. 니시마쓰 건설 히로시마 야스노 화해는 최고재판소 판결의 부언에 기초해서 피해자와 가해자 양 당사자들이 자발적인 교섭을 통해 화해의 내용을 정리하고, 그것을 가해자인 니시마쓰 건설이 신청인이 돼 재판소로 가져간 화해이자 니시마쓰 건설 대리인 다카노 야스히코 변호사가 큰 역할을 한 화해였습니다.

미쓰비시 머티리얼 화해는 니시마쓰 화해의 연장선상에서 당사자들 간의 자발적인 교섭을 통해 화해의 내용을 정리하고, 회사 책임자가 베이징으로 가서 직접 수난자들에게 사죄하여 화해를 성사시켰습니다. 미쓰비시 머티리얼 사측 변호사의 노력 및 회사 간부의 합리적 사고가 있었기에 성사된 화해인 것입니다.

미쓰비시 머티리얼 화해는 다음과 같이 앞의 2건을 훨씬 뛰어넘는 내용으로 실현됐습니다.

① 미쓰비시 광업 본체 사업장의 피해자뿐만이 아니라 하청업체의 피해자까지 포함한 3,765명을 대상으로 했다(하나오카 화해는 987명, 니시마쓰 화해는 360명, 시나노가와 화해는 180명을 대상으로 함).

② 사죄 내용에 "잘못하고도 고치지 않으면, 이를 잘못이라고 한다"라는 구절을 넣고(미쓰비시 머티리얼 사는 자발적으로 이 구절을 사용했다), 또 회사의 책임 있는 인사가 중국에 가서 직접 생존 수난자들에게 사죄하고, 화해금을 지급했다. 니시마쓰 건설 화해에서도 니시마쓰 건설이 수난자들에게 사죄했고 그들과 악수도 했으나, 악수의 주체는 니시마쓰 건설 쪽 변호사였고 회사 간부는 아니었다.

③ 화해금의 규모가 그때까지의 화해금을 크게 넘어섰다.

④ 화해금의 내역(사용처)이 명확하게 제시돼 있다.

위와 같은 내용으로 미쓰비시 머티리얼 화해는 앞선 화해에서 크게 진전을 이뤘습니다. 특히 ④는 향후 다른 회사에서 같은 문제를 해결할 경우, 그 선례가 될 수 있겠지요.

하나오카·니시마쓰의 화해에서는 수난자·유족 전원이 받을 화해금을 기금위원회가 받아 그 범위 내에서 수난자·유족에게 화해금을 나누어 지급하고, 기념비 건립비, 추도사업비, 조사비, 기금유지비 등을 모두 댔습니다.

여기서 문제가 된 것은 수난자·유족을 모두 몇 명으로 판정할 것인가 하는 점이었습니다. 하나오카의 경우는 약 50퍼센트, 니시마쓰 야스노의 경우는 75.3퍼센트의 비율로 수난자·유족이 판명됐습니다.

이런 예측들을 하면서 수난자·유족들에게 먼저 어느 정도의 금액을 지급할 것인지, 이후 추가 지급을 할 것인지 등을 검토해왔습니다.

그런데 미쓰비시 머티리얼 화해에서는 수난자·유족에 대한 지급 금액, 기념비 건립비, 추도사업비, 조사비, 기금유지비 등이 세세하게 결정돼 있었고, 수난자·유족 모두에게는 1인당 10만 위안씩 지급됐습니다.

경제적 투명성을 담보해낸 이 방식은 처음 시도한 것이지만, 화해사업의 방식으로 바람직한 것이었습니다.

미쓰비시 머티리얼 화해가 열어젖힌 전망

앞서 얘기했듯이 미쓰비시 머티리얼 사와의 화해는 하나오카 화해, 니시마쓰 화해의 연장선상에서 이뤄졌으며, 그 규모와 내용 면에서도 앞의 두 건을 훨씬 뛰어넘었습니다.

중국인 수난자·유족, 미쓰비시 머티리얼 사, 그리고 지원자 등이 공동으로 화해사업을 수행함으로써 그 내용을 더욱 풍성하게 꾸려갈 수 있었을 것입니다.

1972년 일중 공동성명에 의한 국교정상화에 이르기까지 일중 양국 사이에는 긴 '민간 교류'의 역사가 있었습니다. 그해 9월 25일, 당시 다나카 총리는 저우언라이 총리와의 첫 회견 때 "나는 오늘, 긴 민간교류의 레일을 타고 마침내 여기에 왔습니다"라고 말했다고 합니다.

미쓰비시 머티리얼 화해는 강제연행·강제노동의 수난자·유족에 대한 사죄와 위로를 목적으로 하는 것이었지만, 동시에 그 화해사업의 수행을 통해 민간에서 일중 우호교류의 일익을 담당하게 된 것이지요.

동시에 미쓰비시 머티리얼 화해는 중국인 강제연행·강제노동 문제의 전체적 해결, 즉 독일의 '기억·책임·미래 기금'을 향한 커다란 한 걸음이 될 것으로 기대됩니다.

한편 일본정부는 어떨까요. 아무것도 하고 있지 않습니다. 본건의 강제연행·강제노동이 1942년 도조 히데키 내각의 각의 결정에 따라 국책으로 추진되었다는 점은 이미 얘기한 대로입니다. 강제노동을 시킨 기업은 책임을 지는데, 한편으로 그 주역이자 당사자인 일본국가가 책임을 지지 않는 것은 정의에 반합니다.

미쓰비시 머티리얼 화해는 그 규모에서 하나오카 화해, 니시마쓰 화해를 훨씬 뛰어넘음으로써 같은 문제를 안고 있는 타사에 영향을 끼칠 수밖에 없기 때문에, 후술하게 될 독일의 '기억·책임·미래 기금'과 같은 역할을 할 가능성을 내포하고 있습니다.

평화자원으로 활용하자

지금 이 나라(일본)에서는 집단적 자위권 행사를 용인하기로 각의에서 결정하고 안보법제를 강행 채결함으로써 이제까지 지켜왔던 전수방위全守防衛라는 안전보장정책의 근간이 변경되었습니다.

사람들은 일중관계 등 안전보장을 둘러싼 환경의 변화를 소

리 높여 얘기하고 있습니다. 그러나 안전보장에서 중요한 요소
는 억지력이 아닙니다. 그것 이상으로 중요한 것은 이웃나라에
대한 '안심 공여供與', 즉 이웃 나라가 그 나라를 신뢰할 만한 나
라로 보는지 여부입니다.

한국에 대해서도 마찬가지입니다. 이 책의 서두에서 얘기한
바와 같이 일본과 한국 사이에 가로놓여 있는 식민지배의 미청
산 문제를 해결하지 않는 한, 일본과 한국 사이에 진정한 우호
를 만들어낼 수 없습니다.

이웃 나라로부터 신뢰받기 위해서는 무엇이 필요할까요. 여러
요소들이 있겠지만, 중요한 요소 가운데 하나를 독일과 프랑스
관계에서 찾아볼 수 있습니다. 그것은 바로 피해를 가한 나라가
역사를 진지하게 마주할 자세가 돼 있느냐 하는 것입니다.

미쓰비시 머티리얼 화해는 일본에도 이렇게 지난 역사를 마
주하는 기업과 이런 화해를 담당할 시민들이 있다는 믿음을 중
국 쪽에 보여줌으로써 일중의 안전보장을 둘러싼 환경정비에
큰 역할을 수행하게 될 것입니다.

일중 공동성명의 전문前文에는 "양국 간의 국교를 정상화하고
상호 선린우호 관계를 발전시키는 것은 양국 국민의 이익에 합
치하는 것이며, 또한 아시아에서의 긴장완화와 세계 평화에 공
헌하는 것이다"라는 내용이 들어 있습니다.

앞에서도 소개한 구리야마 다카카즈 전 주미 일본대사의 논
고(64쪽)에서도 "근린제국(구체적으로는 중국, 한국, 그리고 장래에

는 북한)과의 화해는 일본외교에서 미해결의 중요 과제다. 왜냐하면 이는 일본의 안전보장상 지정학적으로 사활을 걸어야 하는 동아시아의 평화와 안정에 없어서는 안 될 요소일 뿐 아니라, 더 구체적으로는 21세기의 국제사회에서 일본이라는 나라의 모습을 규정할 문제이기 때문이다"라고 얘기하고 있습니다.

한국인 전 강제노동 피해자 문제도 니시마쓰 건설, 미쓰비시 머티리얼이 화해를 결단할 때 실마리로 삼은 '부언'의 정신—피해의 중대성을 생각하면 당사자들 간의 자발적인 해결이 이루어져야 한다—에 따라 화해를 통해 해결해야 합니다.

역사 문제의 해결은 이기고 지는 판결에 기댈 경우 원한이 남습니다.

《고지엔広辞苑》*의 '화해'에 대한 해설은 다음과 같습니다.

① 상호 의사가 누그러지며 격의 없이 어우러지는 것.
② (법) 싸우는 당사자가 서로 양보해서 그 싸움을 멈추기로 약속함으로써 성립되는 계약.

니시마쓰 건설 화해, 미쓰비시 머티리얼 화해는 서로 양보해서 싸움을 그만두는 ②의 화해에서 본래적 의미의 ①의 화해로 나아가는 것이라고 생각합니다.

* 이와나미서점에서 펴낸 일본어 사전.

2009년 10월의 니시마쓰 건설 히로시마 야스노 화해 직후에
필자는 잡지 《세카이》(2010년 1월호)에서 독일 현대사를 전공한
사토 다케오佐藤健生 다쿠쇼쿠拓殖대 교수, 전후보상 문제를 생각하
는 변호사연락협의회 사무국 주임 다카기 요시타카高木喜孝 변호
사, 중국인 강제연행·강제노동 전국변호단 단장 대행 모리타 다
이조森田太三 변호사 등과 '중국인 강제연행 문제, 전후보상을 어
떻게 실현할까'라는 제목으로 좌담을 했습니다. 지금 그 내용을
다시 읽어보면서 다음과 같은 부분을 통절하게 느낍니다.

> 우치다: 이번의 화해를 통해 전후보상 문제에 대해서는 화해로
> 해결해가는 방법도 적극적인 의미가 있는 게 아닌가 하는 생각
> 을 했습니다. 물론 중국인 전쟁 피해자들의 청구권은 포기됐다
> 는 최고재판소 판결은 부당한 것이며, 이 판결을 바꿔가는 노력
> 을 계속해나가야 합니다. 그러나 재판으로는 어떻게 해볼 수 없
> 게 됐으므로 화해를 추구하겠다는 것이 아니라, 이런 해결도 하
> 나의 가능한 방법이 아닐까 하고 생각한 것입니다.
> 이번 기자회견에서 쌍방이 참석해 악수를 했는데, 재판에서의
> 판결이었다면 이런 일은 있을 수 없습니다. 화해니까 악수를 할
> 수 있었던 것입니다.
> 예컨대 노동사건 등에서도 소송에서 이겨도 역시 어떻게든 회
> 사 측과 얘기가 되고 타결이 돼서 화해 상황이 조성되지 않으면
> 직장 복귀가 어려울 때가 있습니다. 재판으론 안 되니까 화해교

섭을 해야 한다는 얘기가 아니라, 이런 역사 문제는 화해를 통해 해결해가는 것이 적극적인 의미를 가질 수 있는 게 아닐까 하는 느낌이 듭니다.

다카기: 이런 문제의 해결 방식은 본래 정치적 해결을 지향하는 본질을 갖고 있다고 하지요. (…)

이 좌담회는 화해 직후 아직 수난비도 건립되지 않는 등 구체적인 화해사업도 시작되지 않은 단계에서 이뤄진 것인데, 지금 다시 읽어보니 이 '예감'을 구체적으로 실천해나간 것이 니시마쓰 야스노의 화해사업이었구나 하는 생각이 들었습니다. 당시 재판을 담당했던 전 재판장이 하나오카나 히로시마 야스노의 추도식에 참가해 수난자·유족들과 교류하리라고는 상상도 하지 못했습니다. 화해였으니 그게 가능했겠지요.

언론의 평가

2016년 6월 1일에 체결된 미쓰비시 머티리얼 화해에 대해서는 그날 저녁 텔레비전 뉴스, 석간신문, 다음 날의 조간 등 각 신문들이 대대적으로 보도했습니다.

〈요미우리신문〉〈산케이신문〉을 제외하고 〈아사히신문〉〈마이니치신문〉〈니혼게이자이〉 등 전국지는 물론 각 블록지[bloc newspaper], 지방지도 모두 화해를 환영했습니다. 이와 관련해 각지의 사설 제목을 보면 다음과 같습니다.

"역사의 책임을 지는 화해"

(6월 3일 〈마이니치신문〉)

"과거를 직시한 미쓰비시 머티리얼 화해"

(6월 3일 〈니혼게이자이〉)

"중국 강제연행 의미 있는 화해의 결단"

(6월 6일 〈아사히신문〉)

"중국인 강제연행 화해, 풍화에 저항하는 노력도 필요"

(6월 3일 〈가호쿠 신보^{河北新報}〉)

"강제연행 화해, 평가할 만한 역사적인 합의"

(6월 〈니시니혼^{西日本}신문〉)

"강제연행 화해, 가해를 마주하는 자세야말로"

(6월 3일 〈시나노마이니치^{信濃毎日}신문〉)

"전후처리 가속의 계기로, 강제연행 화해"

(6월 7일 〈나가사키신문〉)

이 중에서 "역사의 책임을 지는 화해"라는 제목을 단 〈마이니
치신문〉 사설이 이 문제를 둘러싼 화해의 경과까지 요약해서 썼
는데, 가장 명쾌합니다.

* 일본 지방지 중에서 여러 현에 걸쳐 판매망을 갖고 있는 신문.

(…) 전쟁 말기, 가혹한 노동상황을 견디지 못한 중국인 노동자들이 봉기했다가 탄압당한 아키타의 하나오카 사건은 2000년에 도쿄 고등재판소에서 피해자와 가시마 건설(구 가시마 구미) 간의 화해가 성립됐다.

2009년에는 히로시마현으로 강제연행당한 노동자들과 니시마쓰 건설 간의 화해도 실현됐다. 니시마쓰 건설의 화해는 2007년의 최고재판소 판결이 계기가 됐다. 중국 국민의 배상청구권은 1972년의 일중 공동성명에서 "재판상에서 소구訴求**할 기능을 잃었다"라고 첫 판단을 제시하고 청구를 기각하는 한편, 강제연행 사실이나 열악한 노동환경을 인정하고 니시마쓰 건설에 "피해 구제를 위한 노력"을 요구했기 때문이다.

미쓰비시 머티리얼은 지난해 구 미쓰비시 광업의 광산에서 미국인 포로들에게 일을 시킨 사실을 인정하고 전 포로들에게 사죄하는 등 역사의 청산 작업을 벌여왔다. 일본정부는 배상 문제는 해결이 끝난 것이라는 입장이지만, 기업의 자주적 판단에 의한 화해는 최고재판소가 요구하는 '피해 구제'의 정신에 따랐다.

이번의 화해에서 미쓰비시 머티리얼 사는 역사적 책임을 인정하고 사죄하며, 기금이나 기념비 건립 외에 판명되지 않은 피해자나 유족들의 소재지 조사에도 협력한다. 전체 피해자들과의 화해에는 시간이 걸리겠지만, 화해를 받아들인 피해자들은 미쓰

●● 청구권을 행사함.

비시 머티리얼 사의 자세를 평가할 것이며, 그 성의는 다른 중국인들에게도 전달될 것이다. (…)

이런 화해를 환영하는 논조에 대해 2016년 6월 6일자 〈요미우리신문〉 사설은 "미쓰비시 머티리얼 화해, 형태를 바꾼 중국의 흔들기인가"라는 제목으로 "일본기업을 상대로 제기한 새로운 소송이나 배상청구 움직임이 중국에서 확산되지 않을까, 걱정된다"라고 썼습니다. 16년 전 하나오카 화해 당시 "피해자 전원을 일괄 구제한 이번의 화해는 전후보상 소송 중에서도 사건을 전면 해결했다는 점에서 전례 없는 획기적인 것이다"라며 호의적으로 보도한 것과는 많이 다릅니다.

마찬가지로 6월 5일자 〈산케이신문〉도 '주장' 난에서 "미쓰비시 머티리얼 '화해', 정부는 용인하고 있는가"라는 제목으로 "이해할 수 없는 것은, '민간의 문제'라며 이를 용인하는 듯한 일본정부의 대응이다. 전후보상 문제는 개인 보상을 포함해 법적으로 해결이 끝났다. 이 원칙을 무너뜨려서는 안 된다"라고 썼습니다.

이런 논조들에는 피해자에 대한 관점이 완전히 빠져 있습니다.

판결의 '부언'에 드러난
재판관들의 고뇌

부언의 계보를 더듬다

니시마쓰 건설에 대한 최고재판소 판결에 보이는 부언은 그것이 처음은 아닙니다. 아래에서 부언의 계보에 대해 살펴보기로 하지요.

그 전에 본래 부언이란 무엇인지에 대해 설명할 필요가 있습니다. 판결문은 '주문主文'과 '이유'로 이뤄져 있습니다. "피고인을 징역 ○년에 처한다" "피고인은 무죄"와 같은 것이 형사재판의 '주문'입니다. 민사재판에서는 "피고는 원고에게 금 ○엔을 지불하라" "원고의 청구를 기각한다"와 같은 식이 됩니다. 그런데 판결을 언도할 때는 재판관이 '주문' '이유' 이외의 것을 말하는 경우가 있습니다. 형사재판에서는 재판관이 판결을 언도한 뒤에 피고인에게 성실하게 복역하면서 갱생하라고 타이르는 경우가 흔히 있는데 이것이 부언입니다. 대개는 구두로만 하고 판결문에 들어가진 않습니다. 민사재판에서도 이 부언이 붙는 경우가 있습니다. 형사재판의 경우와 마찬가지로 구두로 이루어지는 경우 많지만 판결문에 들어가는 경우도 있습니다. 내용은 형사재판의 경우와는 달리 타이르는 것이 아니라 법률의 미비, 정부의 무대책 등을 지적하는 경우가 많습니다.

(1) 정치의 빈곤을 한탄한 부언

부언 제1호는 1963년 12월 7일, 도쿄 지방재판소가 원폭 소송을 판결할 때 피폭자들의 청구를 기각하면서 정치의 빈곤을 한탄한 부언입니다(207쪽 참고).

이 판결 뒤에 1968년의 원폭 특별조치법(수당手當제도의 창설 등)이 제정되고 이후 피폭자원호법被爆者援護法 등으로 발전해갔습니다.

(2) 대만인 전 일본군 병사 보상청구 사건 판결의 부언

대만인 전 일본군 병사가 일본의 군인·군속이 '전상병자 전몰자 유족 등 원호법'에 따라 보상을 받고 있는 것과 마찬가지로 자신들도 '일본군 병사'로서 전장에 끌려 나갔으므로 보상을 요구한 국가배상 청구소송에서 1985년 8월 26일, 도쿄 고등재판소(요시에 기요카게吉江清景 재판장)는 보상 입법이 이뤄지지 않은 이상 헌법 제13조(행복추구의 권리)와 제14조(법 아래의 평등)

등의 조항에 의거해 직접 보상을 요구할 수는 없다며 대만인 전 일본군 병사들의 청구를 기각했습니다.

그러나 다음과 같이 덧붙였습니다.

"다만 현실에서 원고들이 거의 동일한 경우에 처해 있는 일본인과 비교해 현저히 불이익을 받고 있는 것은 명백하며, 게다가 전사상戰死傷 당한 날로부터 이미 40년 이상의 세월이 경과했으므로 예측되는 외교상, 재정상, 법기술상의 곤란을 초극해서 조속히 이 불이익을 불식시키고 국제신용을 높이도록 진력하는 것이 국정 관계자에 대한 기대라는 것을 특별히 부언한다."

재판소는 이 부언으로 국가에 "현저한 불이익 명백, 국가는 구제를 서둘러야"(그해 8월 27일자 〈아사히신문〉 조간 1면 헤드라인 제목. 〈산케이신문〉을 포함한 다른 전국지들도 거의 비슷한 헤드라인을 달았음)한다고 준엄하게 주문을 붙였습니다.

이 부언이 계기가 돼 자민당 의원들을 포함한 초당파 의원 입법으로 일정한 해결이 시도됐습니다.

(3) 각 판결의 부언으로 보는 재판관의 고뇌

① 수난자·유족들의 청구를 기각한 히로시마 지방재판소(야노부 쇼헤이矢延正平 재판장)의 니시마쓰 건설 제1심 판결도 그 말미에 다음과 같이 기술했습니다. 2002년 7월 9일의 판결입니다.

"장년에 걸쳐 본의 아니게 권리행사의 길을 사실상 차단당했던 사정까지 감안해서 보면, 그 무념의 심정을 헤아리기 어렵지 않으나, 전기^{前記} 판시대로 피고의 법적 책임은 소멸했다고 해석할 수밖에 없다.

그렇지만 법적 책임은 소멸해도 도의적 책임이 소멸할 이유는 없기 때문에 도의상의 관점에서 보면 독일 기업연합의 강제노동 배상기금 설립이나 이른바 하나오카 사건에서의 화해 등은 본 소송과의 관계에서 시사하는 바가 많다.

또 본 소송의 구두변론 기일에 증인 다나카 히로시(류코쿠^{龍谷}대 경제학부 교수)가 증언을 할 때 표명한 관계 피해자들에 대한 구제, 위로, 진혼을 위한 조치에 관한 제언도 경청할 만하다."

그 밖에도 같은 종류의 강제연행·강제노동 사건에서 재판소가 중국인 수난자들의 청구를 기각하면서도 피해의 회복을 위해 국가에 조치를 요구한 판결은 여러 개 있습니다. 그중에서 몇 개를 도쿄변호사회 소속 마쓰오카 하지메^{松岡肇} 변호사가 정리한 대로 소개하겠습니다.

② 2006년 3월 10일, 나가노 지방재판소(T 재판장)는 판결을 언도한 뒤 구두로 다음과 같이 말했습니다.

"헤이세이 9년(1997년) 12월 제소로부터 8년이나 걸린 것을 먼저 사죄드립니다. 그다음으로 화해가 성사되지 못한 것을 유감 스럽게 생각하며 사죄드립니다.

나는 단괴 세대団塊世代[*]이자 전공투全共鬪[**] 세대에 속하지만 솔직히 말해서 우리의 윗세대는 몹시 심한 짓을 했다는 느낌이 있습니다.

재판관을 하다 보면, 소장訴狀을 보는 것만으로도 이 사안은 구제해주고 싶다는 생각이 드는 사안이 있습니다. 이 사건도 그런 사건입니다. 한 사람의 인간으로서 이 사건은 구제해야 하는 사건이라고 생각합니다. 심정적으로는 승소하게 하고 싶다고 생각했습니다. 그러나 아무래도 결론적으로 그럴 수 없는 경우가 있습니다.

그럴 때는 개인적 갈등이 있고, 석연찮을 때가 있습니다. 최고재판소 판결이 있을 경우에는 거기에 따르지 않을 수 없습니다. 판결을 뒤집는 것은 확실한 이론이 서 있지 않으면 불가능합니다. 이 사안만을 위한 특별 이론을 만드는 것은 법적 안정성 견지에서 불가능합니다. 이 사건은 사실인정을 하지 않더라도 판결을 내릴 수 있지만, 이 사건에서 사실인정을 하지 않는 것은 참을 수 없기 때문에 사실인정을 하기로 했습니다. 본건과 같은 전쟁 피해는 재판 이외의 방법으로 해결할 수 있기를 바랍니다."

---

[*] 제2차 세계대전이 일어난 뒤인 1947~1949년 베이비붐 때 태어난 세대.
[**] 1960년대 말에 결성된 '전국학생공동투쟁회의'.

③ 2007년 3월 26일, 미야자키 지방재판소(도쿠오카 유미코德
岡由美子 재판장) 판결

"이처럼 피고들의 법적 책임은 시간이 지나 소멸했다고 할 수밖
에 없으나, 당 재판소의 심리를 통해 드러난 본건 강제연행·강
제노동의 사실 자체는 영구히 소거되지 않을 것이며, 조국 및
가족들과 멀리 떨어진 이국 미야자키 땅에서 원고들이 당시 심
신에 입은 심각한 고통과 슬픔, 그 역사적 사실의 무게와 비참
을 결코 잊어서는 안 될 것이라고 생각한다.

그리고 당 재판소가 인정한 본건 강제연행·강제노동 사실에 비
춰보면 도의적 책임 또는 인도적 책임이라는 관점에서 이 역사
적 사실을 진지하게 받아들여 희생당한 중국인 노동자들에 대
한 문제를 해결하려고 노력해가야 한다는 것을 부언하면서 본
건 소송의 심리를 마치려고 한다."

④ 2007년 8월 29일, 마에바시前橋 지방재판소(고바야시 게이
코小林敬子 재판장)는 판결 언도 뒤에 구두로 다음과 같이 말했습
니다.

"원고들이 적국 일본에 강제로 연행돼 열악하고 가혹한 노동으
로 입은 정신적·육체적인 고통은 실로 심대했습니다.

원고들의 청구는 일중 공동성명 제5항에 의거해 기각하지 않을

수 없으나, 최고재판소 판결도 지적하듯 샌프란시스코 평화조약 아래에서도 원고들의 청구에 대해 채무자 쪽이 임의로 자발적으로 대응하는 것을 막을 수는 없으므로, 피해자들의 피해 구제를 위한 자발적인 관계자들의 적절한 구제가 기대됩니다."

⑤ 2009년 3월 27일, 후쿠오카 고등재판소 미야자키 지부(요코야마 히데노리橫山秀憲 재판장)는 판결 언도 뒤에 구두로 다음과 같이 말했습니다. 덧붙이자면, 이 요코야마 히데노리 재판장과 필자는 사법연수소(27기)에서 같은 반이었습니다.

"사안이 인도에 관한 심각한 것이고, 청구권이 포기됐다고 판단되기는 하나 관계자의 도의적 책임을 면할 수 없는 것이며, 이것은 헤이세이 19년(2007년) 4월 27일의 최고재판소 판결 및 후쿠오카 고등재판소의 화해 소견에도 제시되어 있는 대로 피해 변상을 통해 해결해야 한다고 판단한 것입니다.

당 재판소도 화해를 위한 노력을 해왔습니다만, 지금까지도 해결하지 못한 채 판결을 하게 됐습니다. 앞으로도 화해를 위한 관계자들의 노력을 기원하겠습니다."

⑥ 니시마쓰 건설 화해 성립 뒤, 2009년 11월 20일 야마가타현 사카타코酒田港 중국인 강제연행·강제노동 사건에 대해 센다이 고등재판소(오노 사다오小野定夫 재판장)는 중국인 피해자들의

청구를 기각했지만, 판결문 말미에서 다음과 같이 말했습니다.

> "또 본건 소송에서 본건 피해자들은 강제노동으로 극도로 큰 정신적·육체적 고통을 당한 것이 명백해졌다고 해야 하겠는데, 그 피해자들에 대해 임의의 피해 구제를 꾀하는 것이 바람직하며, 이를 위한 관계자들의 진지한 노력이 매우 기대되는 바이다."

이상과 같은 사례를 볼 때, 피해의 중대성을 인식하면서도 법이나 최고재판소 판례의 제약 속에서 사리를 이해하고자 현장의 재판장들도 고뇌하고 있다는 것을 알 수 있습니다.

그렇지만 ①, ②의 경우 2007년 4월 27일의 최고재판소 제2소법정 판결 전의 것이어서, 재판관이 용기를 냈다면 원고 승소 판결을 내릴 수 있었다고 생각합니다.

요컨대 재판관이 할 마음이 있느냐에 달린 것인데, 수난자들이 당한 육체적, 정신적 피해를 조금이라도 치유하기 위해 재판소가 무엇을 할 수 있을지 전인격을 걸고 모색해야 하지 않을까요.

부언의 활용을 호소한 도고 가즈히코 씨

니시마쓰 건설 히로시마 야스노 재판에서 '부언'을 붙인 최고재판소 판결이 내려진 직후인 2007년 5월 17일에 전 네덜란드 주제 대사였던 외무관료 도고 가즈히코東鄉和彦 씨는 이 최고재판소 판결을 두고 〈아사히신문〉 오피니언란에서 "화해로 가는 신국면이 찾아왔다"라며 다음과 같이 논진을 펼쳤습니다. 덧붙이자면, 도고 씨는 개전과 패전 때 외무대신이었고 도쿄(전범)재판에서 A급 전범으로 재판을 받은 도고 시게노리東鄉茂德, 1882~1950의 손자입니다.

전후보상 판결, 화해로 가는 신국면이 찾아왔다

최고재판소가 4월 27일에 5건의 중국인 전후보상 재판에서 내린 원고 패소 판결은 우리나라 역사 문제·전쟁책임 문제를 생각하는 데에 역사적인 의의를 지닌 것이었다. 전후 우리나라가 국제사회로 복귀하기 위해 체결해온 조약망條約網을 통해 정부뿐만 아니라 개인도 법적인 추궁을 할 수 없도록 확정했기 때문이다. 그러나 전후보상 문제는 이것으로 끝난 것이 아니다. 오히려 법적으로 면책되는 것이 확정됨으로써 일련의 보상 문제는 전혀 새로운 국면을 맞게 돼, 최종적인 화해에 도달하기 위한 천재일우의 기회가 찾아온 듯하다.

길이 보인다. 니시마쓰 건설의 강제연행 판결에서 최고재판소는 사실인정으로서 가혹한 노동을 인정하고 "관계자가 피해 구제를 위한 노력을 하기를 기대한다"라고 판시했다. 각 신문들도 인도적인 견지에서의 자발적인 피해 구제를 기대하는 논조가 다수 보이는 것 같다.

각 기업은 법적으로 처단받지 않게 됐다는 큰 안도감 속에서 다시 한번 한국·중국 사람들이 빠졌던 가혹한 상황을 깊이 생각하고, 책임감과 큰 도량으로 할 수 있는 만큼의 구제를 해주기를 바란다. 기업 이미지를 떨어뜨리지 않는 것이 중요하다고 한다. 그러나 국제사회의 시선으로 보면 이런 배려를 하는 기업이야말로 21세기를 헤쳐나가는 데 걸맞은 기업 이미지를 갖게 될 것이라고 확신한다.

중요한 것은 정부의 대응이다. 기업에서도 정부가 피해자 구제를 위해 할 수 있는 만큼의 일을 하려고 하는 쪽인지, 그렇지 않으면 법적 방비가 견고한 성채 속에서 꼼짝 않고 부작위不作爲*를 계속할 작정인지 그 움직임을 주시하고 있을 게 틀림없다. 적확한 시그널을 보내는 역사적 기회는 이번 판결이 나온 직후에만 열려 있는 게 아니다. 뛰어난 직관적인 정치 판단이 요구되는 까닭이다. (…)

경청해야 할 견해입니다. "중요한 것은 정부의 대응이다"라는 지적은 전적으로 타당합니다. 히로시마 야스노 최고재판소 판결 부언도 "상고인(니시마쓰 건설—저자 주)을 포함한 관계자들이 본건 피해자들의 피해 구제를 위한 노력을 할 것으로 기대되는 바이다"라고 얘기하고 있는 것에 유의해야 합니다. '관계자'란

---

* 마땅히 해야 할 일을 하지 않음.

각의 결정에 따라 국책으로 중국인 강제연행·강제노동을 감행한 국가라는 것이 명백합니다.

당시 외무성 불상사로 '반⁺ 망명 중'이었다고는 하나, 도고 전 네덜란드 주재 대사가 최고재판소 판결 직후 부언에 대해 앞서 얘기한 바처럼 적절한 지적을 한 것은 다시 한번 인식돼야 마땅하겠지요. 한국의 강제동원 피해자 문제의 해결을 위해서도 많은 시사점을 주는 제언이라고 생각합니다.

부언을 쓴 재판관의 심정

이제까지 얘기해왔듯이, 니시마쓰 건설 화해, 그리고 미쓰비시 머티리얼 화해도 2007년 4월 27일의 최고재판소 부언의 실행으로 이뤄진 것입니다.

필자는 미쓰비시 머티리얼 화해 성립 뒤 당시 최고재판소 제2소법정의 이마이 이사오今井功 판사(퇴관 뒤 변호사)에게 그것을 보고하는 편지를 보냈습니다. 필자는 이마이 판사가 도쿄 지방재판소 노동부 부장을 하고 있을 무렵부터 노동사건을 통해 이마이 판사와 면식이 있었습니다.

편지를 보내고 난 뒤 이마이 판사로부터 다음과 같은 정중한 답장을 금방 받았습니다.

(···) 중국인 강제노동 사건은 니시마쓰 사건의 심리, 판결 때 공부를 했습니다만, 국제법상으로나 국내법상으로 많은 논점이 있

는 사건이라고 생각합니다. 이번에 화해 성립에 이르게 되기까지 수많은 고생을 하신 것으로 짐작합니다. 오랜 세월에 걸친 남다른 진력의 결과라 생각하고 깊이 경의를 표합니다.

화해를 위해서는 가해자의 조심스러운 태도와 절도, 피해자의 관용이 불가결하다고 하신 것은 곤란한 화해를 이끌어오신 선생님이 아니고는 할 수 없는 지당한 말씀이라 생각하고 깊은 감명을 받았습니다. (…)

여기에서 "국제법상으로나 국내법상 많은 논점"이라는 것은 앞서 얘기했듯이 시효와 제척기간의 벽, 전쟁배상의 포기를 강조한 1951년 9월 8일 체결(이듬해인 1952년 4월 28일 발효)된 샌프란시스코 강화조약, 1972년 9월 29일의 일중 공동성명을 말하는 것이겠지요.

일중 공동성명에 따라 법적으로는 중국인 수난자들의 배상 청구를 기각하면서도 그것만으로는 재판소의 임무를 다한 것이라고 볼 수 없다며 당사자 간의 자발적인 해결을 촉구하는 부언을 덧붙이지 않을 수 없었던 당시의 "재판관으로서의 고뇌"를 떠올리면서 이마이 전 판사는 부언이 활용된 것을 기뻐했던 것이 아닐까 생각합니다.

이마이 전 판사로부터는 4년 전에 니시마쓰 건설 히로시마 야스노 화해사업의 진척상황을 보고했을 때도 정중한 엽서를 받았습니다. 그 엽서 속에 "일중 양국이 곤란한 시기에 처해 있지만 인간끼리의 신뢰관계가 점점 중요해지게 될 것이라고 생각합니다"라는 구절이 있었습니다. 참으로 그러하다고 생각합니다.

3부
문제 해결을 위해
필요한 것이 무엇인가

수정·보완이 불가피한
한일기본조약·청구권협정

한일기본조약·청구권협정과 일중 공동성명의 차이

1972년의 일중 공동성명 전문前文에는, "일본 측은 과거에 일본국이 전쟁을 통해 중국 국민에게 중대한 손해를 끼친 것에 대한 책임을 통감하고, 깊이 반성한다"라는 구절이 들어 있습니다. 중일전쟁에 대한 일중 양국 간의 역사인식에는 어찌 됐든 '공유'가 있었습니다.

1965년의 한일기본조약·청구권협정은 앞서 얘기했듯이, "1910년 8월 22일 이전에 대일본제국과 대한제국 사이에 체결된 모든 조약 및 협정은 이미 무효임이 확인된다(한일기본조약 제2조)"라고 기술돼 있습니다. 여기에는 식민지배가 합법·유효했느냐, 그렇지 않으면 위법·무효였느냐가 애매하게 서술돼 있는데, "이미 무효다"라는 애매한 해석의 결과 식민지배에 대한 사죄도 반성도 없었습니다. 한일 양국 간에 식민지배에 대한 역사 인식의 '공유'가 없었던 것입니다.

얼마 전 외무성 북미 1과장, 고이즈미 총리 보좌관 등을 역임한 외교평론가 오카모토 유키오 씨가 코로나19 바이러스에 감염돼 사망했습니다.

그는 2015년 12월 9일, 〈마이니치신문〉('그것을 듣고 싶다, 미일의 전후 화해')과의 인터뷰에서 다음과 같이 말했습니다.

> 오카모토: 민간 쪽에서도 7월(2015년)에 기업이 제2차 세계대전 중에 강제노동을 시킨 미국의 전 포로들에게 사죄한 일이 있었습니다.
>
> 기자: 미쓰비시 머티리얼 말씀이죠. 오카모토 씨는 이 회사의 사외이사를 맡고 계신데, 어떤 생각으로 포로 문제에 대처해왔습니까?
>
> 오카모토: 전 포로 가운데 살아 있는 사람들이 이제 얼마 남지 않았으며, 저 역시 인간의 존엄으로 되돌아가 사죄해야 한다고 생각하고 있었습니다.
>
> 기자: 같은 회사의 중국인 강제연행 소송에서도 화해 움직임이 있네요.

오카모토: (…) 중국인 강제노동 피해자들에게도 진지하게 대응하겠습니다. (…) 한편 다른 기업이 제소당한 '한국인 강제징용자' 문제는 성질이 다릅니다. 1965년의 한일 청구권협정을 토대로 강제징용자 문제는 명확하게 해결됐고, 피해 실태도 다릅니다. 한국인은 일본인과 함께 일했습니다. 환경이 열악한 지역을 할당받은 한국 사람들은 강제노동이었다고 주장하지만, 미국인 포로나 중국인들에게 부과된 노예 상태와는 다릅니다.

역사 문제에 대한 이해가 있었다는 얘기를 들은 오카모토 유키오 씨였지만, 식민지배에 대한 역사인식은 공유하지 못했던 것입니다. 어려운 문제입니다.

한일기본조약·청구권협정을 수정·보완한 한일 공동선언

1998년 10월 8일, 한국의 김대중 대통령과 오부치 게이조 총리가 발표한 '한일 공동선언 21세기를 향한 한일 파트너십'에는 다음과 같이 기술돼 있습니다.

오부치 총리대신은 금세기의 한일 양국관계를 회고하고, 우리나라가 과거 한 시기 한국 국민에 대해 식민지배를 통해 다대한 손해와 고통을 안겨주었다는 역사적 사실을 겸허하게 받아들이고, 이에 대해 통절한 반성과 마음에서 우러나온 사죄를 얘기했다. 김대중 대통령은 이런 오부치 총리대신의 역사인식 표명을 진지

하게 받아들이고, 이를 평가하는 것과 동시에 양국이 과거의 불
행한 역사를 극복하고 화해와 선린우호 협력에 기반한 미래지향
적인 관계를 발전시키기 위해 서로 노력하는 것이 시대의 요청
이라는 뜻을 표명했다.

이 공동선언은 1995년 8월 15일, 전후 50주년을 맞아 발표된,
식민지배와 침략에 대해 사죄한 무라야마 도미이치村山富市, 1924～
총리의 담화를 답습한 것인데, 이 공동선언으로 한일 양국은
1965년의 한일기본조약·청구권협정에는 빠져 있던 식민지배에
대한 역사인식을 '공유'하게 됐습니다. 한일관계에서도 마침내
일중 공동성명의 역사인식 수준에 도달한 것입니다.

1998년 10월 8일, 김대중 대통령은 일본 국회에서 연설했으
며, 많은 의원들이 박수를 보냈습니다. 한일 양국에서의 격렬한
반대운동을 강행 채택으로 돌파하고 체결한 1965년의 한일기
본조약·청구권협정과는 대조적인 모습이었습니다.

평양선언과의 비교

1965년의 한일기본조약·청구권협정이 식민지배의 청산을 결
락시킨 불충분한 것이어서 그 수정·보완이 불가피하다는 것
은, 1965년의 한일기본조약·청구권협정과 고이즈미 준이치로小
泉純一郎, 1942～ 내각 시대에 북한(조선민주주의인민공화국)과 합의한
2002년의 '일조(북일) 평양선언'을 비교해보면 잘 알 수 있습니

다. 전자에는 식민지배에 대한 반성이 전혀 없지만, 후자에서는 앞서 얘기한 1998년의 한일 공동선언을 잘 이해하고 "일본은 과거 식민지배를 통해 조선 사람들에게 다대한 고통과 손해를 끼쳤다는 역사 사실을 겸허하게 받아들이고, 통절한 반성과 마음에서 우러나오는 사죄의 마음을 표명했다"라고 함으로써 식민지배에 대한 반성과 사죄가 확고하게 기술돼 있습니다.

1965년의 한일기본조약·청구권협정으로 한국과 국교정상화를 이루고 양국 간의 문제는 모두 "해결이 끝났다"라고 주장하는 일본정부도 북한과는 아직 모든 것이 미해결이며, 그중에는 식민지배의 청산 문제도 남아 있음을 인식하고 있습니다.

북한과의 국교정상화는 당연히 식민지배에 대해 반성과 사죄를 얘기한 '일조 평양선언'을 토대로 이뤄지게 될 것이며, 식민지배 청산은 반드시 이뤄져야겠지요.

그렇다면 식민지배 청산에 대해 언급하지 않았던 1965년 한일기본조약·청구권협정의 재검토가 불가결하며, 일본정부가 지금 얘기하고 있는 "해결이 끝났다"는 주장은 통용할 수 없게 된 것이 아닐까요.

자민당, 사회당, 조선노동당의 3당 합의

무라야마 총리의 담화가 발표되기 5년 전이었던 1990년 9월 28일, 평양에서 자유민주당(자민당) 대표 가네마루 신金丸信, 1914~1996, 일본사회당 대표 다나베 마코토田邊誠, 1922~2015 부위원

장 두 사람을 단장으로 한 일본 여야당과 조선노동당이 발표한
3당 공동선언 제1항은 다음과 같습니다.

"3당은 과거에 일본이 36년간 조선 인민에 큰 불행과 재난을
입힌 사실과 전후 45년간 조선 인민에게 끼친 손실과 관련해 조
선민주주의인민공화국에 대해 공식적으로 사죄하고 충분히 보
상해야 한다는 것을 인정한다."

공동선언문을 정리할 때 일본 측과 북한 측 사이에 의견 차
이가 있어서 막판까지도 줄다리기를 한 듯합니다. 의견의 차이
란 전후 45년간의 '책임'에 대한 것이었습니다. 전전의 식민지배
에 대한 사죄와 보상에 대해서는 당연한 것으로 여겨졌습니다.
3당 공동선언을 두고 당시의 여야당, 즉 자민당, 사회당, 공명당,
공산당, 민사당이 모두 환영하는 뜻의 담화를 발표했습니다.

그해 9월 30일 〈마이니치신문〉 조간 정치면에 실린 도코로
유키요시所ゆきよし 씨의 만평에는 가라오케(노래방)에서 가네마루
신으로 보이는 인물이 "〈속죄〉를 부르겠습니다"라며 마이크 앞
에 서 있고, 그것을 카운터에 앉아 있는 오자와 이치로, 다나베
마코토로 보이는 인물들이 "이제 18번 노래야"라며 쳐다보고 있
는 모습이 유머러스하게 묘사돼 있습니다. 당시 테레사 텡*이 부
른 〈속죄〉라는 노래가 가라오케에서 유행하고 있었습니다.

＊　　대만 출신의 중화권 스타 가수 덩리쥔.

〈마이니치신문〉 1990년 9월 30일자에 실린 도코로 유키요시의 만평.

"해결이 끝났다"라는 주장은 통용될 수 없다

2010년 8월 10일, 간 나오토菅直人, 1946~ 총리는 한국병합 100년을 맞아, "올해는 한일관계에 큰 고비가 되는 해입니다. 딱 100년 전의 8월, 한일병합조약이 체결돼, 이후 36년에 이르는 식민지배가 시작됐습니다. 3·1운동 등의 거센 저항에서도 볼 수 있듯 정치적·군사적 배경 아래 당시의 한국 사람들은 그 뜻에 반해 이뤄진 식민지배로 나라와 문화를 빼앗기고 민족의 긍지는 깊은 상처를 입었습니다.

나는 역사에 대해 성실히 대응해나가려 합니다. 역사의 사실을 직시하는 용기와 그것을 받아들이는 겸허함을 가지고 자신의 과오를 반성하는 데에 솔직하고자 합니다. 고통을 준 쪽은 잊기 쉽지만 받은 쪽은 그것을 쉽게 잊을 수 없습니다. 이 식민지배가 가져다준 막대한 손해와 고통에 대해 여기서 다시 한번 통절한 반성과 마음에서 우러나오는 사죄의 마음을 표명합니다"라는 담화를 공표했습니다.

이처럼 간 나오토 총리 담화는 3당 공동선언(1990년), 무라야마 총리 담화(1995년), 한일 공동선언(1998년), 평양선언(2002년)으로 이어진 흐름을 답습하면서 식민지배에 대해 사죄했습니다. 이런 경위를 살펴본다면 이미 1965년 한일기본조약·청구권협정으로 "해결이 끝났다"라는 주장은 통용될 수 없으며, 그 조약·협정의 수정·보완이 불가피하다는 것을 알 수 있습니다.

한일기본조약·청구권협정의 수정·보완

전 강제징용자 문제에서도 1997년 9월에 신닛테츠^{新日鐵} 가마이시^{釜石} 제철소에서 강제노동 당한 전 강제징용자 유족들 11명이 원고가 돼 신닛테츠를 상대로 미지불 임금 지급을 요구한 재판에서 원고에게 각 200만 엔씩을 지불하라는 판결이 내려졌습니다.

전쟁 말기, 가마이시 제철소는 미군의 포함 사격을 받았는데, 그 때문에 사망한 전 강제징용자 유족들이 유골 인도와 미지불 임금 지급 등을 요구하며 소송을 제기했습니다. 이 재판에서는 국가도 피고였습니다만, 도중에 분리됐습니다.

신닛테츠는 재판에서 현재의 회사는 전쟁 전의 회사와는 다른 법인이라고 주장했지만, 유골의 소재에 대해서는 진지하게 조사를 하기도 했습니다. 그 결과, 화해가 성립됐습니다.

당시 회사 측 담당자였던 가라쓰 게이이치^{唐津惠一} 씨(현재 도쿄대 대학원 교수, 기업법 전공)는 10월 31일 〈아사히신문〉과의 인터뷰에서 "(청구권협정은) 나라와 나라의 약정이고, 기업과 개인의 교섭을 구속할 순 없습니다. 판결 확정 뒤의 화해는 매우 어려운 일이긴 하지만, 피고 기업의 대응 여하에 따라서는 원고가 태도를 누그러뜨릴 수 있습니다. 전시 중에 강제징용자가 일본 기업을 위해 강제노동을 한 사실을 겸허하게 받아들이는 자세는 국제사회에서의 기업 이미지 향상으로도 이어지지 않을까요"라고 대답했습니다. 가해자가 피해사실을 진지하게 마주하는 자세를 보이지 않으면 피해자들이 관용을 베풀지 않는다는 것은 중국인 강제연행·강제노동과 관련한 하나오카, 니시마쓰, 미쓰비시 머티리얼 화해에 관여한 필자가 실감한 바이기도 합니다.

그 밖에도 1999년 4월에 일본강관이 한국의 강제징용자들에게 해결금으로 각 410만 엔을 지급했고, 2000년 7월에 후지코시가 한국의 전 여자근로정신대원들 8명과 한 단체에게 해결금 3,000여 만 엔을 지급하고 회사 구내에 기념비를 건립하는 등의 조건으로 화해한 사례가 있습니다.

이런 화해는 재판을 제기한 원고하고만 화해한 것으로, 하나오카 화해처럼 피해자 전체와의 해결을 꾀한 것은 아닙니다. 또한 기업이 명확하게 책임을 인정하고 사죄한 것도 아닙니다. 그러나 이 화해들에는 강제연행·강제노동 배상청구 사건의 화해역사에서 전사前史로서의 위치를 부여해야 합니다. 또 이 화해들은 1965년 청구권협정의 재검토 및 보완이라고도 볼 수 있습니다.

1965년 한일기본조약·청구권협정의 '격세유전'

아베 정권은 1965년 한일기본조약·청구권협정이 1998년의 한일 공동선언으로 수정·보완돼 한일 양국에서 식민지배에 대한 역사인식을 '공유'하게 됐음에도 이 경위를 무시하고 1965년으로 되돌아가는 '격세유전隔世遺傳'*을 감행하고는 1965년의 한일기본조약·청구권협정은 1밀리미터도 움직이지 않았다고 합니다. 바로 여기에 강제징용자 문제가 해결될 수 없는 근본 원인이 있습니다.

앞서 얘기한 1998년 한일 공동선언 인용 부분(193~194쪽) 앞에서 "두 정상은 한일 양국이 21세기의 확고한 선린우호 협력 관계를 발전시켜가는 것이 중요하다는 데에 의견의 일치를 봤다"라고 한데 이어 계속해서, "두 정상은 양국 국민, 특히 젊은 세대가 역사인식을 심화시키는 것이 중요하다는 데에 견해를 같이하면서 이를 위해 많은 관심과 협력을 기울일 필요가 있다고 강조했다"라고 했습니다.

1965년에서 '격세유전'을 해버린 아베 정권은 이것을 전혀 이해하지 못했습니다. 후술하게 될 위안부 문제에 관한 한일합의를 두고, 합의는 최종적이고 불가역적인 해결로서, "1밀리미터도 물러설 수 없다"라고 단호한 태도를 취했을 때와 꼭 같습니다. "과거를 직시"하지 않는 아베 정권이기에 오히려 "역사인식을 심화"할 필요가 있습니다.

아베 신조는 제1차 아베 정권에서 무라야마 총리 담화를 부정할 수 없었던 이유를 다음과 같이 말했습니다. 1998년의 일중 공동선언(장쩌민 주석-오부치 총리)에 "일본 측은 1972년의 일중 공동성명 및 1995년 8월 15일의 내각 총리대신 담화를 준수하고, 과거 한 시기의 중국에 대한 침략으로 중국 국민에게 막대한 재난과 손해를 끼친 책임을 통감하며, 이에 대해 깊은 반

---

* 선조들이 가지고 있던 체질이나 성질 같은 것이 몇 대 떨어진 자손에게서 다시 나타나는 현상.

성을 표명했다. 중국 측은 일본 측이 역사의 교훈에서 배우고
평화발전의 길을 견지하기를 희망한다"라고 돼 있기 때문에, 무
라야마 총리 담화가 이제 국제조약이 됐으며, 이를 부정하는 것
은 조약 위반이 되므로 부정할 수 없었다(《정론》 2009년 2월호,
당시 총리 보좌관이었던 야마타니 에리코山谷えリ子와의 대담 "보수는
이 시련을 견더낼 수 있는가")라고 말입니다. 그렇다면 1998년의
한일 공동선언도 그해 11월의 일중 공동선언과 마찬가지로 국
제조약이 아닌가요. 1998년의 한일 공동선언을 무시하는 것은
불가능합니다.

전쟁 피해와 관련한 개인 청구권

총력전 아래, 확대된 전쟁 피해

전쟁은 국가와 국가 사이에서 벌어집니다. 전쟁이 끝나면 전승국은 패전국에 대해 영토의 할양, 배상금(전비, 제재금 등) 지불, 경우에 따라서는 패전국 지도자의 처벌 등을 요구합니다. 거기에서 개인이 권리의 주체가 되진 않았습니다.

그러나 20세기의 전쟁, 특히 항공기에 의한 공습이 자행된 제2차 세계대전 이후에는 전쟁 양상이 격변했습니다. 전쟁은 총력전이 돼 공격은 구체적인 진장만이 아니라 상대국의 중추를 겨냥했고, 전후방의 구별이 없어졌으며, 피해가 확대돼 사상자 수도 고전적인 전쟁에 비해 천문학적으로 증대했습니다. 또 피해 양태도 많이 변화했습니다. 원폭 피해도 있습니다. 이렇게 되자 전쟁 뒤의 처리는 국가들 사이에서만 이뤄지는 것이 아니라 피해자 개인이 권리의 주체가 돼 가해자에게 피해보상을 청구하는 경우도 생겼습니다. 청구 대상자도 상대국만이 아니라 본건의 강제노동에 따른 배상청구처럼 강제징용자를 사역시킨 가해 기업도 포함되었습니다. 그리고 상대국만이 아니라 강화조약 등으로 이런 개인 권리를 포기해버린 자국 정부에 대해서도 피해보상을 청구할 수 있습니다.

원호법과 관련된 문제도 있습니다. 전후 일본정부는 군인·군속(군수공장 등에서 일한 민간인)에 대한 지원책으로 '전상병자·전몰자 유족 등 원호법'를 제정해 어떤 의미에서 "융숭한" 보상을 해왔습니다. 그 뒤에도 지상전의 비참을 겪으며 약 15만 명, 현민縣民 4명 가운데 1명 꼴로 사망한 오키나와현에서 군속의 범위를 확대해석하는 등 원호법의 적용대상을 넓혀왔습니다. 총력전하의 전쟁 피해는 전후방의 구별이 없습니다. 공습이 벌어졌을 때 어린이들을 소개疏開하긴 했으나 일반인은 그대로 남아 방어하라는 명령을 받았고, 다수의 사람들이 사망하거나 다쳤습니다. 그러나 군인·군속 이외의 일반 공습 피해자 등에 대한 보상은 전혀 이뤄지지 않았습니다. 이제까지 원호법에 따라 군인·군속들의 유족에게 지급된 금액은 부활된 군인은급軍人恩給까지 포함하면 총 60조 엔에 달합니다.

공습 피해자들의 배상청구

1945년 3월 10일 새벽에 일어난 도쿄 대공습에서는 약 300

기의 미군 폭격기 B29가 고토^{江東}, 구로다^{黑田}, 다이토^{台東} 구^區의 번화가들을 무차별 폭격해 하룻밤 사이에 약 10만 명이 사망하고 100만 명 이상이 집을 잃은 처참한 피해를 낳았습니다.

그때 미군기가 투하한 소이탄은 1,665톤에 달했다고 합니다. 그 공습의 피해자들이 원호법의 적용이 군인·군속으로 한정돼 일반 전쟁 피해자들은 대상에서 제외당한 것은 법 아래의 평등 원칙에 반한다며 일본정부를 상대로 배상청구 소송을 제기했습니다. 2009년 도쿄 지방재판소는 "국민 거의 전부가 전쟁 피해를 당해 재판소가 구제 대상을 선별하기가 곤란"하다며, 구제방법에 대해서도 정치적 판단에 맡길 수밖에 없다면서 소를 기각했습니다.

2012년 도쿄 고등재판소도 "원고들이 군인들과 비교해 불공평을 느끼는 것은 심정적으로는 이해할 수 있다"라면서도, 나라가 주장한 전쟁 피해는 심대해서 국민들이 균등하게 그 부담을 질 수밖에 없다는 '공동수인론'을 받아들여 원고들의 청구를 기각했습니다. 2013년 5월 9일 최고재판소도 상고를 기각했습니다. 오사카에서도 동일한 소송이 제기됐지만 도쿄와 마찬가지의 결과로 끝났습니다. 지금도 공습 피해자들은 공습 피해 구제를 요구하는 의원입법을 목표로 초당파 의원들에게 탄원을 하고 있습니다.

공동수인론에 동조하는 것은 아닙니다만, 만일 이 공동수인론 쪽에 설 경우에도 총력전하의 현대 전쟁 피해는 전선과 후방

구별 없이 군인 군속 이외의 일반 국민도 피해자가 됩니다. 그렇다면 양자를 구별하는 것은 공동수인론을 주장하는 측의 생각에도 반하는 것이 아닐까요.

원폭 피해자들의 배상청구

1955년 4월, 히로시마와 나가사키의 원폭 피해자들이 "미군의 원폭투하는 국제법을 위반한 불법행위이며, 원폭 피해자들은 미국에 대해 손해배상 청구권이 있다. 그 배상청구권을 샌프란시스코 강화조약으로 포기해버린 일본정부는 원폭 피해자들에게 보상·배상해야 한다"라며 일본정부를 상대로 손해배상 청구재판을 제기했습니다.

1963년 12월 7일, 도쿄 지방재판소는 원고의 청구를 기각했지만, 미군의 히로시마·나가사키 원폭투하는 국제법을 위반한 것이라고 판결했습니다.

국제법(전시 국제법·국제인도법)은 원칙적으로 비전투원이나 비군사시설에 대한 공격을 금지하고 있습니다(군사목표주의). 또 불필요한 고통을 주는 무기의 사용을 금지하고 있습니다.

원폭투하에 대해서는 당시 일본정부도 1945년 8월 10일, "신기하고 또 종래의 어떤 무기, 투사물投射物과도 비교할 수 없는 무차별성과 참학성慘虐性을 가진 폭탄을 사용하는 것은 인류 문화에 대한 새로운 죄악이다. 제국정부는 여기에 스스로의 이름으로, 또 전 인류 및 문명의 이름으로 미국정부를 규탄한다"라는 성명을 냈습니다.

　재판소는 원폭투하가 앞의 국제법 조항들 모두를 위반하는 것이라고 판단했습니다. 그러나 앞서 얘기했듯이 원고의 청구에 대해서 국가가 샌프란시스코 강화조약에서 포기한 것은 외교보호권이며, 배상청구권 그 자체를 포기한 것은 아니라며 원고의 청구를 기각했습니다. 그때 재판소는 다음과 같이 덧붙였습니다.

"국가는 자신의 권한과 자신의 책임으로 시작한 전쟁으로 국민 다수를 죽음으로 이끌고 상해를 입혔으며 불안한 생활로 내몰았다. 게다가 그 피해의 심대한 정도는 도저히 일반 재해에 비할 바가 아니다. 이에 비춰볼 때 피고가 충분한 구제책을 마련해야 한다는 데에는 여러 말이 필요 없을 것이다.

그러나 그것은 이미 재판소의 직책이 아니라 입법부인 국회 및 행정부인 내각에서 수행해야 할 직책이다. 그리고 그런 절차에 따라야만 소송 당사자만이 아니라 원폭 피해자 전반에 대한 구제책을 강구할 수 있기 때문에, 거기에 입법부 및 입법에 기초한 행정의 존재 이유가 있다. 종전 뒤 10여 년이 지나 고도의 경제성장을 이룬 우리나라에서 국가 재정상 이것이 불가능하다고는 전혀 생각할 수 없다. 우리는 본 소송을 보면서 정치의 빈곤을 한탄하지 않을 수 없다."

이 판결 및 부언이 계기가 돼 1968년의 원폭 특별조치법(수당제도의 창설 등)이 제정되었고, 이후 지금의 피폭자원호법으로 발전해갔습니다. 그 결과, 피폭자는 국적과 관계없이 무료로 의료보호를 받을 수 있게 됐습니다.

그러나 법률 제정으로 모든 문제가 해결된 것은 아닙니다. 왜냐하면 1974년 당시 후생성은 통달通達 402호를 발령해 피폭자원호를 받기 위해서는 일본에 있을 것(일본으로 올 것)을 조건으로 정했습니다. 그렇게 되면 재외 피폭자들에게는 사실상 피폭자원호법이 적용될 수 없게 돼버립니다. 따라서 이 통달 402호가 국적에 따라 다른 대우를 하지 않겠다고 한 피폭자원호법 위반이라 하여 각지에서 재판이 벌어졌습니다. 재판소가 그 소송을 인정해 2003년이 돼서야 국가는 마침내 통달 402호를 폐기했습니다.

원폭증을 받은 피폭자들에게는 의료 특별수당으로 2019년 4월 기준(매년 바뀜) 월 14만 1,360엔, 원폭 피해자로 인정받지 못했던 피폭자들에게는 건강관리 수당으로 월 3만 4,770엔이 지급되고 있습니다. 이 밖에 피폭자원호법의 적용을 받을 수 없었던 기간에 대한 위자료로 100만 엔을 최고재판소 판결로 받을 수 있게 됐습니다. 한국에 거주 중인 피폭자들은 4,000~5,000명이 될 것으로 추산되고 있습니다.

피폭자원호법은 아직 피폭자로 인정받지 못하는 피폭자가 존재하는 문제를 여전히 과제로 안고 있습니다.

강제연행·강제노동으로 시베리아 억류

일본의 패전 뒤에 포로가 된 일본군 장병 60만 명 이상이 소련군에 의해 시베리아로 연행돼 혹한의 환경, 만족스러운 식사와 휴식이 주어지지 않은 상태에서 철도 건설, 삼림 벌채, 광산 등의 현장에서 가혹한 노동을 강요당해 6만 2,000명이 사망했습니다. 소련의 이런 행위는 국제법을 위반한 불법행위입니다.

이는 미·영·중에 이어 뒤늦게 소련도 참가해 4개국 선언이 된 포츠담선언 제9항 "일본국 군대는 완전히 무장해제된 뒤 각자의 가정으로 복귀해 평화적, 생산적 생활을 영위하기 위한 기회가 주어진다"에도 위배됩니다. 소련은 일본이 4개국 선언을 무시했기 때문이라며, 그것을 대일 참전의 구실로 삼았습니다.

이 시베리아 억류는 전쟁 종결 뒤에 벌어진 강제연행·강제노동인데, 중국인 강제연행·강제노동, 한국의 강제징용자 문제와 같은 성격의 문제입니다. 여기에는 이를 승인한 일본정부, 군의 밀약 혐의도 있습니다.

패전 직전인 1945년 7월, 일본정부가 소련의 중개에 의한 '종전'을 획책하고 특사로 전 총리 고노에 후미마로近衛文麿, 1891~1945를 소련에 파견하려 한 적이 있었습니다. 그때 고노에 특사가 갖고 가려 했던 대소련 융화책 가운데 하나로 전쟁 종결 뒤 일본군의 제대復員가 곤란할 경우, 일정 기간 현지에 억류시키며 일본군에게 전쟁배상의 일부로 노동을 시킬 수도 있다는 내용이 포함돼 있었다는 것입니다(NHK 취재반, 《외교 없는 전쟁의 종말》).

그뿐이 아닙니다. 1945년 8월 26일, 대본영 아사에다淺枝 참모가 작성한 '관동군 방면 정전停戰 상황에 관한 실시實視 보고'에서는 "내지의 식량 사정 및 사상경제思想經濟 사정으로 생각하건대 규정 방침대로 대륙방면에서는 재류방인在留邦人(현지 체류 일본인) 및 무장해제 뒤의 군인은 소련의 비호하에 만선滿鮮(만주와 조선)에 토착하게 해서 생활을 영위하도록 소련 쪽에 의뢰하는 것이 가하다고 본다" "만선에 토착하는 자는 일본국적을 버리는 것도 지장이 없을 것으로 본다"라고 쓰여 있었다는 것입니다(1993년 8월, 〈교도통신〉). 1945년 8월 29일, 관동군 총사령부는 소련의 바실레프스키 원수에게 보낸 보고서에서 만주 등에 주둔하던 일본병사들에 대해 "귀군(소련군)의 경영에 협력하게 하고 그 밖에는 순차적으로 내지로 귀환시켜주셨으면 합니다. 귀환 전까지는 귀군의 경영에 협력하도록 적극 활용해주시기 바랍니다"라고 써놓았습니다.

국가란 얼마나 비정한 것인가요. 전쟁으로 국민의 생명을 빼앗고, 가까스로 살아남은 국민에 대해서도 "외교보호권을 포기"하고, 가혹한 억류와 강제노동에 내몰리는 것을 방치했던 것입니다.

1993년 10월, 일본에 온 옐친 당시 러시아 대통령은 호소카와 모리히로細川護熙. 1938~ 총리 등 일본 측과의 회의석상에서 "시베리아 억류 문제는 전체주의의 잔재다. 러시아에서도 수백만 명이 사망했는데, 이것이 억류 문제를 정당화하는 것은 아니다. 러시아정부, 국민을 대표해서 이 비인간적인 행위에 대해 사죄의 뜻을 표명한다"라며 머리를 숙였습니다(앞의 책).

일본정부는 1956년의 일소 공동선언에서 시베리아 억류로 인한 배상청구권을 포기해버렸습니다. 그래서 억류당한 사람들은 일본정부를 상대로 손해배상 청구소송을 제기했습니다만, 재판소는 일본정부가 포기한 것은 외교보호권이며, 개인 청구권은 포기되지 않았다는 주장을 받아들여 피해자들의 청구를 기각했습니다. 1997년 3월 13일, 최고재판소도 이 판결을 지지했습니다. 최고재판소 판결은 다음과 같습니다.

"우리나라가 포츠담선언을 수락하고 항복문서에 조인함으로써, 상고인(전 억류자)들을 포함한 다수의 군인·군속이 소비에트 사회주의공화국연방의 포로가 돼 시베리아 지역 수용소 등으로 보내졌으며, 그 뒤 장기간에 걸쳐 만족스러운 식료도 받지 못한 채 열악한 환경 속에서 억류당한 데다 가혹한 강제노동까지 당했다. 그 결과 많은 인명이 상실되거나 신체에 심한 장해障害를 입는 등 필설로 다할 수 없는 신고辛苦를 맛봐야 했으며 신체적, 정신적, 경제적으로 다대한 손해를 입었던 것은 원심의 적법適法으로 확정하는 바이며, 상고인들을 포함한 이들 시베리아 억류자에 대한 위와 같은 취급은 포로의 대우에 관해 당시 확립돼 있던 국제법규에 반하는 부당한 것이라고 하지 않을 수 없다."

최고재판소 판결은 이처럼 전 피억류자들이 입은 피해에 대한 이해를 나타냈습니다.

그러나 일본정부가 일소 공동선언으로 전 억류자들의 소련에 대한 배상청구권을 포기해버린 것을 이유로 들어 전 억류자들이 헌법 제29조 3항에 따라 일본국가를 상대로 제기한 배상청구에 대해서는, "상고인들을 포함한 다수의 군인·군속이 장기간에 걸쳐 시베리아 지역에 억류당해 강제노동을 강요당하기에 이른 것은 패전으로 생겨난 사태이고, 이에 따른 손해는 바로 전쟁으로 생겨난 것이라고 해야 한다" "우리나라가 청구권 포기에 합의한 것은 실로 어쩔 수 없다" "억류가 패전으로 생겨난 것이라는 점과 일소 공동선언이 합의되기에 이른 경위 등을 합쳐서 생각하면 청구권 포기로 상고인들이 입은 손해도 전쟁 손해의 하나인데, 이에 대한 보상은 헌법 제29조 3항이 예상하지 못한 바"라고 했습니다.

그리고, "시베리아 억류자의 고난은 앞서 얘기한 대로지만, 제2차 세계대전으로 거의 모든 국민이 온갖 피해를 입었고, 그 양태는 다종다양해서 그 정도가 지극히 심각한 것이 적지 않다. 전쟁 중일 때부터 전후에 걸친 나라의 존망이 걸린 비상사태에서는 국민 모두가 많든 적든 그 생명, 신체, 재산의 희생을 감내할 수밖에 없었다" "이런 희생들은 모두 전쟁 희생 내지 전쟁 손해로 국민이 꼭 같이 견뎌내야만 했다" "이런 전쟁 손해에 대한 보상은 헌법의 위 각 조항이 예상하지 못한 바"이고 "그 보상의 필요 여부와 형태는 사안의 성질상 재정, 경제, 사회정책 등의 국정 전반에 걸친 종합적 정책판단을 통해 비로소 결정할 수 있다""이에 대해서는 국가재정, 사회경제, 전쟁으로 국민이 입은 피해의 내용, 정도 등에 관한 자료를 기초로 하는 입법부의 재량적 판단에 맡겨진 것이라고 이해하는 것이 상당하다"라며 원고들의 청구를 기각했습니다.

한편, 최고재판소 판결은 다음과 같습니다.

"남방지역에서 귀환한 일본인 포로는 피상고인(국가)으로부터 그 억류 기간 중의 노동임금을 지불받을 수 있었는데, 시베리아 억류자는 가혹한 조건하에서 장기간에 걸쳐 억류되고 강제노동을 강요당했음에도 불구하고 그 억류 기간 중의 노동임금을 아직도 받지 못한 것은 앞서 얘기한 대로이며, 상고인들이 그것에 대해 불평등한 대우를 받고 있다고 느끼는 것은 이유가 없는 것은 아니다""시베리아 억류자의 억류 기간 중의 노동임금 지불을 가능하게 할 입법조치가 강구되고 있지 않는 것에 대해 불만을 품은 상고인들의 심정도 이해할 수 없는 것은 아니다."

여기서 "남방지역"이란 오스트레일리아, 뉴질랜드, 동남아시아 나라들을 가리키는데, 이들 지역에서 사역당한 사람들에게는 그 나라로부터 노동증명서가 교부됐고, 이를 근거로 일본국가가 노동임금을 지불했습니다.

최고재판소 판결 뒤에도 전 피억류자들은 일본정부를 상대로 끈질기게 교섭을 계속해 2016년 6월 16일 '전후 강제억류자 문제에 관한 특별조치법(시베리아 특조법)'을 제정하게 만들었습니다. 생존한 약 7만 명이 이 법률의 적용 대상으로, 억류 기간에 따라 25만~150만 엔을 지급하도록 한 것입니다. 전 억류자들이 평균 88세 남짓의 고령이어서 지급은 조기에 이뤄지게 됐습니다. 다만 이 특조법의 대상자는 일본인으로 한정되어 억류·강제노동을 당한 한국인들은 제외됐다는 문제점이 있습니다. 국적에 의한 차별입니다.

위안부 문제에서 보이는 강제성

《게게게 노 기타로ゲゲゲの鬼太郎》 등을 그린 요괴만화 작가 미즈키 시게루 씨는 전쟁 중에 뉴기니 전장에서 폭격으로 왼팔을 잃고 아사의 경계를 넘나드는 고생을 했으나 가까스로 생환했습니다. 《미즈키 시게루의 라바울 전기戰記》에 위안부에 대한 다음과 같은 기술이 있습니다.

상륙했을 무렵에는 코코보는 아직 육군의 기지로, 분명히 103 병참병원도 있고 종군 위안부도 있었다. 그녀들은 '삐'라고 불렸는데, 야자나무 숲속의 작은 오두막에 한 사람씩 살고 있었다. 일요일이나 축제일에 상대를 하게 되겠지만, 오키나와 사람은 '나와삐', 조선 사람은 '조센삐'로 불리고 있었던 것 같다. 그녀들은 징용당해 억지로 끌려와서 부대와 마찬가지로 열악한 대우를 받았기 때문에 보기에 불쌍한 생각이 들었다.

"부대와 마찬가지로 열악한 대우". 부대는 목숨을 바치도록 강제당했고 위안부는 성을 바치도록 강제당했다는 것일까요. 미즈키 시게루 씨는 이어서 다음과 같이 썼습니다.

삐 집에 가도 좋다는 명령이 내려졌다. 서둘러 가보니 엄청 긴 줄이 서 있지 않은가. 이건 뭔가 잘못된 게 아닐까 하고 관찰을 해보니, 줄은 작은 오두막까지 이어져 있다. 그런 오두막이 6개 있고, 어느 오두막이나 50명 정도 줄을 서 있다. 하는 쪽도 필사적이지만 이렇게 되면 당하는 쪽은 자칫하다가 죽어버리지 않을까 하는 생각이 들었다. 50명이나 된다면 그것이 끝날 시각은 몇 시가 될지 알 수 없다. 2, 3시간 기다렸으나 줄 선 사람은 조금도 줄지 않는다. 초년병 2, 3명이 함께 가봤으나 줄이 너무 길어 그만두기로 하고 가까운 원주민 부락에 갔다.

미즈키 시게루 씨의 기술은 그 심각한 내용에도 불구하고 어쩐지 '블랙 유머' 같은 느낌도 드는데, 보도반원으로 군의 실태를 자세히 살핀 작가 다카미 준高見順 씨도 《패전 일기》의 1945년 11월 14일자에 다음과 같이 썼습니다.

일본군은 전선에 매음부를 반드시 데리고 갔다. 조선 여성은 신체가 강하다고 해서 조선 매음부가 많았다. 대부분 속여서 데려간 것 같다. 일본 여성도 속여서 남방으로 데려갔다. 군 매점의

사무원으로 일한다고 속여 배에 태우고 현지에 가면 '위안소' 여
자가 되라고 협박한다. 깜짝 놀라 자살한 사람도 있었다고 들었
다. 자살하지 못한 사람은 울며불며 매음부가 됐다. 전쟁이란 이
름 아래 이런 잔학한 짓이 벌어지고 있었다.

일본군이 위안부를 데려갔다는 것은 군대 경험자, 보도반원
들 사이에서는 다 알고 있는 일이어서 문학작품 등에서도 흔히
다뤄졌습니다. 다무라 다이지로田村泰次郎의 전후 초기작품《메뚜
기蝗》도 그 예인데, 이 소설은 예상 이상의 전사자가 나와 모자
랐던 유골함과 5명의 조선인 위안부를 그 포주와 함께 군용열
차에 태워 전선에 보내는 임무를 명령받은 고참 군조軍曹(하사
관) 하라다의 이야기입니다.

기적 소리도 들리지 않았는데 돌연 덜컹덜컹하고 2, 3차례 큰
진동이 있은 뒤 열차가 급정거한 모양이다. 귀에 익은 목소리가
저쪽에서 들려왔다. 곧 하라다 일행이 있는 차량 바로 옆에서
큰 고함 소리가 들렸다.
"어이, 여자들, 내려. 어디 있는 거야, 나와." (…)
"우리는 이시石 부대원들입니다. 이 차량에는 전선에 있는 우리
부대로 수송하는 유골함이 실려 있을 뿐입니다."
바람의 신음소리에 하라다의 목소리는 긁혀 튕겨나갔다.
"거짓말 하지 마. 앞에서 8번째 차량에는 5명의 조센삐가 타고

있다는 걸 알고 있어. 신고新鄕(중국 신샹)에서 무선연락이 왔어.
명령이다. 여자들을 내리라면 내려." (…)

"여자들은 이시부대 전용인 자들입니다."

"뭐야. 불평하지 마. 줄어드는 것도 아닌데, 인색하게 굴지 마. 신
고도 엄청 진수성찬을 즐긴 것 아닌가. 왜 우리 부대만 그게 안
된다는 거야."

"하지만…."

"하지만이고 뭐고 필요 없어. 싫다면 이곳을 통과하지 못해. (…)
그래도 괜찮은가. 알겠나. 통행세다. 기분 좋게 지불하고 가."

카이펑을 출발한 직후 여기에 오기까지 신샹과 또 한 곳을 더해
서 이미 2차례나 그녀들은 질질 끌려 내려졌다. 그때마다 그곳
에 주둔하고 있던 부대들이 차례차례 쉴 틈도 없이 이 5명의 여
자들의 육체를 덮쳤다. (…)

"어이, 모두 내려."

몇 분 뒤 하라다는 화물차 안을 향해 고함을 질렀다.

《메뚜기》는 《미즈키 시게루의 라바울 전기》와는 달리 창작된
내용입니다. 그러나 이 작품은 필자 다무라 다이지로가 '대륙타
통打通작전'에서 '이시'부대의 일원으로 종군한 체험에 바탕을 두
고 쓴 것임을 생각할 때 군대, 그리고 위안부의 실상을 묘사한
것으로 이해할 수 있지 않을까요.

《메뚜기》에는 행군 중에 지뢰를 밟아 오른쪽 다리를 잃은 위

안부를 주인공 하라다가 환자 수용소로 데려가도록 위생하사
관에게 의뢰했다가 거절당하자, 이번에는 차량부대 대장에게 그
녀의 이송을 부탁하는 부분이 있습니다. 그러나 "폐품은 계속
버리면서 가는 거야"라는 말과 함께 부탁을 거절당해 결국 그녀
를 홀로 남겨두고 다음 목적지로 출발해버립니다. 미군기의 공
습을 받는 등 고난에 찬 여정 끝에 하라다가 살아남은 2명의
위안부와 함께 마침내 병단 사령부에 도착해 상관에게 보고하
자 "1만 명이 있는 부대에 2명이라니, 어떡하라는 거야"라며 화
를 내는 장면도 있습니다.

일본군 모두가 《메뚜기》 또는 상하이에서 난징 공략전까지의
이야기를 그려 발매를 금지당한 《살아 있는 군대兵隊》에 나오는
병사들 같았을 리는 없다고 생각합니다. 아니, 그렇게 생각하고
싶습니다. 그러나 이런 작품들이 일본군이 안고 있던 어떤 특수
한 측면을 얘기하고 있는 것은 부정할 수 없습니다. 인정하고 싶
지 않지만, 일본군은 위안부와 짝을 이루지 않으면 유지될 수
없었던 것입니다. 어떤 사람은 이렇게 말합니다. 일본군이 있던
곳에 위안부가 있었던 것이 아니라 일본군은 위안부의 존재를
전제로 해서 존재할 수 있었던 조직이라고.

나중에 총리가 되는 나카소네 야스히로中曾根康弘, 1918~2019도 전
시 중에 회계 장교로 위안소 설치·운영에 종사했다고 자서전에
썼습니다.

1965년에 체결된 한일 청구권협정 때 위안부 문제가 논의되

지 않은 것은 한일 양국 정부가 이 인도에 반하는 꺼림칙한 사실을 덮어버리려 했기 때문입니다.

당시의 사회 분위기도 피해자 본인이 직접 그 문제를 거론하기 어렵게 만들었습니다. 그녀들이 소리를 낼 수 있게 된 것은 1980년대 말 냉전이 붕괴된 뒤부터입니다. 피해자 본인의 직접적인 고발이 이어지는 가운데 일본정부도 조사를 해서 1993년 8월 4일 미야자와^{宮澤喜一, 1919~2007} 내각의 고노 요헤이^{河野洋平, 1937~} 관방장관 담화에서 마침내, 다음과 같이 언급하며 위안부 문제에 국가가 관여한 것을 인정했습니다.

"위안소는 당시 군 당국의 요청으로 설치됐으며, 위안소의 설치, 관리 및 위안부 이송에 대해서는 구 일본군이 직접 또는 간접적으로 이에 관여했다. 위안부 모집에 대해서는 군의 요청을 받은 업자들이 주로 이를 담당했으나 그런 경우에도 감언, 강압에 의하는 등 본인들의 의사에 반해 모집된 사례가 많고, 또 관헌 등이 직접 이에 가담한 사실이 분명해졌다. 또한 위안소에서의 생활은 강제적인 상황하에서 참혹한 것이었다."

그리고, 이어서 다음과 같이 밝히기에 이르렀습니다.

"우리는 이런 역사의 진실을 회피하지 말고 오히려 이를 역사의 교훈으로 직시하고자 한다. 우리는 역사연구, 역사교육을 통해

이런 문제를 오래 기억하면서 같은 과오를 결코 되풀이하지 않
겠다는 굳은 결의를 다시 한번 표명한다."

이 결의를 실천하는 것이 중요하며 "돈을 지불했으니 이제 끝
났다"라고 해서는 위안부가 되어야 했던 그녀들의 고통을 치유
할 수 없습니다.

위안부 문제는 일본의 패전 뒤에도 발생했습니다.

연합군의 일본점령('진주군進駐軍'이라는 기묘한 이름으로 불렸다)
때 일본정부 스스로 일본 여성들의 정조를 지키기 위한(?) 방파
제로서 위안부를 모집해 '위안소'를 만들었습니다. 1945년 9월
18일, 내무성 경보국장 이름으로 각 현의 장관(지사) 앞으로 위
안부 모집 통달을 내려보냈으며, 그달 27일에는 오모리大森에서
개업을 했는데 1,000명 이상의 위안부들이 있었다고 합니다. 이
개업에는 당시 대장성大蔵省(지금의 재무성에 해당) 관료로, 나중에
총리가 되는 이케다 하야토池田勇人. 1899~1965도 관여했습니다.

앞에서 얘기한 다카미 준 씨의 《패전 일기》의 1945년 11월
14일자에는 다음과 같은 내용도 있습니다.

도대체 세계에 이런 예가 있을까. 점령군을 위해 피점령지의 인
간들이 스스로 재빨리 부녀자들을 모집해 매음업소를 만드는
사례가. 지나(중국)에서는 없었다. 남방에서도 없었다. 회유책이
교묘하다는 지나인들도 스스로 지나 여성을 내몰아 매음부로

만들고, 점령군인 일본병사들을 위해 인육 시장을 설치하는 짓은 하지 않았다. 그런 부끄러운 짓을 지나 국민은 하지 않았다. 일본인만이 할 수 있는 짓이 아닐까.

전쟁은 끝났다. 하지만 역시 '애국'이라는 이름 아래 부녀자들을 내몰아 진주군 전용 매음부로 만들고 있다. 무구한 처녀들을 속여 전선으로 데려가 매음을 강요했던 그 잔혹한 짓이 오늘 그 모습을 바꿔 특수위안 운운하는 것으로 되풀이되고 있다.

지금도 계속되고 있는, 위안부로 불린 여성들의 명예와 존엄을 짓밟는 사려분별 없는 망언에 대해 마땅한 조치를 취할 필요가 있습니다. 미즈키 시게루 씨가 쓴 《메뚜기》가 묘사한 위안부의 실상을 안다면, 그녀들에 대한 분별없는 망언 따위가 나올 리 없습니다. 그녀들이 요구하고 있는 것은 일본국가의 사죄, 개인의 존엄 회복인 것입니다.

이상으로 공습 피해자, 피폭자, 시베리아 억류 피해자, 위안부 피해자들을 예로 들어 전쟁 때의 개인 피해, 배상청구권에 대해 생각해봤습니다. 한국인 강제징용자 문제도 바로 개인이 입은 전쟁 피해에 대한 배상 문제입니다. 따라서 이 강제징용자 문제는 공습 피해자, 시베리아 억류 피해자, 위안부 피해자 문제와 함께 개인의 존엄 문제로 생각해야 합니다. 한국인 전 강제징용자만의 문제가 아닌 것입니다.

냉전으로 봉인된 개인배상의 복권

전쟁배상 '포기 경위'에는 어떤 일이 있었나

일본정부는 전쟁배상 문제는 샌프란시스코 강화조약, 그 뒤의 한일 청구권협정, 일중 공동성명 등으로 모두 해결이 끝난 것이라고 큰소리치고 있습니다.

2019년 7월 19일, 한국의 남관표 주일대사를 호출한 고노 외상은 전 강제징용자 문제 등에 대한 한국정부의 대응은 제2차 세계대전 뒤의 국제질서를 뒤집으려는 것이라고 비판했습니다.

제2차 세계대전 뒤의 국제질서. 그렇습니다. 그것은 샌프란시스코 강화조약체제입니다. 냉전하에서 체결된 샌프란시스코 강화조약은 전쟁에서의 개인 배상청구권을 봉인했습니다. 이 강화회의에 전쟁의 최대 피해국인 중국, 식민지배 피해국인 한국은 참가할 수 없었습니다.

한국인 전 강제노역 피해자, 전 위안부, 중국인 강제노동 등 이른바 '전후보상 문제'는 샌프란시스코 강화조약체제 속에 봉 인되었던 전쟁 피해에 관한 개인의 배상청구권의 복권, 샌프란 시스코 강화조약체제의 재검토 문제인 것입니다.

1951년 9월 8일, 일본국과 연합국 사이에 체결된 샌프란시스 코 강화조약의 제14조 (a)항은 "일본국은 전쟁 중에 발생시킨 손해 및 고통에 대해 연합국에 배상(금)을 지불해야 한다는 것 이 인정된다"라고 일본의 전쟁배상 의무를 인정한 뒤, "그러나 또한 존립 가능한 경제를 유지해야 하는 것이라면, 일본국의 자 원은 일본국이 모든 전기前記의 손해 및 고통에 대해 완전한 배 상을 하고 또 동시에 다른 채무를 이행하기 위해서는 현재 충 분하지 않다는 것이 인정된다"라고 했고, 제14조 (b)항에서 "이 조약에 별도로 정한 경우를 제외하고 연합국은 연합국의 모든 배상청구권, 전쟁 수행 중에 일본국 및 그 국민이 취한 행동으 로 생긴 연합국 및 그 국민의 기타 청구권 및 점령의 직접적인 군사비에 관한 연합국의 청구권을 포기한다"라고 했습니다.

샌프란시스코 강화조약으로 연합국이 일본국에 대한 배상청 구권을 포기한 것은 당시 일본의 경제 상태를 고려한 끝에 내 린 결정으로, 일본국에 전쟁배상을 해야 할 책임이 전혀 없다고 한 것은 결코 아닙니다.

이 "관대한"(요시다 시게루 총리의 수락연설 속에 있는 말) 강화 는 당시 진행되고 있던, 미국과 소련을 두 축으로 한 '냉전구조'

가 내려준 선물이었습니다.

당초 연합국(미국)은 패전국 일본을 철저히 해체할 작정이었습니다. 그런데 냉전의 진행과 1949년의 중국혁명, 중화인민공화국의 수립이 이 정책을 바꾸게 만들었습니다.

연합국은 일본을 아시아에서의 반공의 방파제로 만들기 위해 일본에 대해 "관대한" 조치를 취하기로 하고 구세력을 온존시키기 위해 일본의 민주화를 중단시킨 것입니다. 이런 국제 정세 속에서 샌프란시스코 강화조약이 체결됐습니다.

샌프란시스코 강화조약이 발효된 1952년 4월 28일에 체결된 일화[＊](대만, 중화민국) 평화조약에서도 샌프란시스코 강화조약을 본 따 중화민국은 일본국에 대한 전쟁배상 청구권을 포기하게 됩니다.

그리고 1972년 9월 29일, 일본국과 중화인민공화국이 발표한 일중 공동성명에서도 중화인민공화국은 일본국에 대한 전쟁배상 청구권을 포기했습니다.

중화인민공화국이 일본에 대한 전쟁배상 청구권을 포기하기에 이른 것은 일화 평화조약에서의 배상청구권 포기라는 전례와 당시 중국정부가 안고 있던 중소 대립이라는 요인이 있었습니다. 중국은 어떻게든 조속하게 일본, 미국과 국교를 정상화할 필요가 있었습니다.

한국과의 관계의 경우 1951년에 시작된 이후 식민지배의 합법성이 쟁점이 돼 난항을 겪던 한일회담이 1965년 한일기본조약·청구권협정으로 정리된 것은 베트남전쟁으로 신음하던 미국의 강력한 요청이 있었기 때문이었음은 앞에서 얘기한 대로입니다.

이처럼 일본은 전후의 국제 정세를 교묘하게 이용하여 본래는 졌어야 할 전쟁배상 의무, 식민지배 배상 의무를 모면해온 것입니다.

1951년 9월 8일 샌프란시스코 강화조약 체결 때 한국정부는 연합국과 함께 일본과 싸워온 사실(그때까지의 의병투쟁, 전쟁 말기 충칭에 있었던 한국 임시정부의 일본에 대한 선전포고)을 강조하며 강화회의 참가를 강력하게 요구했습니다. 이에 대해 일본이 강경하게 반대했고, 영국 또한 강화조약에 대한 한국의 "서명을 용인하는 것은 일본의 식민통치의 합법성을 부정하는 것으로 연결된다. 그렇게 되면 구미의 식민통치 자체를 부정하는 것이 된다는 주장이 분출"하자 한국의 강화회의 참가를 반대했습니다.

그 결과 J. F. 덜레스John Foster Dulles, 1888~1959 미국 국무장관 고문의 배려로 "(한국은) 일본과 전쟁 상태에 있지는 않았으므로 서명은 인정할 수 없지만, 연합국의 일원으로 대우한다"라고 해서 회의장에 두 자리의 방청석이 마련되었습니다.

이는 1941년 8월, 루스벨트 미국 대통령, 처칠 영국 총리가 대서양상에서 회담한 뒤 발표한 대서양헌장 제3항 "양국은 주권 및 자치를 강탈당한 자들에게 그것이 회복되기를 희망한다" "전기^{前記} 3대국(미·영·중)은 조선인민의 노예 상태에 유의하고 머지 않아 조선을 자유독립시키기로 결의한다"라고 한 카이로선언의 정신에 반하는 대우였습니다.

미소를 두 축으로 한 냉전이 진행된 영향도 있었을 것으로 생각되지만, 애초에 대서양헌장에서 얘기한 민족자결은 유럽을 나치의 유린에서 해방시킨다는 데에 주안점이 놓여 있었던 것으로, 식민지배 문제를 정면으로 다룬 것은 아니었기 때문입니다.

1989년의 냉전 붕괴를 계기로 아시아 각지의 전쟁 피해자들이 일본정부 또는 일본의 기업들에 대해 전쟁 피해 회복을 바라는 요구들을 제기하기에 이르렀습니다. 이 요구에 대해 어떻게 대응할 것인지를 생각할 때, 앞서 얘기한 전쟁배상 '포기 경위'를 다시 한번 검증해야 하는 것은 당연하지 않을까요. "조약적, 법적으로는 끝난 것이지만…"이라는 앞서의 전 외무관료의 감회(30쪽)는 그것을 말해주고 있는 게 아닐까요.

포로 혹사에 대한 배상을 규정한 샌프란시스코 강화조약 제16조

앞서 얘기했다시피 샌프란시스코 강화조약 제14조는 일본의 전쟁배상 책임을 면제했습니다만, 한편으로 포로 혹사·학대에 대해서는 일본정부의 배상 의무를 인정했습니다. 같은 조약 제16조 '포로에 대한 배상과 비연합국에 있는 일본자산'은 다음과 같이 기술돼 있습니다.

"일본국의 포로였던 동안에 부당한 고난을 당한 연합국 군대의 구성원에게 보상을 하겠다는 바람의 표현으로 일본국은 전쟁 중에 중립이었던 나라 또는 연합국 어느 나라와 전쟁을 하고 있던 나라에 있는 일본국 및 그 국민의 자산, 또는 일본국이 선택할 때는 이들 자산과 등가^{等価}의 것을 적십자 국제위원회에 인도하는 것으로 하며, 동 위원회는 이들 자산을 청산하고 또 그 결과 생기는 자금을 동 위원회가 형평하다고 결정하는 기초 위에 포로 및 그 가족을 위해 적당한 국내기관에게 분배해야 한다."

법률용어 특유의 '악문^{惡文}'입니다만, 그 취지는 전쟁 상대인 연합국 이외의 나라에 있던 일본 국민의 자산을 처분해서 이를 혹사·학대당한 연합군 포로에게 배상하는 데 사용해달라는 것입니다(연합국 내에 있던 일본의 자산도 물론 몰수).

이 규정은 제14조에 의한 배상 면제의 예외 규정인데, 포츠담선언 제10항 전단^{前段}의 "우리들의 포로를 학대한 자를 포함한 일체의 전쟁범죄인들에 대해서는 엄중한 처벌을 가해야 한다"라는 내용을 수용한 것입니다. 혹사·학대당한 연합군 포로들은 일본에 대한 배상 면제를 납득하지 못했기 때문에 그들을 달래기 위해 만든 예외 규정이었던 것이지요.

이 규정에 따라 영국군, 네덜란드군 전 포로들에 대해 얼마간의 '배상금'이 지불된 듯하지만 그 액수는 보잘것없었던 것 같습니다.

이와 관련해 무라야마 정권 이후 외무성 소관으로 전 포로·유족들을 일본의 예전 터(강제노동당한 곳)로 초빙하는 '평화우호교류 사업'이 실시되고 있습니다. 2020년 8월 22일자 〈아사히신문〉은 "지금은 일본을 용서한다, 하지만 잊진 않겠다"라는 제목으로 전시 중에 일본군 포로로 태국과 미얀마의 철도건설 현장에서 강제노동을 당한 전 오스트레일리아군 병사 키스 파울러 씨를 인터뷰한 기사를 실었습니다.

그는 "가혹한 노동이 이뤄지고 조잡한 식사가 제공됐다. 동료들이 차례차례 죽어갔다. 오직 일본을 증오하기만 했다, 그러나 몇 년 전 일본 외무성의 교류사업으로 일본에 초청돼 그 자리에서 경험한 것을 얘기한 뒤 젊은 여성 4, 5명에게 에워싸였다" "우리에게 무슨 일이 일어났는지에 관심을 기울이고 공감하며 슬퍼해주었다" "지금은 일본을 용서할 수 있다. 하지만 잊지는 않겠다. 다만 용서하지 않으면 과거를 극복할 수 없겠다는 생각을 하게 됐다"라고 말했다고 합니다.

이처럼 일본에 온 전 포로·유족들은 상당히 마음이 풀어져 귀국한 것 같습니다. 이런 대책이 시행되고 있다는 사실이 더 알려져야 합니다(우쓰미 아이코 게이센惠泉여대 명예교수). 니시마쓰 건설 화해 뒤에 이루어진 화해사업 수행 중에도 그런 것을 느낄 수 있었습니다.

한국인 전 강제징용자·유족들에 대해서도 이런 대책이 시행돼야 하지 않을까요.

독일형 기금을 통한 해결에서 배우다

전쟁 피해는 심대해서 그 피해자 모두에게 배상하는 것은 불가능합니다. 식민지배에 따른 피해의 배상도 마찬가지입니다. 한국인 전 강제징용자들에 대한 '배상'은 중국인의 경우와 비교했을 때, 기간도 길고 그 대상자 수도 압도적으로 많아서 일개 기업으로는 감당할 수 없을지도 모릅니다.

그래서 생각한 것이 2001년에 이뤄진 독일형 해결입니다.

2001년 여름, 독일에서는 국가가 약 50억 마르크, 강제노동을 시킨 다임러-벤츠, 폭스바겐 등의 기업 수십 개사가 약 50억 마르크, 합계 100억 마르크(당시의 엔화 환율 기준으로 약 5,200억 엔)를 거출해 '기억·책임·미래 기금'을 설립해, 나치 시대에 강제연행·강제노동을 당한 약 150만 명의 사람들에게 보상을 해주기로 하고 2007년에 소임을 마쳤습니다.

기억·책임·미래 기금(정확하게는 재단)의 창설에 앞서서는 다임러-벤츠와 폭스바겐의 개별 화해가 이뤄졌습니다.

1988년 다임러-벤츠는 전시 중에 이 회사에서 강제노동을 당한 유대인이 요구한 배상청구에 대해 2,000만 마르크(당시 엔화 환율 기준으로 약 14억 엔)를 지불하고, 이 회사의 사동차 박물관 정면 현관 앞에 조각물을 설치했습니다.

이 회사는 강제노동의 역사에 대해 제3자위원회에 조사를 의뢰해서 1994년에 '다임러-벤츠에서의 강제노동자'라는 보고서를 작성해 출판했습니다.

다임러–벤츠 자동차 박물관 앞에 설치된 기념 조각물 앞에 모인 관계자들과 인사하는
이 회사의 이사(1989년). 사진 다임러–벤츠 제공.

폭스바겐 공장 부지 내에 세워진 기념비 앞에 모인 관계자들. 사진 폭스바겐 제공.

　폭스바겐은 1938년 나치 정권하에서 히틀러가 내건 "아우토 반에 대중차를"이라는 구호 속에 창설됐습니다. 1988년, 창립 50주년을 맞이한 이 회사는 기념사사記念社史를 편찬할 때 강제 수용소 수용자들을 강제노동시킨 사실에 대해 역사가에게 조사를 맡겨 그 결과를 사사에 실었습니다. 그리고 1991년, '유대인회의' 등에 1,200만 마르크의 보상금을 지불하기로 결정하고 이 회사 공장부지 내에 강제노동을 당한 수용자들을 위한 기념비를 건립했습니다.

　이런 화해는 전후세대로 구성된 이 회사 경영진이 역사를 진지하게 마주하고, 또 경영적인 판단도 가미한 '용단'으로 이뤄졌습니다.

　한국정부도 강제징용자 문제의 해결을 모색하면서 독일형 기금의 형태, 즉 일본정부·일본기업 + 한국정부·청구권협정으로 자금지원을 받은 한국기업 4자에 의한 기금 설립안, 또는 당분간은 4자에서 일본정부를 뺀 3자에 의한 기금설립안 등을 검토하고 있습니다. 그러나 "해결이 끝났다"라는 주장을 고집하는 일본정부는 이런 제안들에 전혀 귀를 기울이지 않고 있습니다. 그뿐 아니라 앞서 얘기했듯이 2019년 7월 4일 일본정부는 이 문제와 관련해 한국정부에 압력을 가하기 위해 한국에 대한 일본의 반도체 소재 수출규제 강화조치를 발동했고, 나아가 같은 해 8월 2일 한국을 수출절차 우대국(화이트 리스트)에서 제외하기로 각의 결정했습니다. 이런 대응은 한일관계를 점점 더 험악한 것으로 몰아갈 뿐입니다.

　이에 대응해 일부이긴 하지만, 한국에서는 일본제품 불매 움직임이 나타났고, 같은 해 8월 23일 한국정부는 한일군사정보포괄보호협정의 연장 거부 결정을 일본정부에 통고(나중에 보류)했습니다.

　1992년 유고슬라비아 내전이 점점 심각해져가고 있을 때 영국의 역사가 에릭 홉스봄Eric Hobsbawm, 1917~2012은 "역사학은 핵물리학과 같은 정도로 위험한 존재가 될 수 있다"라고 경고했습니다. 역사 문제 해결은 동시에 안전보장 문제이기도 하다는 것을 다시 한번 통감합니다.

한국 헌법과 일본국 헌법

한국 헌법 전문

어느 나라에나 나라의 기초^{基礎}가 있습니다. 이 기초는 국체^國^體라고도 할 수 있습니다. 예컨대, 예전의 '동맹국' 독일 기본법 제1조는 "인간 존엄은 침해받을 수 없다. 이를 존중하고 또 보호하는 것은 모든 국가 권력의 의무다"라고 돼 있습니다. 이것은 인간 존엄을 부정한 홀로코스트의 역사를 잊지 않으려는 신생 독일의 결의를 표출한 것이며, 두 번 다시 그런 짓을 하지 않겠다는, 세계를 향한 맹세이기도 합니다.

그렇다면 일본의 기초, 국체는 어디에 있을까요. 일본국 헌법 전문^{前文}은 "정부의 행위에 의해 또다시 전쟁의 참화가 일어나지 않도록 할 것을 결의하고, 여기에서 주권이 국민에게 있다는 것을 선언하면서, 이 헌법을 확정한다"라고 강조하고 있습니다. 일본의 기초, 국체는 아시아·태평양전쟁에 대한 반성에 있습니다.

한국은 어떠할까요. 한국 헌법 전문前文을 읽어본 적이 있습니까? 한국 헌법에서는 건국의 기초에 대해 "3·1운동으로 건립된 대한민국임시정부의 법통과 불의에 항거한 4·19민주이념을 계승하고"라는 점을 내세우고 있습니다.

"3·1운동으로…"는 제1차 세계대전 뒤 미국의 윌슨 대통령 등이 제창한 '민족자결' 기운이 고조되던 가운데 1919년 3월 1일 일본의 식민지배를 받고 있던 한국에서 학생들이 서울의 파고다 공원에 모여 33인의 민족대표가 기초起草한 독립선언서를 낭독하고 시위행진을 벌인 3·1운동을 말합니다.

이 운동은 일본 관헌의 탄압을 받아 한국 측 조사로는 사망자 7,500여 명, 체포당한 이는 4만 6,000여 명을 헤아린다고 합니다. 앞서 얘기한 가지야마 도시유키는 이것을 테마로 해서 《이조잔영李朝残影》을 집필했습니다. 이 운동이 그해 4월 4일, 상하이에서의 임시정부 수립으로 이어지고, 나아가 그해 5월 4일 중국 베이징에서 일어난 제국주의 반대 중국인 학생시위인 이른바 '5·4운동'으로도 파급됐습니다.

3·1독립선언은 조선인에 대해서만이 아니라, 그 말미에 다음과 같이 일본인에게도 호소하고 있습니다.

"오늘 우리가 조선의 독립을 꾀하는 것은 조선인에 대해서는 민족의 정당한 생영生榮(삶을 누린다는 뜻)을 획득케 하는 것임과 동시에, 일본에 대해서는 사악한 길에서 나와 동양의 지지자로서 중책을 다하게 하려는 것이다."

이것은 1924년 12월 28일 중국의 쑨원孫文이 고베 고등여학원에서 한 연설에서, 일본은 "서양 패도覇道의 번견番犬(집 지키는 개)이 될 것인가, 그렇지 않으면 동양 왕도王道의 간성干城(방패와 성채)이 될 것인가"라고 한 것도 연결됩니다.

그러나 일본의 대한對韓정책은, "우리 일본의 국토는 아시아 주변에 있다고는 하나, 그 국민의 정신은 이미 아시아의 고루固陋를 벗어나 서양 문명으로 옮겨갔다. 그런데 여기에서 불행한 것은 근린에 나라가 있는데, 그 하나를 지나(중국)라 하고, 또 하나를 조선이라 한다. (…) 우리나라는 이웃 나라의 개명을 기다려 함께 아시아를 일으키려는 유예를 할 것이 아니라 오히려 그 대오에서 벗어나 서양의 문명국과 진퇴를 함께하고, 그 지나 조선에 접하는 법도 이웃 국가라 해서 특별한 해석을 할 필요는 없으며 바로 서양인이 그들을 접하는 방식에 따라 처분해야 한다. 악우惡友와 친한 자는 함께 악우를 면할 수 없다. 나는 진심으로 아시아 동방의 악우를 사절하는 것이다(후쿠자와 유키치, '탈아론', 1885년)"를 기조로 한 것이었습니다.

그 결과가 미·중·영 3국이 "조선인민의 노예 상태에 유의하고"(카이로선언)라고 했던 식민지배였습니다. 앞서 얘기했듯이 이 조항은 대만 등지에서 벌어진 식민지배에 신음하던 중국의 장제스 총통의 강력한 바람을 받아들인 것이라고 합니다.

한국의 헌법 전문에서 얘기하는 "4·19민주이념"이란 독재자

였던 이승만 대통령과 이기붕의 자유당 정권을 타도한 1960년
의 학생혁명(그러나 그 성과를 박정희의 군사 쿠데타가 빼앗아갑니
다)을 가리킵니다.

4·19민주이념이 헌법에 명기된 것은 한국 헌법 전문 중에도
나와 있듯이 1987년의 민주화에 의해 9번째 헌법 개정이 이뤄
졌을 때입니다.

1960년의 학생혁명, 그 뒤의 긴 군사독재정권의 가혹한 시
대—1980년 5월에는 광주 사건(5·18광주민주화운동)*도 있었습
니다—를 견뎌내고 1987년 여름, 한국의 민주화운동이 열매를
맺게 됩니다. 그 민주화로 27년 전의 독재정권에 대한 민주화 투
쟁이 헌법에 명기된 것입니다. 3·1운동이 한국의 헌법에 명기된
것은 1948년 7월 12일 대한민국이 수립됐을 때로, 역시 그와
비슷한 세월이 걸렸습니다.

한국에서는 '3·1운동' '4·19민주이념'에 이어 '6·10민주혁명'
을 헌법 전문에 명기하려는 움직임도 있는 듯합니다.

최근에는 피겨 스케이팅 메달리스트 김연아 씨가 3월의
3·1운동, 4월의 상하이 임시정부 수립, 5월의 광주 사건, 6월의
민주혁명을 노래한 〈3456〉이라는 노래도 인기인 듯합니다. 3월
에는 1910년 3월 26일에 처형당한 안중근에 대한 생각도 들어
있는 것 같습니다.

---

* 5·18광주민주화운동. 이 책에서는 일본에서 표기하는 명칭을 그대로 살려 '광주 사
건'으로 표기했다.

앞서 1923년 간토대지진 때의 조선인 학살을 소재로 한 〈박열〉, 광주 사건을 소재로 한 〈택시운전사〉, 1987년의 민주혁명을 소재로 한 〈1987〉 등의 한국 영화들이 차례차례 일본에서 개봉돼 많은 사람들의 공감을 불러일으켰습니다. 이런 영화들을 보면 3·1운동, 4·19민주이념을 헌법 전문에 명기한 한국 민중운동의 역사를 잘 알 수 있습니다.

이처럼 한국 건국의 기초는 일본의 식민지배에 대한 저항과 독재정권에 대한 저항에 있으며, 그런 의미에서는 한국 헌법은 '저항의 헌법'입니다.

이에 반해 우리 일본국 헌법은 전문에 "정부의 행위에 의해 또다시 전쟁의 참화가 일어나지 않도록 할 것을 결의"했다고 돼 있듯이 '반성의 헌법'입니다. 1945년 8월 15일 일본의 패전으로 한국은 식민지배의 멍에에서 풀려날 수 있었습니다. 8월 15일을 패전 기념일로 삼은 일본, '광복절'로 삼은 한국. 양국의 헌법은 서로 동전의 양면 같은 관계에 있습니다.

미완의 일본국 헌법을 보완한다

"일본의 헌법은 미완의 헌법". 헌법학자 오쿠다이라 야스히로奧平康弘 선생이 생전에 늘 얘기했던 것입니다.

미완未完, 그렇습니다. 국민주권, 전쟁의 포기, 기본적 인권보장을 기본원리로 하는 일본국 헌법은 아시아·태평양전쟁에 대한 반성에서 전쟁포기를 선언하고 평화주의를 내걸었습니다만, 전

쟁 뒤처리, 즉 전쟁책임, 전쟁배상 문제를 방치해왔습니다. 이 책
의 주제인 한국에 대한 식민지배 문제도 그렇습니다.

미군기지의 중압에 신음하는 오키나와 현민의 일도 잊어서는
안 됩니다. 1946년 4월 10일, 일본국 헌법을 심의하기 위한 제국
의회 의원선거 때 점령군 총사령부의 명령으로 오키나와 현민
의 선거권 행사는 인정받지 못했습니다. 1947년 9월 19일, 쇼와
천황(히로히토)은 점령군 총사령부에 "오키나와를 25년에서 50
년간 미군기지로 사용하는 것이 미일 양국의 이익에 부합한다"
라는 내용의 오키나와 메모를 전달했습니다.

그리고 1951년 9월 8일 샌프란시스코 강화조약으로 오키나
와 현민은 일본에서 내버림을 당했습니다.

하인츠 회네의 《히틀러 독재로 가는 길, 바이마르 공화국 붕
괴까지》를 읽다가 다음과 같은 구절에 시선이 꽂혔습니다.

> 원래 독일인은 그때까지도 데모크라시(민주주의)와는 결코 좋은
> 사이가 아니었다. 독일의 데모크라시는 1918년의 군사적 패배라
> 는 어두운 그림자 속에서 힘들이지 않고 품속으로 굴러들어온
> 것이었다. 누구 한 사람 이 데모크라시를 대망하고 있었던 것도
> 아니고 신봉하는 자도 거의 없었다.

"1918년의 군사적 패배"란 제1차 세계대전에서 독일이 패배
한 것을 말하는데, 이것을 "1945년 8월 15일의 군사적 패배"로

바꿔놓으면 그대로 우리나라(일본)의 일로 읽을 수 있습니다.

1945년 8월 15일 일본의 패전으로 군부는 추방당했지만 정치가와 관료들은 살아남아, 전통적인 지배층에 관해서는 전전과 전후의 단절을 가져다주진 못했습니다. 이것은 헌법 제11조와 제97조의 관계에 대해 생각해볼 때 흥미로운 바가 있습니다.

일본국 헌법 제11조는 "국민은 모든 기본적 인권의 향유를 방해받지 않는다. 이 헌법이 국민에게 보장하는 기본적 인권은 침해할 수 없는 영구적 권리로서 현재 및 장래의 국민에게 주어진다"라고 돼 있습니다. 헌법 제97조도 "기본적 인권의 본질"로서 "이 헌법이 일본 국민에게 보장하는 기본적 인권은 인류의 다년간에 걸친 자유획득 노력의 성과이며, 이들 권리는 과거 수많은 시련을 견뎌냈고, 현재 및 장래의 국민에 대해 침해할 수 없는 영구적 권리로서 신탁된 것이다"라고 거듭 밝히고 있습니다. 기본적 인권의 중요성에 비춰본 배치라고 이해하지 못할 이유도 없습니다. 그러나 이들 권리는 패전의 결과로 주어진 것이고, 그런 의미에서는 제97조의 구절은 세계사적인 의미에서의 기본적 인권의 본질에 대한 해설이기는 해도, 당시의 일본 상황에 대해서 얘기한 것은 아니었습니다.

앞에서 살펴본 다카미 준 씨의 《패전 일기》에서 1945년 9월 30일 일기의 내용은 다음과 같습니다.

어제 신문이 발매금지됐는데, 맥아더 사령부가 그 발매금지에

대해 해제명령을 냈다. 그래서 신문 및 언론의 자유에 대한 새
로운 조치의 지령이 내려졌다. 이로써 이제 뭐든 자유롭게 쓸 수
있다! 이로써 이제 뭐라도 자유롭게 출판할 수 있다.

태어나서 처음 누리는 자유!

자국 정부에 의해 당연히 국민에게 주어졌어야 할 자유가 주어
지지 않고, 자국을 점령한 타국 군대에 의해 처음으로 자유가
주어지다니, 돌이켜보면 수치감을 느끼지 않을 수 없다. 일본을
사랑하는 자로서 일본 때문에 부끄럽다. 전쟁에 지고, 점령군이
들어왔기 때문에 자유가 속박당한 것이라면 이해하겠으나, 거꾸
로 자유를 보장받게 된 것이다. 이 얼마나 부끄러운 일인가.

산보産報, 産業報国会*가 해산했다. 황국근로관이란 이름 아래 노동
계급에 군부, 자본가의 노예이기를 강요한 산보.

헌법 제정 당시 일본 측 실무 담당자로서 연합국 총사령부GHQ
의 헌법기초위원들과 논쟁을 벌였던 사토 다쓰오佐藤達夫 내각 법
제국 제1부장(나중에 장관)의 회상에 따르면, 원래 헌법 제11조
와 제97조는 하나로 GHQ 헌법기초위원 쪽에서 제시한 것이었
으나 일본 측이 그런 역사적 경위는 필요 없다고 해서 제11조
의 문구로 정리했다고 합니다. 그런데 GHQ 헌법기초위원회 최
고책임자였던 코트니 휘트니Courtney Whitney, 1897~1969 준장이 "인류의

---

* 　일본의 전시체제하에서 전쟁협력을 위해 결성된 노동단체 조직.

다년간에 걸친 자유획득 노력의 성과이며, 이들 권리는 과거 수많은 시련을 견뎌"낸 것이라며 이는 자신이 생각해낸 구절이니 어떻게든 넣으라는 강경한 주문이 있었고, 그 결과가 제97조가 됐다고 합니다(사토 다쓰오,《일본국 헌법 탄생기》).

휘트니 준장은 미국 본국에서도 실현되지 않은 갖가지 권리들을 극동의 작은 패전국에서 실현시키려고 일종의 실험을 시도해본 것이겠지요.

기본적 인권이 확립되기까지의 긴 투쟁의 역사를 떠올린, 법률가이기도 했던 휘트니 준장의 높은 이념과, 패전의 결과 기본적 인권이 "힘들이지 않고 품속으로 굴러들어온" 일본 측 인사들 사이의 인식 차이가 매우 흥미롭다는 생각이 듭니다.

앞서 얘기한 '저항의 헌법'인 한국 헌법에 견줘 '반성의 헌법'인 일본국 헌법을 생각할 때, 일본 측 위원으로서는 휘트니 준장과 같은 고양된 기분이 될 수 없어서, "인류의 다년간에 걸친 자유획득 노력의 성과이며, 이들 권리는 과거 수많은 시련을 견뎌냈다"와 같은 구절을 헌법전憲法典에 써넣기에는 약간 부끄러운 기분—그것이 지나친 표현이라면 '시기상조'라고 표현해도 좋겠습니다—이 들었겠지요. 그런 의미에서 앞서 얘기했듯이 일본국 헌법은 미완의 헌법입니다.

헌법재판까지 포함한 전후의 여러 권리투쟁—최근에는 안보 관련법 위헌소송, 오키나와 헤노코辺野古의 미군기지 건설 반대 투쟁, 그리고 이 책의 주제인 전쟁배상, 식민지배 청산—은 이

미완의 헌법을 보완하려는 것입니다. 그것은 "이 헌법이 국민에게 보장하는 자유 및 권리는 국민의 부단한 노력으로 지켜내지 않으면 안 된다"(헌법 제12조)라는 실천을 통해 일본국 헌법 제97조가 드높이 선언한 이념을 실현하고, 나아가 한국 헌법에서 말하는 권력의 횡포에 대한 '저항'의 이념에 도달하려는 실천적 노력입니다.

독일-프랑스의 화해에서 배우다

2004년 6월, 프랑스의 노르망디에서 거행된 연합군의 노르망디 상륙작전 60주년 기념식전에 독일의 슈뢰더Gerhard Schröder, 1944~ 총리가 참석했습니다.

당시 시라크Jacques Chirac, 1932~2019 프랑스 대통령에게 "식전에 독일 지도자를 초대하는 것이 바람직하다"라고 진언한 것은 전시 중 프랑스 저항운동 통일조직 '레지스탕스 전국평의회' 부사무국장을 지낸 로베르 상베롱(90세) 씨였습니다.

상베롱 씨는 "프랑스인에게 대독전의 종식은 파시즘 이데올로기의 해체를 의미했다. 유럽 시민이 파시즘에서 해방됐다. 나치즘에서 독일 국민이 해방된 것이기도 했다. 우리는 독일 국민과 전쟁을 한 것이 아니다. 히틀러주의, 파시즘과 싸웠던 것이다"라고 말했습니다(2005년 5월 9일, 〈마이니치신문〉 석간).

2019년 8월 2일 베를린발 〈교도통신〉 기사는 "바르샤바 봉기 75주년 추도, 나치 제압, 독일 외무장관 용서를 빌다"라는 제목 아래 다음과 같이 보도했습니다.

제2차 세계대전 말기인 1944년, 폴란드의 수도 바르샤바에서 시민들이 나치 독일군의 점령에 대항해서 일어선 '바르샤바 봉기' 개시로부터 75주년을 맞은 1일, 시내에서는 희생자들을 추도했다. 독일의 마스 외무장관도 현지를 찾아 독일 측의 행위에 대한 용서를 빌었다. 봉기는 60일 남짓 계속됐으나 약 20만 명의 희생자를 내고 독일군에 진압당했다. 보도에 따르면, 마스 씨는 이날 폴란드의 차푸토비치 외무장관과 시내의 바르샤바 봉기박물관을 찾아가 '독일의 이름 아래 폴란드에 저지른 짓을 부끄러워한다'라고 말했다.

가해의 역사를 계속해서 마주하지 않으면 독일이라는 나라는 유럽에서 존재할 수 없는 것입니다.

필자는 2018년 11월 13일의 〈아사히신문〉 조간을 보고 놀랐습니다. 제1차 세계대전 종전 100주년에 맞춰 주일 독일·프랑스 대사들이 연명으로 "프랑스와 독일은 전쟁의 고통을 알고 있기에, 과오를 되풀이하지 않도록 양국 간에 한층 더 긴밀한 우호관계를 촉진시키기로 결연히 다짐한다"라는 내용의 기고문을 실은 것입니다. 지정학적인 차이가 있다는 것을 인정하면서도 언젠가 동북아시아에서도 이런 관계성을 창출해가고 싶습니다.

역사 문제의 해결은 안전보장 문제와 직결돼 있습니다.

2001년의 독일연방군 개혁위원회 보고서의 서두에는 "독일은 역사상 처음으로 이웃 나라 모두가 벗友人이 됐다"라고 쓰여 있었습니다. "이웃 나라 모두가 벗", 이것이야말로 궁극의 안전보장이 아닐까요. "이웃 나라 모두가 벗"이 되기 위해서는 이웃 나라와의 사이에 있는 역사 문제를 해결하지 않으면 안 됩니다.

필자는 2009년 10월의 니시마쓰 건설 히로시마 야스노의 화해 이후 2016년의 미쓰비시 머티리얼 화해 성립에 이르기까지 화해사업의 고비마다 〈마이니치신문〉 석간 문화란에 글을 기고해왔습니다. 기고문 제목으로 "역사를 똑바로 보는 용기를"(2009년 11월 4일), "일중 진정한 전후 화해로, 강제연행의 가해와 수난을 새긴 '기념비'"(2010년 11월 9일), "'수난의 비'를 '우호의 비'로"(2012년 11월 12일), "일중의 긴장완화에 공헌"(미쓰비시 머티리얼 화해에 대한 기고, 2016년 6월 7일) 등이 있습니다. 제목의 변화를 보시면 아시겠지만, 화해사업의 수행 과정 속에서 필자의 문제의식은 바뀌어왔습니다. "일중 긴장완화에 공헌"이라는 제목의 기고문 말미에 나는 이렇게 썼습니다. "'화해'는 화해의 성립으로 끝나는 것이 아니라 화해사업의 수행 과정을 통해 한층 더 깊어지고 풍성해질 수 있다. 그것은 민간 차원의 일중 우호운동 가운데 하나다. 그리고 본 화해는 역사를 진지하게 마주하면서 피해자에 대한 사죄와 자그마한 위로와 감사를 전하는 것인데, 이는 작금의 일중 안전보장을 둘러싼 환경정비에 기여한다."

역사 문제와 안전보장 문제는 그 바탕이 하나로 이어져 있다는 것을 실감합니다.

아베 정권은 트럼프 전前 미국 대통령이 하라는 대로 막대한 세금을 써서 이지스 어쇼어Aegis Ashore,* F35B 전투기 등의 무기를 엄청 사들이고 있습니다.

전 강제징용자 문제 등 역사 문제는 이런 비용보다 훨씬 적은 금액으로 해결할 수 있습니다. 역사 문제를 해결함으로써 이웃 나라와의 '신뢰'에 바탕을 둔 진정한 안전보장을 실현할 수 있는 것입니다.

2004년의 3·1운동 기념식전에서 당시 노무현 대통령이 식민지배에 대해 "일본은 이미 사죄했다. 이제 더 이상 사죄할 필요는 없다. 사죄에 걸맞은 행동을 해주기를 바란다"라고 연설했습니다.

일본에서는 정부가 공식적으로 전쟁책임, 식민지배에 대해 사죄를 하면 정권 주변에서 이를 부정하는 망언, 예컨대 난징학살은 없었다, 식민지배는 좋은 일도 했다는 등의 얘기들을 쏟아놓습니다. "사죄와 망언의 전후사"(《아사히신문》 논설주간 와카미야 요시부미若宮啓文)입니다. 피해자들 입장에서 보면, 이런 발언들은 정말로 사죄했나 싶은 생각을 하게 만듭니다. 독일에서도 네오나치 등의 움직임이 있습니다. 그러나 독일에서는 그런 움직임에

---

* 이지스 구축함에서 운용하는 미사일 요격체제를 지상기지에 구축하는 것.

대해서 정권이 단호하게 부정의 자세를 보여주고 있습니다. 이것이 중요합니다.

일본·중국·한국, 동북아시아 공동체의 형성을 위해서는 일본이 진지하게 자국의 근현대사를 마주하는 수밖에 없습니다.

청산되지 않은 역사를 마주하다

하나오카 화해로부터 20년, 바뀌지 않은 일본정부의 견해

그리하여 숙제가 남은 전후보상 문제에서 냉엄한 법률론에 의해
거부당해온 피해자들에게 뒤늦게나마 빛이 비치게 됐다. 정부는
'국가의 책임'이라는 남겨진 문제의 해결을 서둘러야 한다. (…)
이 문제를 생각할 때 간과해선 안 되는 것은 독일이나 미국 등의
움직임이다. 독일은 대기업이 기금을 만들어 나치의 피해에 보상
을 해주고 있다. 미국, 캐나다에서는 정부가 일본계 사람들을 차
별한 것을 사죄하고 보상해주고 있다. 전시체제가 일본과는 달
랐다고는 하나 어느 쪽이 도의적으로 더 나은지는 명백하다.
강제노동 외에도 구 식민지 주민의 연금 차별, 종잇조각이 돼버
린 군표軍票 처리, 군사우편저금 지불 등 해결하지 못한 전후보상

문제가 산적해 있다. 종합적으로 대처할 필요가 있다. 이를 두고 국제적으로도 주목받고 있다. 국제노동기구[ILO]의 전문가위원회는 강제노동의 보상을, 국제인권위원회의 인권촉진보호 소위원회는 '종군(일본군) 위안부'에 대한 보상을 각각 일본정부에 촉구하고 있다. '보상 문제는 샌프란시스코 조약과 2국간 조약으로 해결이 끝났다'라는 일본정부의 주장은 이미 통하지 않는다.

2000년 11월 29일의 하나오카 화해에 즈음해서 쓴 〈도쿄신문〉 사설의 일부입니다.

2009년의 니시마쓰 건설 화해 성립 당일, 각 신문들 석간은 화해의 성립을 적극적으로 평가했고, 다음 날 사설에서도 강제노동 문제의 해결을 위해 일본정부가 적극적으로 움직여야 한다고 주장했습니다. 화해 성립의 토대가 된 최고재판소 판결의 부언에서 얘기하는 '당사자'에는 수난자·유족 그리고 가해 기업만이 아니라 구책으로 강제연행·강제노동을 강행한 일본국가도 당연히 들어 있기 때문입니다.

그리고 2016년의 미쓰비시 머티리얼 화해 성립 때도 〈요미우리신문〉 〈산케이신문〉을 뺀 다른 나머지 신문들이 긍정적으로 보도한 것은 이미 얘기한 대로입니다. 그러나 일본정부는 전혀 움직이지 않았습니다.

강제연행·강제노동 문제를 둘러싼 일본정부의 자세가 하나오카 화해가 성립한 지 20년이 돼가고 있는데도 전혀 바뀌지 않았다는 사실에 경악합니다.

바뀌기는커녕 일본정부는 신일철주금, 미쓰비시 중공업 등의 전 강제징용자 문제가 민간 차원의 문제임에도 중국인 강제노동 화해 사례와는 달리 적극적으로 참견을 하면서 이들 회사의 자발적인 행동을 가로막고 사태를 더욱 곤란한 상태로 몰아가 버렸습니다.

이런 일본정부의 의향을 촌탁忖度* 했기 때문일까요. 이 책의 서두에서 얘기했듯이 2018년 10월 30일의 한국 대법원 판결에 대해 다음 날 (일본의) 각 신문들은 다음과 같이 일제히 비판했습니다.

"징용자 재판, 축적을 무시하지 않는 대응을"

《아사히신문》

"한국 대법원의 징용자 판결, 조약의 일방적인 해석 변경"

《마이니치신문》

"일한관계의 근간을 흔드는 전 징용자 판결"

《니혼게이자이신문》

"'징용자' 판결, 일한협정에 반하는 배상명령이다"

《요미우리신문》

* 말을 하지 않아도 미리 스스로 알아서 윗사람의 비위를 맞춤.

"'징용자' 배상명령, 항의만으로는 해결 못한다"

《산케이신문》

그런 가운데 2018년 10월 31일자 〈도쿄신문〉 사설만이 "전 징용자 판결, 일한 마찰 줄이는 노력을"이라는 제목으로 "전후 70년 넘게 세월이 흘렀는데도 아직도 소송이 이어지는 배경도 생각해봤으면 좋겠다. 가혹한 환경에서 일해야 했던 것을 법정 에서 증명하고 사죄를 받고 싶다는 원고들의 절실한 생각이 있 다. 원고 중 한 사람은 '하루 12시간 사역당했다'라고 증언했다. 국가 간의 협정의 그늘에서 뒷전으로 밀려난 마음의 고통을 무 시할 수 있을까'라며 판결에 대한 일정한 이해를 나타냈습니다.

피해자들의 눈높이에 서서 식민지배의 실태를 마주 대한다 면, 한국 대법원 판결을 국가 간의 합의들에 반한다고 비판하는 것만으로는 아무런 해결책이 되지 않음을 이해할 수 있게 될 것 입니다.

왜 청산되지 않은 역사를 회피하는가

그 모습이 군함을 닮아서 통칭 '군함도'라 불리는 나가사키 시의 하시마 탄광 갱지는 폐허 관광 붐이 일고 있는 영향 등으 로 크루즈선이 운행되는 등 큰 인기를 끌고 있습니다.

군함도에서는 전시 중에 많은 조선인, 그리고 전쟁 말기에는 많은 중국인들이 강제연행·강제노동을 당했는데, 크루즈선 관광객들에게는 이에 대한 자세한 설명을 하지 않고 있습니다.

군함도 옆에는 마찬가지로 미쓰비시 광업이 경영했던 다카시마 탄광이 있는데, 전에도 언급했지만 거기에서 일했던 어느 유명 여배우의 부친은 너무 가혹했던 노동을 견디지 못해 동료 3명과 함께 탈주한 뒤 통나무를 붙잡고 바다를 가까스로 건너 맞은편 해안에 도착한 체험을 딸에게 남기는 '유서' 형태의 책 속에서 얘기했습니다.

여명기의 일본 자본주의는 그 저변에서 죄수⊠ᄉ노동(홋카이도), 조선반도에서 강제동원한 강제노동으로 그것을 지탱하게 했습니다.

2015년, 군함도 등 "메이지 일본의 산업혁명 유산"이 유네스코 세계문화유산으로 등록될 때 일본은 세계유산위원회에서 "의사에 반해 끌려와서 엄혹한 환경 아래 강제노역을 당한 많은 조선반도 출신자"들이 있었다는 것을 인정하고 당시의 징용정책에 대해 이해할 수 있도록 하는 조치를 강구하기로 약속했습니다.

그런데 일본정부는 이번에 유네스코에 제출한 보전상황 보고서에서 하시마(군함도) 등의 문화유산을 설명하는 시설인 '산업유산 정보센터'를 하시마 근처가 아니라 도쿄도 신주쿠에 올해 안에 오픈할 것이라고 했습니다. 그렇게 되면 군함도 크루즈 견학을 온 사람들에게 그런 역사적 사실이 전달되지 못합니다. 또 그 설명문 중에도 강제연행·강제노동에 관한 설명은 없었습니다. 원래 일본정부가 2017년에 제출한 보고서에서는 징용정책에 대해 언급하면서 "전전戰前부터 전후에 걸쳐 일본의 산업을 떠받친 많은 조선반도 출신자들이 있었다"라는 내용이 들어 있었습니다.

이렇게 되면 "의사에 반해 끌려와서 엄혹한 환경 아래 강제노역을 당한 많은 조선반도 출신자"들에 대한 설명이 되지 않습니다. 이번 보고서에서도 이런 기본자세는 바뀌지 않았습니다.

한국 외교부는 이 보고서를 문제 삼아, 일본은 2015년에 세계문화유산 등록이 결정됐을 때 "(조선반도 출신자인) 강제노역 희생자들을 기억하는 조치를 취하기로 약속"했으므로, 약속대로 조치를 취하라고 요구했습니다(2019년 12월 4일, 〈아사히신문〉). 당연한 얘기입니다.

편지 한 통의 비판으로 방송 수정을 요구하다

2020년 5월 21일자 〈아사히신문〉은 "라디오 프로의 일부, 후쿠오카현이 삭제 요청. 청취자의 비판을 받고, 출연자는 거부"라는 제목의 기사를 보도했습니다. 후쿠오카현이 인권계발을 위해 규슈 아사히방송(KBC)에 위탁하고 있는 라디오 프로그램의 내용을 둘러싸고, 후쿠오카현이 청취자로부터 클레임이 있었다는 것을 이유로 아카이브화할 때 일부를 삭제하도록 요청한 것인데, 출연자가 이를 거부해 내용은 변경되지 않았다는 것입니다.

프로그램 제목은 〈나카니시 가즈히사, 사람 일기〉로 배우 나카니시 가즈히사中西和久 씨가 인권 문제를 다루는 사람을 인터

뷰한 내용에 코멘트를 붙이는 구성입니다. 지난 2019년 8월, 이 프로그램에서는 제2차 세계대전 중에 후쿠오카현 미즈마키마치水巻町의 탄광에서 강제노역을 당한 네덜란드인 전 포로와 마을 주민 간의 교류 문제를 다뤘습니다. 그런데 코멘트 부분에서 나카니시 씨가 기록작가 하야시 에이다이林えいだい 씨의 저서 일부를 인용해 "지쿠호筑豊(후쿠오카현의 내륙 지역)에는 조선인, 중국인, 전쟁포로 등 강제연행당한 사람들이 보내져 대탄광에서 노역을 당했다" "일본인 광부가 먼저 안전한 장소를 택했고, 강제노동을 한 그들에게는 가혹한 현장이 기다리고 있었다"라고 얘기한 것을 두고 방송 다음 날, "징용자 문제가 정치문제화하고 있는 중에 현의 세금으로 정부 견해에 반하는 방송을 해야 하느냐"라고 지적하는 편지가 한 통 도착한 것입니다. 나카니시 씨는 "한 통의 비판으로 수정을 요구하는 감각을 알 수가 없다. 표현의 자유는 인권 문제의 핵심"이라고 코멘트를 했습니다. KBC도 "아카이브화는 방송 내용 그대로 등록하는 것이 원칙"이라고 회답했다고 합니다.

2016년, 시부야에 위치한 한 사립중학교의 입시문제에 군함도에 관한 문제가 출제됐습니다.

"다음의 사진에 보이는 나가사키현의 하시마는 바다에서 바라보이는 모습이 군함과 닮아 군함도라고도 불리고 있습니다. 이 작은 섬에서 개발된 탄갱이 하시마 탄갱인데, 1974년에 폐산

閉山해 그 뒤에는 무인도가 됐습니다"라는 설명문이 붙은, 바다에서 촬영한 군함도 사진과 자료 ①로 군함도의 평면도(건물 표시가 있다), 그리고 자료 ②로 1945년 전후 몇 년간의 군함도 1인당 채탄량採炭量 추이를 나타낸 막대그래프가 제시되고, 다음과 같은 문항이 어어졌습니다.

"문제 1. 사진과 자료들을 보았을 때 하시마에서는 어떤 주택이 지어졌을까요? 그 특징을 말해주세요. 또 그런 주택을 건설한 이유에 대해 대답해주세요."

"문제 2. 자료 ②를 보면, 태평양전쟁 종전 직후부터 몇 년간은 1인당 출탄료出炭料가 너무 적은 것을 알 수 있습니다. 이것은 노동방식의 변화로 설명할 수 있습니다. 노동방식은 어떻게 변화했는지, 그 이유와 함께 60자 이내로 대답해주세요."

지하철의 '니치노켄日能研'*의 광고에서 이 입시문제를 봤을 때 저는 놀랐습니다. 소학교(초등학교) 6학년생 12살 어린이가 문제에 제시된 설명문 이외에 군함도의 역사에 대해 어떤 지식도 주어져 있지 않은 상태에서 과연 제대로 대답할 수 있을지 의문이 들었습니다.

광고의 한쪽 구석에 작은 글자로 다음과 같은 니치노켄의 '모범해답'이 쓰여 있었습니다.

"문제 1에 대한 해답. 고층 건물. 그 이유는 토지가 좁기 때문

* 일본의 진학학원·입시예비학교.

이다."

"문제 2에 대한 해답. 전후에는 노동기준법이 제정 적용돼 노동시간이 짧아졌다."

인터넷으로 조사해보니, 문제 1에 대해서는 그렇다 치고, 문제 2에 대해서는 회답하기 어려웠던 것 같다는 출제교사의 코멘트가 실려 있었습니다. 당연하겠지요. 군함도의 역사, 특히 조선인(중국인도 포함)의 12시간 노예노동 등의 사실들을 학교교육에서는 거의 가르치지 않고 있는 가운데 이런 입시문제와 씨름할 10대 소년, 소녀들이 가엾습니다.

문제 2에 대한 모범해답을 살펴보면 시간 단축에 대한 서술은 사실 그대로입니다. 그렇지만 일본의 패전을 계기로 장시간에 걸친 강제노동이 끝난 것이라는 사실에 대해서는 얘기하지 않고, 노동기준법의 적용 같은 번드르르한 겉모습(노동기준법 시행은 1947년 9월 1일부터)만 얘기해서는 아무것도 얘기하지 않은 셈입니다. 좋지 않은 사실에 대해 침묵하는 것이 과연 '모범해답'인가요.

한일관계의 개선을 위해

'한국은 적인가' 성명서 지지 서명운동

나라가 바뀌지 않는 이상, 먼저 민간 쪽부터 조금씩이라도 바뀌어갈 수밖에 없습니다.

2019년 7월 26일, 와다 하루키 도쿄대 명예교수, 오카모토 아쓰시岡本厚《세카이》전 편집장, 자이마 히데카즈在間秀和 변호사 등 한일관계의 악화를 걱정하는 78명의 호소로, 7월 초 일본정부가 표명한 한국에 대한 수출규제에 반대하고 즉시 철회를 요구하는 "한국은 적인가" 성명서 지지 서명운동을 인터넷상에서 시작했습니다. 서명을 요청한 성명서에 대해서는 여러 의견들이 있었지만, 다음의 3가지 문제의식을 공유하고 지지 서명 방식으로 국내에 널리 호소하고자 했습니다.

① 한일은 적인가 ② 한일은 미래지향의 파트너다. ③ 1965년

의 한일 청구권협정으로 모든 것이 해결된 것은 아니다.

이와 더불어 일본의 민중 모두가 아베 정권의 대한정책을 지지하고 있는 것은 아니라는 점을 한국 쪽에 어필하기로 한 것입니다.

서명운동은 그해 8월 15일을 제1차 마감으로 해서 8,000명 이상의 동의를 받아냈고, 8월 말에 이르러서는 동의한 인원이 9,436명에 달했습니다.

동의서명과 동시에 요청한 '한마디' 코너에도 4,000명 이상의 많은 분들이 의견을 보내왔습니다. 보내온 의견들 중에는 한일의 현재 상황을 우려하면서 관계개선을 바라는 것이었고, 그것을 위해 자신들도 무엇을 할 수 있을지 생각하고 있었는데, 이 서명운동이 그 장을 제공해주었다, 감사하다 등의 얘기도 많았습니다.

이 서명운동은 한국에서도 크게 보도돼, 8월 12일에는 한국의 전 총리, 전 국회의원, 학자, 저널리스트 등 67명이 참여한 성명 "한일관계의 위기를 넘어 동아시아 평화로"가 발표됐습니다.

8월 5일, 히로시마 평화기념공원에 있는 '한국인 원폭희생자 위령비' 앞에서 50번째의 위령제가 열렸습니다. 한일 정부 간의 대립이 심각해지고 자매도시 교류사업 등에도 그 영향이 퍼져가고 있는 가운데 한일 양국의 시민, 학생들 약 300명이 참가해 이국땅에서 원통하게 죽어간 사람들의 명복을 빌었습니다 (2019년 8월 5일자 〈아사히신문〉 석간, 같은 날 〈주고쿠신문〉).

8월 31일, 도쿄에서 '한국은 적인가 서명운동' 긴급집회가 열려 서명 호소인과 지지자들이 발언을 했습니다. 급히 서두른 호소였음에도 불구하고 많은 사람들이 참가해 집회장이 차버리는 바람에 급기야 무대 위에도 객석을 설치했고 통역실도 활용하게 됐습니다. 그래도 자리가 부족해 복도에서 집회장 안쪽의 소리를 듣는 사람들도 많았습니다. 일부는 사정을 얘기하고 돌려보내야 할 정도였습니다. 얼마나 많은 사람들이 한일 양국의 현상을 걱정하고 뭔가 해야겠다고 생각하고 있는지를 잘 알 수 있었습니다.

9월 7일, 도쿄 시부야渋谷의 하치공 동상 앞에서는 일본에서 퍼져가는 이상한 혐한 무드에 항의하고 조선반도에 뿌리를 둔 사람들에 대한 차별에 반대하면서 이제부터라도 함께 살아가자는 의사를 표명하는 긴급행동 '한일연대 액션 0907'이 펼쳐져 젊은이들을 포함해 많은 사람들이 참가했습니다.

또 이런 가운데 서울에서는 일본의 젊은이가 길을 가는 한국인에게, 그리고 하카타博多에서는 한국의 젊은이가 길을 가는 일본인에게 '허그'를 신청하는 퍼포먼스가 행해졌고, 한일의 시민들이 각기 이를 따뜻하게 받아주었다는 소식도 전해졌습니다.

언론노조의 활동

2019년 8월 2일, 한국언론노조는 "저널리즘의 본령과 보편적인 인권가치를 지켜라"라는 성명을 발표했습니다.

이에 호응해 그해 9월 6일 일본신문노동조합연합(신문노련, 위

원장 미나미 아키라南彰)은 "'혐한' 부채질 보도는 그만두자"라는
제목의 성명을 발표했습니다. 이런 움직임을 받아 9월 28일, "사
실에 기초한 보도로 국경을 넘어 평화와 인권이 존중되는 사회
를 지향하자"라는 제목의 다음과 같은 한일 양국 미디어 노동
자 공동선언이 발표됐습니다.

역사 문제로 시작된 한일 양국의 정치대립이 여러 분야의 교류
를 가르고 양국의 거리를 벌려놓고 있는 역사의 사실을 외면하
는 자는 미래를 얘기할 수 없다. 과거의 반성 없이는 미래를 논
할 수 없다. 배외적인 언설이나 편협한 내셔널리즘이 활개를 치
고 시민의 둘도 없이 소중한 인권이나 평화, 우호관계가 짓밟혀
서는 안 된다. 지금이야말로 하나하나 쌓아올린 사실을 올바르
고 자유롭게 보도해가려는 우리 미디어 노동자의 본분이 시험
대에 올라 있다. 오늘 일본의 '매스컴 문화정보 노조회의'와 한
국의 '전국언론노동조합'에 모인 미디어 노동자들은 평화와 인권
을 지키고 민주주의를 지지하는 미디어 본래의 책무를 다시 한
번 자각하면서 다음과 같이 선언한다.

1. 우리는 앞으로 모든 보도에서 사실을 추구하는 저널리즘의
   본령을 지키고, 평화와 인권이 존중되는 사회를 지향한다.

1. 평화와 인권이 유린당한 과거의 잘못을 되풀이하지 않도록
   내셔널리즘을 조장하는 보도에는 가담하지 않는다.

2019년 9월 28일

아베 정권의 한반도정책 전환을 요구하는 성명

2019년 10월 10일, 한국의 이홍구 씨 등 3명의 전 국무총리, 전 국회의원, 전 주일대사 등 전 공직자, 문화예술가, 종교인, 학자, 언론인, 시민사회인 등 광범위한 분야의 지식인 105명이 "동아시아 평화의 진전을 위해 일본 아베 정권의 한반도 정책 전환이 필요하다"라는 제목의 성명을 발표했습니다.

이 성명은 그 말미에서, "우리는 한국·중국·일본이 동아시아의 평화체제로 나아가기 위해 새로운 레이와令和시대가 열리면서 일본 아베 정권의 한반도 정책이 전환되기를 기대한다. 일본에서 아베 정권의 정책에 이의를 제기하고 한국과의 대화에 나서도록 요구하는 성명이 발표된 것은 일본사회의 양식과 건강성을 보여준 것이라고 할 수 있다"라고 지적했습니다.

이처럼 한일 민중끼리 또는 같은 직역職域 간에 서로 응원을 교환하면서 강제징용자 문제 판결을 둘러싸고 악화된 한일관계의 개선을 꾀하기 위해 노력하겠다고 서로 다짐하는 것은 참으로 소중한 일입니다.

한일 법률가 공동선언

2019년 11월 8일, 한국의 민주사회를 위한 변호사모임(약칭 '한국민변') 등 6개 단체와 일본의 강제징용자 문제 해결을 바라는 일본 법률가 유지有志회(약칭 '일본유지회') 등 7개 단체의 연명으로 강제동원 문제에 관한 한일 법률가 공동선언이 다음과 같이 발표됐습니다.

전 징용자 문제가 오직 정치적·외교적 문제로 다뤄지고 있습니다. 그러나 본질적으로는 징용자나 근로여자정신대 등으로 (본인) 의사에 반해 동원되고 급료도 제대로 지급받지 못한 채 가혹한 노동을 강요당하는 중대한 인권침해를 당한 피해자(강제동원 피해자)들의 인권회복 문제입니다.

이 문제의 해결은 악화되고 있는 한일관계를 개선하고 한일 양국 시민 상호 간의 이해·상호신뢰를 쌓아 진정으로 인권이 보장되는 사회를 만들기 위해서는 피해갈 수 없는 과제라고 할 수 있습니다.

이런 입장에서 우리는 법률전문가로서 강제동원 문제의 해결을 위해 다음과 같이(그 내용은 생략) 개인배상 청구권 등의 법적 문제에 관한 견해를 표명함과 동시에 한일 양국 정부 및 일본기업에 대해 해결을 위해 나서도록 요구합니다.

또 2020년 1월 6일, 한일 법률가들은 운동단체와의 연대를 꾀하며 다음과 같은 성명을 발표했습니다. 좀 길지만, 이 문제를 해결하려 할 때의 기본적인 생각이 명확하게 제시돼 있기 때문에 전문全文을 인용해보겠습니다.

강제동원 문제의 진정한 해결을 위한 협의를 호소합니다.

1. 현재 강제동원 문제에 관해 한국 국회의장이 제안한 법안 등 여러 해결구상들이 보도되고 있습니다. 강제동원 문제의 해결구상이 검토되는 것은 바람직한 일입니다. 그러나 보도되고 있는 해결구상들 다수가 정말로 해결이 될 수 있을지 의문입니다.

2. 먼저 확인해두고 싶은 것은, 강제동원 문제에는 노무勞務강제동원 문제(이른바 강제징용자 문제) 외에 군인·군속으로 강제동원당한 피해자들의 권리구제 문제(군인·군속 문제)도 포함돼 있다는 점입니다.
강제동원 문제 전체를 최종적으로 해결하기 위해서는 군인·군속 문제까지 포함해서 해결구상이 검토돼야 합니다. 따라서 종합적인 문제 해결안과 함께 현실적인 조건을 고려한 단계적 해결책을 검토해야 합니다.

3. 노무강제동원 문제의 해결에 대해서 얘기하자면, 노무강제동원 문제의 본질은 피해자 개인의 인권 문제입니다. 따라서 어떠한 국가 간 합의도 피해자가 받아들일 수 있는 것이어야 합니다. 또한 국제사회의 인권보장 수준에 걸맞은 것이 아니면 진정한 해결이라고 할 수 없습니다(피해자 중심 접근). 피해자가 받아들일 수 있도록 하기 위해서는 노무강제동원 문제의 해결구상 검토과정에 피해자 대리인 등이 주체의 하나로

참가하는 등 피해자의 의향을 반영할 수 있는 기회가 보장돼야 합니다. 또 강제연행·강제노동은 중대한 인권침해로서 위법이며, 그 피해자에 대해서는 원상회복이나 배상 등 효과적인 구제가 이뤄져야 한다고 국제사회는 요구하고 있습니다.

4. 그러면 무엇을 노무강제동원 문제의 진정한 해결이라 할 수 있을까요.

(1) 진정한 해결이라 할 수 있으려면, ① 가해자가 사실을 인정하고 사죄할 것, ② 사죄의 증거로서 배상을 할 것, ③ 사실과 교훈이 다음 세대에 계승될 것이라는 점이 충족돼야 합니다.

(2) 이런 사항은 일본과 한국에서의 장년에 걸친 소송활동 등을 통해 피해자 및 지원자들이 요구해온 것입니다. 독일에서의 강제연행·강제노동 문제를 해결한 '기억·책임·미래 기금'이나 중국인 강제연행·강제노동 문제 해결사례인 하나오카 기금, 니시마쓰 기금 및 미쓰비시 머티리얼 기금에서도 기본적으로 충족됐습니다.

특히 노무강제동원 문제의 본질이 인권 문제인 이상, 문제해결의 출발점에 두어야 할 것은 인권침해 사실의 인정입니다. 인권침해 사실이 인정됨으로써 비로소 피해자 구제의 필요성이 도출되기 때문입니다.

(3) 이런 점에서 주목해야 할 것은 한국 대법원 판결의 원고

들이 한국에서 재판을 제소하기 전에 일본에서 제소한 재판에서 일본 재판소가 판단한 사실인정과 거기에 대한 평가입니다. 일본 재판소는 결론적으로 일본기업에게 배상책임이 있다는 것을 인정하지 않았지만, 사실문제로서는 원고들의 피해가 강제연행이나 강제노동에 해당하며 위법이라고 인정했습니다.

한일 양국의 재판소가 모두 인정한 이런 인권침해 사실을 일본정부나 일본기업이 인정하고 사죄하는 것을 이 문제 해결의 출발점으로 삼아야 합니다.

5. 진정한 해결을 실현하기 위해 누가, 무엇을 해야 할까요.

(1) 노무강제동원 피해자들은 국가총동원체제 아래 일본정부가 정책으로 기획한 노무동원계획(1939~1945년)에 따라 동원됐으며, 일본의 가해 기업들이 연행에 관여했고, 탄광이나 공장 등에서 강제노동을 당했습니다. 따라서 노무강제동원 문제에 대해 제1차적 법적 책임을 지는 것은 일본국 및 일본의 가해 기업들이라고 할 수 있습니다.

노무강제동원 문제 해결의 출발점은 인권침해 사실을 인정하는 것인데, 그것은 일본정부 및 일본기업들만이 할 수 있는 것이며, 그것이 일본국 및 일본의 가해 기업들이 수행해야 할 중요한 역할이라 할 수 있습니다. 나아가 오늘날 국제연합(유엔)은 '비즈니스와 인권에 관한 유엔 지도원칙'이나 '글로벌 콤팩트'라는 대응양식을 통해 인권분야에서도 기업이 책임 있는 리더십을 발휘해줄 것을 기대하고 있습니다. 한국 대법원 확정판결의 피고기업들인 일본제철이나 미쓰비시 중공업에게도 그런 역할을 수행할 책임이 있다고 할 수 있습니다. 이들 가해 기업이 현재 및 장래에 인권분야에서 책임 있는 리더십을 발휘하기 위해서는 과거 자신들이 저지른 인권침해 사실에 성실하게 대응하면서 그 문제를 해결하는 것이 불가결하다(반드시 해결해야 한다)고 할 수 있습니다.

(2) 한국정부는 한일 청구권협정에서 강제동원 문제를 제대로 해결하지 못했고, 그 뒤에도 피해자들의 권리구제를 등한시해온 도의적 책임이 있습니다. 강제동원 피해자 문제를 전체적으로 해결하기 위해서는 한국정부도 자신의 책임과 역할을 수행해야 합니다.

(3) 한국의 기업들 중에는 한일 청구권협정 제1조에 따른 '경제협력'으로 기업의 기반이 형성되고 그런 뒤에 발전을 해온 기업(수혜기업)들이 있습니다. 수혜기업들이 과거 역사를 성실하게 마주하면서 역사적 책임을 자각하고 자발적으로 이 문제의 해결에 관여하는 것은 해결을 위한 올바른 태도라고 할 수 있습니다.

(4) 이상과 같이 노무강제동원 문제를 비롯한 강제동원 문제에 대해 한일 양국 정부, 일본의 가해 기업 및 한국의 수

혜기업들은 이 문제 해결을 위해 수행해야 할 책임과 역할이 있습니다.

6. 진정한 해결을 실현하는 게 가능할까요.

해결 가능성을 검토할 때 참고가 되는 것은 중국인 강제연행·강제노동 문제 해결 사례들인 하나오카 기금, 니시마쓰 기금 및 미쓰비시 머티리얼 기금을 통한 해결 방식입니다.

여기에서는 피해자와 가해 기업 간의 '화해'를 통해 가해 기업이 자신의 가해와 피해 사실, 그리고 그 책임을 인정하고, 그 증거로 자금을 거출해서 기금을 창설했습니다. 그리고 그 기금사업으로 피해자에 대한 보상과 위령비 건립, 위령행사를 통해 기억·추도사업을 벌였고, 또 벌이려 하고 있습니다.

이 사업에 일본정부나 중국정부는 직접적으로는 관여하고 있지 않습니다. 가해 사실을 인정한 것도 유감스럽게도 일본의 가해 기업뿐이고 일본정부는 인정하고 있지 않습니다. 그것은 앞으로의 과제로 남아 있습니다. 그러나 이런 '화해'를 통해서 일중 양국의 피해자, 지원자, 일본기업들 사이에 상호 이해와 신뢰가 자라났습니다.

일본의 최고재판소는 중국인 강제연행·강제노동 사건에 관한 판결의 부언 속에서 피해자들을 구제해야 할 필요성을 지적했습니다. 또 일중 공동성명으로 재판을 통해 소구(청구권 행사)할 권한은 상실했으나 개인배상 청구권은 소멸하지 않았다는 해석을 제시함으로써 가해 기업들이 피해자들에게 임의로 또한 자발적으로 보상금을 지불하는 것이 법적으로 허용된다는 것을 보여주었습니다.

한국인 노무강제동원 문제에 대해서도, 일본의 재판소도 인권침해 사실을 인정하고 있어서 구제 필요성을 인정받을 수 있다고 할 수 있습니다. 그리고 한일 청구권협정 제2조에서 '청구권 문제'가 "완전히, 그리고 최종적으로 해결됐다"라는 것의 의미에 대해서는 국가의 외교적 보호권을 해결한 것이고, 개인배상 청구권은 소멸하지 않았다는 것이 일본정부와 일본 최고재판소의 판단입니다. 이 판단에 따르면 법적 차원이 아니라 가해 기업들이 임의로 또 자발적으로 보상금을 지불하는 등의 책임 있는 행동을 해야 합니다. 일본의 정부나 재판소의 견해에 비춰보더라도 한일 청구권협정은 노무강제동원 문제를 해결하는 데에 법적 장애가 되진 않는다고 할 수 있습니다.

따라서 적어도 일본의 가해 기업들이 해결을 결단하고, 일본 정부가 그것을 방해하지 않는다면 충분히 해결할 수 있다고 할 수 있습니다.

7. 우리는 노무강제동원 문제의 진정한 해결을 위해서는 이제까지 얘기해온 것을 토대로 관계자들 간의 협의가 이뤄지는 것이 바람직하다고 생각합니다.

그것을 위해 한일 양국 간에 강제동원 문제 전체의 해결구상을 검토하기 위한 공동의 협의체를 창설할 것을 제안합니다.

이 협의체는 강제동원 피해자들의 대리인 변호사, 한일 양국 변호사·학자·경제계 관계자·국회의원 등으로 구성돼 강제동원 문제 전체의 해결구상을 일정 기간 안에 제안하는 것을 목적으로 삼습니다. 한일 양국 정부는 이 협의체의 활동을 지원하고 협의안을 존중해야 합니다.

우리는 이런 노력이 한일 간의 엄중한 대립을 해소하기 위한 하나의 방법이자, 강제동원 문제의 해결로 가는 길이라고 생각하기에, 한일 공동 협의체 창설을 강력하게 호소합니다.

2020년 1월 6일

강제동원 문제의 올바른 해결을 바라는 한일관계자 일동

(한국) 김세은 변호사 외 33명

강제동원 피해자 소송지원단체 외 3단체

(일본) 가와카미 시로川上詩朗 변호사 외 7명

나고야 미쓰비시·조선여자근로정신대 소송을 지원하는 모임 외 7단체

이처럼 다양한 직역, 지역에서 한일 민중끼리의 교류를 통해 한국 대법원 판결을 계기로 악화된 한일관계의 개선을 위한 시도들이 이뤄지고 있습니다. 국가들 간에는 어찌 되든 민중끼리는 우호를 바라고 있는 것입니다.

이 공동선언은 모든 강제징용자 문제는 일중의 민간 차원에서 이뤄진 강제노동 문제 해결 사례를 참고해서 해결해야 하며, 그러기 위해서는 한일 양국 정부 및 양국 기업들이 중심이 돼 움직여야 한다고 촉구하고 있습니다. 그리고 한일 쌍방의 정계, 경제계, 법조계, 미디어계 등의 지식인들이 협의체를 만들도록 호소하고 있습니다.

식민지배의 가해자였던 일본정부, 일본기업에 책임을 요구하는 것은 당연하나 피해자 측인 한국정부, 한국기업들에도 일정한 전후 책임을 요구하고 있는 것은 종래에는 없었던 일입니다. 일본 쪽 의사만으로는 이런 선언이 나올 수 없습니다. 한국과의 공동선언이기에 한국정부, 한국기업에도 모든 강제징용자 문제 해결을 위해 힘써달라고 호소할 수 있었습니다.

사실 위의 공동선언이 있기 전인 2010년 6월 21일, 일본변호사연합회와 대한변호사협회는 서울에서 심포지엄을 열었으며, 그해 12월 11일, 다음과 같은 내용의 공동선언을 발표했습니다.

"일본국의 식민지배를 받았던 한국민에 대한 인권침해, 특히 아시아·태평양전쟁 때의 인권침해에 따른 피해가 한일 양국 정부에 의해 충분히 회복되지 못한 채 방치돼 있는 것에 대해 두 변호사회가 협동해서 그 피해 회복에 나서는 일의 중요성을 확인했다. 일본변호사연합회와 대한변호사협회는 현실적 과제로서 먼저 일본군 '위안부' 문제에 대한 입법화와 그 실현을 위한 대응이 필요하다는 인식을 공유하는 것과 함께 1965년의 한일 청구권협정에서 해결되지 못한 강제동원에 따른 피해를 포함한 과제들에 대해 법적 문제와 해결안을 검토하기로 했다. (…)"

그 이후 약 10년간 무엇을 해왔는지, 이번에 그것을 묻는 소리들이 나오고 있습니다.

에필로그

후기를 대신해서

《반일 종족주의》를 읽고

2019년 11월, 전 서울대 교수로 지금은 이승만학당 교장인 이 영훈 외 5인이 공저한 《반일 종족주의》의 일본어판이 문예춘추 에서 출판돼 논란을 불러일으켰습니다.

이 책은 강제징용자에 관한 한국 대법원 판결을 비판하고, 아 울러 문재인 정권이 북한에 유화적이라고 비판하는 센세이셔널 한 내용을 담고 있습니다.

일본어판 책 표지에 두른 띠지에는 작은 글자로 "분명 일본의 지배는 조선에 차별·억압·불평등을 초래했지만, 그렇다고 해서" 라는 구절을 쓴 뒤, 그 밑에 20배쯤 큰 글자로 "역사에 거짓말 을 할 수는 없다"라는 구절을 붙여놨습니다.

한국 대법원 판결을 계기로 일본 식민지배의 역사적 의미에 대해 한일 양국이 격한 대결 상태에 빠져 있는 가운데 한국의 '학자'들이 일본 식민지배에 일정한 공감을 나타내면서 식민지배를 전면 부정해온 한국사회의 "기만성"을 "밝혀낸" 책이라고 합니다. "한국을 뒤흔든 베스트셀러"이고, 일본어판도 2019년 11월 15일 발행된 이래 그해 12월 5일 4쇄까지 찍고 40만 부의 판매고를 기록했다고 합니다.

'한국의 거짓말 문화'라는 말의 허구

이 책의 서두에서 공저자인 이영훈 씨는 '거짓말의 나라'라는 제목의 프롤로그에서 "한국의 거짓말 문화는 국제적으로 널리 잘 알려진 사실입니다"라며, 그 근거로 한국에서는 위증죄로 기소되는 사람이 많다든가, 보험금 사기가 많다든가, 한국인 한 사람당 민사사건 건수가 세계에서 가장 많다든가, 나아가 정치에 거짓이 많다는 등의 얘기를 열거하고 있습니다. 시정의 일개 사인私人의 발언이라면 모를까, 이것이 학자를 표방하는 자의 발언인가 하고 놀라움을 금치 못했습니다. 일본도 오레오레 사기俺俺詐欺*라든가, 보험금 사기라든가 여러 사기 범죄들이 있고, 최근의 '사쿠라를 보는 모임' 의혹에 관한 아베 총리의 답변에서 보듯 정치인의 거짓말이 만연해 있습니다. 그러나 그래도 우리는 일본이 '거짓말 문화' 사회라고까지는 생각하지 않습니다.

---

* 일명 "나야, 나" 사기. 전화로 상대를 속여 돈을 갈취하는 '보이스 피싱' 류의 사기.

애초에 '거짓말을 문화로 삼는 나라'라고 단정지을 때 위증죄로 기소당한 건수를 끄집어내서 타국의 그것과 비교한다는 발상 자체가 놀랍습니다. 법정에서의 위증 유무와 그것이 기소되는지의 여부는 다른 문제입니다. 객관적 사실과 다른 증언이 곧 위증이 되는 것은 아닙니다. 그러기 위해서는 그 증언이 기억과 다른 내용이라는 것을 입증할 필요가 있습니다. 기억과 다른 증언을 감히 했는지 아닌지 그것을 입증해내는 것은 쉽지 않습니다. 위증죄의 입건에 신중한지 그렇지 않은지 여부는 그 나라의 검찰실무가 어떠한지가 영향을 끼칠 것이므로 단순히 기소 건수만을 비교하는 것은 아무 의미가 없습니다. 문제는 또 있습니다. 이영훈 씨는 기소 건수를 비교해서 단정하고 있지만, 그중에서 몇 건이 유죄 선고를 받았는지에 대해서는 전혀 언급이 없습니다. 이영훈 씨는 '형사재판에서의 무죄 추정의 원칙'이라는 기본적인 원칙도 모르는 걸까요.

그리고 국민 1인당 민사사건 건수가 많은(정말로 많은지 과문한 탓에 모르겠지만) 것이 어떻게 해서 '거짓말을 문화로 삼는 나라'로 연결되는 걸까요.

'대법원 판결은 거짓말 재판'이라는 허위 주장

강제징용자에 관한 한국 대법원 판결에 대해 이영훈 씨는 '거짓말의 재판'이라는 제목 아래 "대법원의 판결문은 해당 사건의 '기본적 사실관계'에 대한 서술로 시작하고 있습니다. 그 부분을 읽은 저의 소감은 한마디로 "이건 거짓말이야"였습니다. 저는 판결문의 법리에 대해선 논쟁하지 않겠습니다. 저는 법률가가 아닙니다. 제 비판의 초점은 딱 한 가지입니다. 그 '기본적 사실관계'는 사실이 아니다, 아니 거짓말일 가능성이 크다는 겁니다. 대법원은 원고들의 주장이 사실인지 여부를 검증하지 않았습니다. 판결문에서 그런 흔적을 찾을 수 없습니다"라고 썼습니다.

독재국가의 재판소라면 모를까 보통의 나라에서 당사자의 주장을 깊이 생각하지 않고 쓴 판결문은 있을 수 없습니다. 상고심으로서의 대법원 판결은 대법원 판결로서 단독으로 존재하는 것이 아니라 그때까지 쌓여온 하급심(일본의 경우는 지방재판소, 고등재판소)에서의 심리경과를 충분히 생각하면서 구체적으로 거기서 나온 주장, 제출된 증거, 당사자·관계자들에 대한 심문조서 등을 모두 깊이 생각한 토대 위에 상고이유의 시비에 대해 판단하는 것입니다. 본 대법원 판결은 '기본적 사실관계'로 다음과 같이 써놓았습니다.

"파기환송 전후의 각 원심 판결 및 파기환송 판결의 이유와 파기환송 전후의 원심이 적법하게 채택한 각 증거에 따르면 다음과 같은 사실을 볼 수 있다."

이영훈 씨가 대법원 판결에 대해 "사실인지 여부를 검증하지 않았습니다"라고 한 말의 의미를 필자는 도무지 이해할 수 없습니다. 이미 본문에서 말했듯이(6쪽 참고) 대법원 판결이 인정한 강제노동 실태에 대해서는 일본 재판소의 판결에서도 인정받았습니다. 다만 일본 재판소의 판결은 원고들의 손해를 인정하면서 그 배상청구권 자체는 소멸하지 않고 남아 있으나 한일 청구권협정으로 이미 재판을 통해서는 청구할 수 없다고 하면서 원고들의 청구를 기각한 것입니다.

이영훈 씨는 강제노동 피해자인 원고들의 주장에 대해, "일본제철은 월급의 대부분을 강제저축하고 기숙사 사감에게 통장과 도장을 보관케 했는데, 그 사감이 끝내 돈을 돌려주지 않았다는 겁니다. 그것이 원고가 입었다고 주장하는 피해의 기본 내용입니다"라고 정리하고는, "제 주장은 다음과 같습니다"라며 이렇게 썼습니다. "일본제철이 원고에게 임금을 지불하지 않았다는 주장은 성립할 수 없다. 강제저축 운운하는 판결문 자체가 그 점을 입증하고 있다. 임금이 원고에게 전달되지 않았다면 사감이 그 범인이다. 그러나 과연 그러했는지는 사감을 취조하지 않고서는 알 수 없는 일이다. 사감이 미성년인 원고를 대신하여 원고의 본가에 원고의 월급을 송금하였을 수도 있다. 요컨대 해당 사건은 원고와 사감 간의 민사사건이다."

중국인 강제노동 사건에서도 그러했지만, '강제저축'이라는 급료 미지불은 노동자가 도망가지 못하도록 현장에 붙들어두는 상투적 수단이었다는 것은 "공지의 역사적 사실"입니다.

대법원 판결도 얘기하고 있듯이 원고들은 급여의 미지불만을 문제 삼고 있는 것이 아닙니다. 피해자들은 일본에 가면 일하면서 공부할 수 있다, 기능도 습득할 수 있다는 등의 감언이설을 듣고 왔더니 노동 실태는 사전 설명과는 전혀 달랐고, 학교에 다니기는커녕 기술 취득 가능성도 없었고, 하루 10시간의 중노동에 '돌격기간'이라 하여 하루 12시간씩 이루어진 노동이 무시무시했다며 하소연했습니다. 그 강제노동의 실태에 대해서는 '하나오카 폭동'을 다룬 장에서 얘기한 대로입니다(75~78쪽). 중국인 사례와 조선인 사례는 다르지 않았습니다.

이영훈 씨가 대법원 판결이 인정한 원고들에 부과된 12시간 노동 등의 무시무시한 강제노동의 실태에 대해 전혀 언급하고 있지 않는 것은 불가해하다고 할 수밖에 없습니다.

강제동원, 임금차별이 허구라는 거짓 주장

이 책의 또 다른 공저자인 이우연 씨 논고는 "'강제동원'의 신화" "과연 '강제동원' '노예노동'이었나?" "조선인 임금차별의 허구성" 세 가지에 대해 검토하고 있습니다.

이우연 씨 논고의 요지는 다음과 같습니다.

① 조선인 노동자는 강제에 의해서가 아니라 모집, 관 알선에 자발적으로 응했다. 강제는 징용이 실시된 뒤부터 이루어졌다.

② 일본인도 폭력을 당했으며, 강제노동이 아니었다.

③ 일본인과 조선인의 임금 수취액에 2배나 차이가 났던 것은 일본인의 경우 잔업이 있었고 조선인들은 잔업이 없었기 때문이다. 임금에서의 공제액도 일본인은 식구가 많아서 적었

고, 조선인은 료^寮(기숙사) 비용 등이 공제됐으며 (강제)저금 비율도 조선인 쪽이 일본인보다 많았다.

①에 대해 이야기하자면, 분명 모집, 관 알선은 강제가 아니었 던 것으로 보이지만, 앞서 얘기했듯이 모집할 때는 감언을 늘어 놓기도 했고, 관 알선의 경우 행정구역마다 할당량이 정해져 있 기도 했습니다. 그리고 일단 현장에 투입되면 도망치기 어려웠 던 것에 대해서는 많은 당사자들의 증언이 있습니다. 이우연 씨 등은 왜 이런 피해자들의 얘기에 귀를 기울이지 않는 걸까요.

②에 대해서도 마찬가지입니다. 일본인 노동자도 구타당했을 지 모르겠습니다. 그러나 그것이 한국인 노동자들에 대한 강제 노동 사실을 부정하는 근거가 될까요.

이우연 씨는 "산업재해율, 즉 작업 중 사망률과 부상률에 있 어서 조선인 쪽이 일본인들보다 높다는 점입니다. 이것은 사실 입니다. 1939년 1월부터 1945년 12월까지 사할린을 포함한 일 본 본토의 탄광에서 사망한 광부는 모두 10,330명이었습니다. 1943년, 일본 주요 탄광에서의 사망률을 보면, 조선인이 일본인 보다 2배가량 더 높았습니다. 같은 해, 탄광 광부 중 조선인은 11만 3,000여 명이었습니다. 일본인은 22만 3,000여 명이었습니 다"라고 썼습니다.

조선인 갱부 수는 일본인의 약 절반, 그런데 사망률은 조선인 이 일본인의 약 2배. 이 사실은 조선인 갱부가 얼마나 위험한 곳에서 사역당했는지를 이야기해주고 있는 게 아닐까요.

그러나 이우연 씨는 다음과 같이 해설합니다.

탄광에서 가장 위험한 작업은 채탄부, 굴진부掘進夫, 지주부支柱夫의 일인데, 이 업무에 종사하고 있던 일본인 갱부가 군대로 끌려가자 그 자리를 메운 것이 "완력이 세고 위험한 작업도 감당할 수 있는 건장한 조선 청년"이었고, 그 결과 1943년 일본인 갱부 중에 갱내부坑內夫가 점하는 비율은 60퍼센트였던 것에 비해 조선인은 96퍼센트였다고 합니다. 그리고 "갱내부 중에서도 채탄부, 굴진부, 지주부 3개 작업이 차지하는 비율은 일본인의 경우 38%에 불과하였지만, 조선인은 70% 이상이었습니다. 이 3개 작업을 맡은 조선인의 비율은 일본인보다 1.9배나 높았습니다. 그 결과 가장 위험한 작업을 맡은 조선인들의 비율은 일본인들보다 2배나 높았고, 조선인의 사망률이 일본인의 2배에 가깝게 된 것"이고, "조선인의 재해율 즉, 사망률이나 중상률이 일본인보다 높았던 것은 조선인이 수행하는 작업과 조선 근로자의 육체적 특성이 작용한 결과"라고 합니다.

이런 해설을 사망한 본인, 유족이나 부상당한 조선인 노동자들이 "예, 그랬군요" 하고 받아들일까요.

위험한 일에 조선인을 종사하게 한 결과, 사망률이 일본인의 2배 가깝게 높았다는 사실은 변할 수 없습니다.

두 장의 잘못된 사진으로 모든 것이 부정될까

또 이우연 씨는 조선인 갱부의 가혹한 노동을 증명하는 것으로 사용되고 있던 사진이, 실은 조선인 갱부를 찍은 것이 아니었다는 사실이 판명됐다며 이로써 조선인 노동자 강제노동은 없었다고 주장합니다. 사진에 관한 지적은 사실 그대로일지 모르겠습니다. 그러나 사진에 대한 설명이 잘못된 것이라고 해서, 그것으로부터 곧 강제노동 허위설이 자동 도출되는 것은 아닙니다.

강제노동 실태는 해당 사진 이외에도 피해 당사자들과 그 밖의 관계자 등 많은 사람들의 증언 등으로 밝혀져 있습니다.

전체 중 일부의 잘못을 지적하면서, 그것으로 전체를 부정하려는 이우연 씨의 논법은 역사수정주의자들이 흔히 사용하는 수법입니다. 예컨대 난징 학살의 피해자들은 중국 측의 공식 견해로는 30만 명으로 추산됩니다. 그러나 당시 난징의 인구, 사망자 매장 수, 매장 능력 등으로 보아, 오늘날에는 이 30만 명이라는 수가 과장됐을 것이라는 게 통설입니다. 도쿄(전범)재판에서는 피해자 수가 10여 만 명이라고 했습니다. 그러나 그렇다고 해서 학살 그 자체가 부정되는 것은 아닙니다.

애당초 청구할 것이 없었다는 주장

이 책의 1부 10번째 장인 〈애당초 청구할 게 별로 없었다〉에서 공저자 주익종 씨는 한일 청구권협정으로 한국 측에는 원래 청구할 것들이 없었다면서 샌프란시스코 강화조약에 대해 "한국은 일본에 대한 전승국도 아니고 일본의 식민지 피해국도 아니었습니다. 단지 '일본에서 분리된 지역'이었습니다. 이게 아주 중요합니다. 이 한국의 국제법적 지위가 청구권 교섭의 틀을 결정했습니다. 전승국이나 식민지 피해국이라면 일방적 배상을 요구할 수 있었을 겁니다. 그러나 한국은 과거에 일본의 일부였다가 이제 일본에서 분리되었으므로 양국 국가와 국민 간에 재산 및 청구권을 상호 정리하게 되었습니다. 한국과 일본은 상호 간에 민사상 재산의 반환, 채무의 상환을 처리하라는 게 샌프란시스코 조약에서 말한 '특별조정'의 뜻입니다. 한국만이 청구권을 가진 게 아니라 일본에도 청구권이 있었습니다"라고 썼습니다. 그리고 이렇게 결론을 내립니다.

"식민지배에 의한 피해 배상·보상이 아니고는 한국이 애당초 일본에 청구할 게 별로 없었고, 그를 확인하는 선에서 1965년 청구권협정이 체결되었습니다. 이는 한일 간 최선의 합의였습니다. 한일협정을 폐기하지 않는 한, 한국이 무언가 못 받은 게 있으므로 일본은 더 내놓아야 한다고 주장할 수 없습니다. 한국인은 1965년 청구권협정으로 일본과의 과거사가 매듭지어졌음을, 과거사가 청산되었음을 인정해야 합니다. 이게 글로벌 스탠더드입니다."

1965년의 한일기본조약·청구권협정이 식민지배의 합법성 여부에 대해 한일 양국의 공통된 인식이 없는 상태로 미국의 강력한 '지도' 아래 영문을 정문(공식문서)으로 해서 애매모호한 '해결'을 함으로써, 장래에 분쟁의 불씨를 남긴 것, 또 그때 그 협정으로 포기된 것은 외교보호권이며 개인 청구권 자체가 포기된 것은 아니라는 주장이 일본정부의 견해였다는 것은 역사적 사실입니다. 이 점에 대해서는 당시 일본 쪽 외교실무 담당자 스노베 료조 전 외무성 사무차관, 구리야마 다카카즈 전 주미 일본대사 등의 감회를 인용해서 얘기한 대로입니다(30쪽, 64~65쪽). 그런 한일기본조약·청구권협정에 대해 "한일 간 최선의 합의였습니다" "일본과의 과거사가 매듭지어졌음을, 과거사가 청산되었음을 인정해야 합니다"라고 하면 할 말이 없습니다.

'매국'이라는 말은 좋아하지 않고, 쓰고 싶지도 않습니다. 그러나 피해자가 당한 고통을 상상해볼 때, 주익종 씨에 대해 '백성을 팔아먹는' 무리라는 말이 떠오르는 것을 어쩔 수 없습니다.

한국인 강제징용자에 관한 한국 대법원 판결이 제기한 것은 샌프란시스코 강화조약체제 아래서 뒷전으로 밀려난, 식민지배로 인해 유린당한 개인들의 피해 회복 문제입니다.

후기를 대신해서

일전에 어느 시민그룹의 모임에서 한일관계에 대해 강연한 적이 있습니다. 모임이 끝난 뒤 열린 모임에서 연배가 있는 여성으로부터 이런 말을 들었습니다.

그녀가 한국 문제에 관심을 가지게 된 계기는 이랬습니다. 중학교 시절에 재일 한국인 친구들이 있었는데 어느 날 수업 시간에 교사가 교과서를 읽어보라고 했고 그것이 마침 히데요시의 조선침략에 관한 대목이었다고 합니다.

교과서에는 '히데요시의 조선정벌'이라고 적혀 있었는데 그 친구가 '정벌征伐'을 읽지 않았더니 교사는 한자를 읽을 수 없어서 그런 것으로 잘못 생각해 "세이바쓰"라고 읽는다고 했답니다. 그래도 그 친구는 정벌이라는 단어를 읽지 않았다고 합니다.

그 이야기를 들었을 때 서독 대통령으로부터 독일, 프랑스가 화해한 것처럼 일본과 화해하라는 재촉을 받은 한국의 박정희 대통령이 "독일과 프랑스는 서로 때리고 맞은 관계지만, 한국의 경우는 일방적으로 두들겨 맞았을 뿐이어서 어렵다"라고 했다는 얘기가 떠올랐습니다.

박 대통령이 광화문 광장에 히데요시의 군세에 맞서 싸운 이순신의 동상을 세웠습니다. 역사학자 E. H. 카에 따르면 "역사는 현재와 과거 사이의 끝없는 대화"라고 하는데, 한국에서는 히데요시의 조선침략이 지금도 여전히 식민지배로 이어진 '근현대사'인 것입니다.

한편 일본에서는 히데요시의 '조선정벌' 또는 '조선출병出兵'이라는 말이 지금도 통상적으로 사용되는 것으로도 알 수 있듯이, 일본과 한국에서는 이 사실史實을 파악하는 방식이 전혀 다릅니다. 이것을 이해하지 않으면 안 됩니다. 한국 입장에서 보면 아무 잘못도 없는데 갑자기 대군이 밀려와 국토를 유린하고 수

많은 백성들을 죽인 히데요시군이나, 근현대의 명성황후 시해, 한반도를 러일전쟁의 병참기지로 사용한 것과 이후의 식민지배 모두 침략 이외에 아무것도 아닌 일입니다.

중국인 강제연행·강제노동 문제는 1980년대부터 일본인 지원자들이 중국 내에서 조사활동을 벌인 데서부터 시작돼 가해 기업과의 교섭→재판→패소→'부언'을 지렛대로 삼은 재교섭, 그리고 화해 해결까지 20년 이상의 세월이 걸렸습니다. 이 기나긴 도정을 일중 양국의 많은 사람들이 지지해주었습니다. 그 결실을 보지 못하고 돌아가신 사람들도 적지 않습니다.

고 오오누마 야스아키大沼保昭. 1946~2018 씨는 다나카 히로시 씨, 우쓰미 아이코 씨 등과의 정담鼎談에서, "시민운동이란 당사자의 생각을 실현하기 위해 하코네 역전 마라톤처럼 자신에게 주어진 구간이랄까 기간을 어떻게든 끝까지 달려 다음 주자에게 어깨띠를 건네주고 가는 것. 대부분은 도중에 쓰러지지만 매우 드물게 골인할 수 있는 사람도 있다는 것. 그런 것이 아닐까요《전후 책임戰後責任》"라고 말했습니다. 참으로 그렇다고 생각합니다.

이 문제에 대해 선도자적인 역할을 해온 분들로 멀게는 니이미 다카시 변호사, 그 맹우이자 문제 해결을 위한 운동을 재정면에서도 계속 떠받쳐준 후쿠다 아키노리福田昭典 씨, 초기 단계에서부터 운동을 지원해주신 전 참의원 덴 히데오 씨 등이 떠오릅니다. 그리고 최근에는 전 중의원 의장 도이 다카코 씨, 전 나가사키 시장 모토시마 히토시 씨, 다카미 야스노리高實康稔 나가사키대 명예교수 등이 계십니다. 그들에게 이 화해를 보고할 수 있었다면 얼마나 좋았을까 하는 생각을 합니다.

그럼에도 하나오카 화해, 니시마쓰 화해, 미쓰비시 머티리얼 화해를 담당하고서 느끼는 것은 사람들과의 인연입니다. 앞에서 얘기한 분들 외에 니이무라 마사토 전 도쿄 고등재판소 판사, 스즈키 도시유키 전 히로시마 고등재판소 판사, 이마이 이사오 전 최고재판소 판사 등과의 관계를 돌아보면 우연에서 시작돼 그것이 여러 인간관계의 연결로 필연화하는 것을 느낍니다.

니시마쓰 화해를 실현시킨 신생 니시마쓰 건설의 곤도 하루사다近藤晴貞 사장과도 다음과 같은 인연이 있었다는 걸 알았습니다.

어느 날 밤 배송된 필자의 고교 동창회 도쿄지부학보《시습時習의 등불》을 여기저기 펼쳐보고 있었는데 '사계四季의 방문'이라는 코너에서 니시마쓰 건설 사장 곤도 하루사다 씨와 인터뷰한 것이 눈에 들어왔습니다.

그는 2009년 10월 23일의 화해가 이뤄질 당시 니시마쓰 건설의 대표였습니다. 그전까지 나는 그가 동창이라는 사실을 전혀 몰랐습니다. 알고 보니 곤도 하루사다 씨는 필자보다 7학년 아래의 후배였습니다. 게다가 기사를 읽어보니 필자와 같은 고향(미카와三河, 아이치현 가마고리 시蒲郡市) 출신이라는 것입니다. 당시 인터뷰에서 그는 오자와 헌금 문제[*]를 계기로 회사의 규율

---

[*] 유력 정치인 오자와 이치로에 대한 니시마쓰 건설의 헌금과 관련된 정치자금법 위반 논란.

2010년 10월 23일 히로시마 야스노 중국인 수난비 앞에서 찍은
기념 사진. 구리스 가오루栗栖薫 촬영.

을 확립하고 재출발한 일 등에 대해서도 얘기했습니다. 나는 그
에게 다음과 같은 편지를 보냈습니다.

곤도 하루사다 귀하

(…) 2009년 10월, 중국인 강제연행·강제노동 사건에서 귀사와
중국인 수난자·유족들 사이에 화해가 성립됐을 때 나는 중국
인 수난자·유족들의 대리인 변호사로 귀사의 담당자·변호사들
과 교섭을 했습니다. 화해 성립 뒤에는 귀사의 협력까지 얻어 화
해사업을 수행해왔습니다.

올해 6월 1일, 같은 문제로 미쓰비시 머티리얼 사와도 화해가 성
립됐습니다. 이 화해는 귀사와 이루어진 화해의 연장선상에서
이뤄진 것으로, 니시마쓰 화해가 있었기에 가능했던 것입니다.

곤도 님은 '사계의 방문' 인터뷰 중에 오자와 헌금 문제로 시작
된 '니시마쓰 사건'을 극복해나가는 과정에서 얻은 경영철학에
대해 "모든 스테이크 홀더stakeholder(이해 당사자)와 윈-윈 관계가
되고 싶은가요. 스테이크 홀더는 주주, 기업, 사원, 관련회사만으
로 한정되지 않습니다. 사회도 중요한 그 하나입니다. (…) 사회공
헌이라는 의식을 갖고 지역과 마주하는 것이 우리 건설업에 대
한 시선을 바꾸는 힘이 될 것이라고 생각합니다. 이것도 윈-윈입
니다"라고 하셨습니다.

귀사와 중국인 수난자·유족들과의 화해를 통해 2010년 10월,
양자 연명으로 히로시마 오타가와 상류 주고쿠전력 발전소의 일

각에 건립된 중국인 수난비의 뒷면에는 화해에 대한 과정이 새겨져 있습니다. (…)

2016년 7월 15일

우치다 마사토시

얼마 뒤 곤도 하루사다 씨로부터 정중한 답장이 왔습니다. "참으로 깊은 추억이 담긴 말씀에 감사드립니다"라는 서두의 인사에 이어 2009년의 화해에 대해서 그는 다음과 같이 썼습니다.

'강제연행·강제노동' 문제 말씀입니다만, 해결되기 전 몇 년간 당사의 주주총회는 늘 그 문제로 분규를 겪었고 임원들은 골머리를 앓고 있었던 것을 기억합니다. 해결의 실마리는 다음의 두 가지였습니다.

① 당사가 다른 문제로 인해 과거를 재검토하고 재출발을 꾀하지 않으면 안 될 상황에 놓여 있었던 것.

② 전체 합의가 존재하는 가운데 개별 문제에 대응해야 할 근거로 '부언'이 있었던 것.

이 두 가지 상황으로 결단할 수 있었다고 생각합니다.

결단의 심층에는 미카와에서 자란 것도 영향을 끼치지 않았나 하는 생각도 합니다. 이번 편지를 받아보고 담당하신 변호사가 고교 선배였다는 걸 알고 이것도 뭔가 인연이 있었던 것은 아닌가 생각하고 있습니다. (…)

기쁜 답장이었습니다. 화해를 기뻐하는 니시마쓰 건설의 분위기를 잠시 엿본 느낌이었습니다. "결단의 심층에는 미카와에서 자란 것도 영향"을 준 것 같다는 대목은 내셔널리스트는 아니지만 패트리어트patriot(애국자)인 필자의 애향심을 간지럽히는 부분이 있었습니다.

곤도 하루사다 씨와의 일화는 좋은 이야기였기에 최고재판소 판결 부언을 쓴 이마이 이사오 전 판사에게도 알려드렸더니, "사람 인연의 불가사의함을 느끼게 하는 좋은 이야기입니다"라며 기뻐하시고 "부언의 영향에 대해서도 다시 한번 통감케 해주셨습니다"라며 엽서를 보내주셨습니다.

한국에서 강제징용자 문제 등의 해결을 위해 활동하는 중심인물 중 한 사람인 최봉태 변호사는 〈홋카이도신문〉과의 인터뷰에서 다음과 같이 말했습니다.

"전 징용자 소송 원고들은 피고인 일본기업이 사죄하고 자발적으로 피해자를 구제하기를 바라고 있습니다. 차압한 일본기업의 자산을 매각하는 방법은 절반의 승리일 수밖에 없습니다. 일본기업은 일본의 사법 판단을 존중하는 형식으로도 피해자를 구제할 수 있습니다. 일본의 최고재판소가 2007년 니시마쓰 건설을 피고로 하는 소송에서 낸 판결에는 일본의 전후처리에 대해 결정한 샌프란시스코 강화조약의 취지에 의거해 원고들의 개인청구권은 재판으로는 구제할 수 없지만, 소멸된 것은 아니라며 니시마쓰 건설에 자발적인 '피해 구제를 위한 노력'을 촉구했습니다. 니시마쓰 건설은 그 뒤 포괄적인 피해자 구제를 실시했습니다. 이 소송의 원고들은 중국인이었습니다만, 한국인들도 마찬가지로 생각해야 합니다."

(2019년 12월 20일 〈홋카이도신문〉, "징용자문제를 생각한다" 중에서)

마지막으로 니시마쓰 건설 대리인이었던 다카노 야스히코 변호사가 〈니시마쓰 야스노 우호기금 화해사업 보고서〉에 기고한 "화해사업 종료에 즈음하여"라는 제목의 글 중에서 일부를 인용하면서 이 책을 마치고자 합니다.

법리를 떠나서, 베르사유조약의 실패에 대한 반성 위에 구축된 전쟁배상의 원칙이 패전국을 배상부담으로 피폐하게 만들지 않는 것이 나중의 평화로 이어진다는 생각에 있다는 점을 상기한다면, 경이적인 부흥을 이룩한 패전국으로서 전쟁 피해에 대해 어떻게든 대응을 하는 것이 윤리적이겠지요.

그런 의미에서 많은 분들이 애써 화해에 이르게 된 것은 일본 국민의 한 사람으로서 기쁜 일이었습니다.

그러나 화해는 분쟁을 종결하는 데 지나지 않습니다. 화해를 진정으로 의미 있는 것으로 만든 것은 화해 성립 뒤에 니시마쓰 야스노 우호기금 운영위원회의 중국 및 일본 위원들이 끈질기게 수난자를 탐문해 찾아내고 방일단을 초청해서 추도활동을 하는 등 우호친선을 위해 진력한 덕분이라고 생각합니다.

내가 위원회에 관여한 바는 미미했지만 유족 및 중국 측 위원과 접할 기회를 가질 수 있게 해주었기에, 니시마스 야스노의 운동이 "일본인이 주도한 것"이라는 생각을 바꿔 장래에 걸쳐 일중 양국민이 상호 이해할 수 있는 가능성을 인식하는 기회가 됐습니다.

여기에서 다시 한번 화해 및 화해사업에 관여한 모든 분들의 진력에 감사의 뜻을 표합니다.

덧붙이며

코로나19가 전 세계적으로 확대되었습니다. 감염의 만연을 막고, 의료현장의 붕괴를 피하는 것이 긴급한 과제입니다. 지금 우리는 전례 없는 시련에 직면해 있습니다. 헌법 전문에 "어느 나라도 자국의 일에만 전념하며 타국을 무시해서는 안 되기 때문에"라고 명기돼 있듯이, 각국이 자국 중심주의에 빠지지 말고 일치해서 이 난국에 대처해야 합니다.

지금 가게를 열 수 없는 자영업자들, 일자리가 없어져 돈 벌 길을 차단당한 사람들을 비롯해 코로나19로 경제적 어려움을 겪고 있는 사람들에 대한 보상이 논의되고 있습니다. 개인 인권의 존중과 행복 추구 권리를 보장한 헌법 제13조를 담은 일본국 헌법 아래서는 당연한 일입니다. 국가의 존재 이유는 국민이 생계를 유지할 수 있게 해주는 데에 있습니다. 이때 국적으로 구별하거나 차별하는 것은 용납될 수 없습니다.

이 책의 주제는 역사에 유린당해온 개인들에 대한 위로와 사죄, 배상, 보상에 관한 것입니다. 코로나19로 인한 보상을 논하면서 '코로나 이후의 세계'를 모색하는 마당에 과거를 직시하며 역사에 유린당해온 사람들의 존엄을 회복하는 일에 대해서도 다시 한번 생각해볼 필요가 있지 않을까요.

* 이 책은 선배 아베 히데오阿部英雄 전 고단샤 학예출판부장, 지쿠마쇼보筑摩書房 아오키 신지青木真次 씨의 조언 덕에 완성시킬 수 있었습니다. 두 분의 거리낌 없는 의견과 냉정한 피드백이 있었기에 가능했던 책입니다. 정말 감사합니다.

옮긴이의 말

일본에 묻는다

: 한일협정과 샌프란시스코 체제를 넘어

스가 요시히데菅義偉, 1948~ 현 총리는 물론이고 아베 신조 전 총리 때부터 일본정부의 고위관리들은 한일관계와 관련해 거의 대부분 "입만 열면" 한국 또는 한국정부가 국제법을 위반했다며 상대하지 않겠다는 말만 되풀이한다. 그러면서 하는 이야기라고는 한국이 해법을 들고 와야만 만나주겠다고 한다. 한마디로 백기 들고 투항하라는 얘기다. 문제를 만든 가해자 측이 피해자 측을 향해 답을 내놓으라며 고압적인 자세로 무조건 항복을 요구하는 뒤집힌 현실은 어디서부터 잘못된 것일까?

이 책(책의 원제는 '징용 피해자, 화해로 가는 길: 전시 피해와 개인 청구권元徴用工和解への道－戦時被害と個人請求権'이다)의 저자인 우치다 마사토시 변호사는 그 점을 누구보다 잘 알고 있는 것 같다. 한국인과 중국인 강제동원 피해자 문제를 바라보는 그의 시선으로

부터 우리는 뒤틀린 동아시아 역사와 현실에 대한 남다른 이해를 간취할 수 있다. 또한 그가 제시하는 해법은 설득력이 있다.

일본정부가 한국정부를 국제법적 룰을 지키지 않고 "골대를 마음대로 옮기는" 거짓말쟁이라고 매도하는 직접적인 이유는 강제동원 피해자들의 배상청구 소송에 대한 한국 대법원의 배상 확정판결 때문이다. 일본은 그 문제는 1965년 한일 청구권협정 체결로 이미 완전히 끝난 문제인데, 이제 와서 다시 배상하라는 것이 말이 되느냐며 판결을 반박한다. 심지어 배상 청구자들을 보상금을 갈취하려는 도덕 파탄자로 취급하고, 일본군 위안부 피해자들을 '매춘부'라고 부르는 등 '인격 살해'까지 서슴지 않는다.

일본의 이런 안하무인 언행은 감정적인 발언이라기보다 잘 계산된 정치적 '퍼포먼스'일 수 있다. 그런 언행은 우선 정권 안정에 보탬이 될 것이다. '나쁜 쪽은 한국'이라는 고정관념을 확대 재생산하는 일본정부 고위관리들의 공개 발언은 정부에 동조하는 주류 미디어들의 보도를 통해 증폭되면서 여론을 자극하고 실정을 은폐한다. 대외적으로도 일본 관리들은 자신들의 발언이 한국 측의 그것보다는 대외 발신력, 말하자면 국제무대에서의 발언권이 더 크고, 더 주목받고, 더 신뢰받을 것이라고 믿고 있음이 분명하다. 게다가 한국 내에는 자국 정부의 반박이나 항변보다 일본 우파들의 그런 발언을 더 신뢰하고 동조하면서 그것을 오히려 자국 정부나 피해자들을 비난하는 재료로 삼는 상당한 세력이 있다. 일본은 그런 사실까지도 계산에 넣고 있을 것이다. 일본정부의 이런 계산에는, 이 책 에필로그 '후기를 대신해서'에서 저자 우치다 변호사도 비판한 《반일 종족주의》도 한몫했을 것이다. 책 서두에서 한국을 세계에서 가장 거짓말을 잘하는 나라로 매도한 《반일 종족주의》는 일본에서도 번역 출간되어 큰 주목을 받으며 베스트셀러가 됐다. 자기나라 백성을 팔아먹는 자들이라는 저자의 비판이 통렬하다.

그렇다면 일본 측의 주장은 과연 옳은가? 결론부터 얘기하자면, 일본 측의 주장은 적반하장에 가깝다. 국제법이란 게 어떤 것인가? 이 책의 30쪽에서 우치다 변호사는 이런 얘기를 한다.

"(…) 식민지배는 당시의 국제법하에서는 합법이었다고 얘기합니다만, 이런 견해는 당시의 국제법이 식민지배 종주국들이 만든 것이고, 거기에서 식민지배를 당한 민중의 소리 등은 완전히 무시됐다는 사실에 눈감고 있습니다. 예컨대 오늘날 노예제도에 대해 당시에는 그것이 국제법상 합법이었다는 주장이 통용될까요?"

일본정부와 주류 언론은 지금도 대한제국의 외교권을 박탈하고 통감부를 설치함으로써 사실상의 식민통치를 시작하는 법적 토대를 만든 1905년의 '제2차 한일협약(을사조약 또는 '을사늑약')', 1910년의 한일병합조약이 당시에는 국제법상 합법이었다고 주장한다. 그뿐만이 아니다. 청일전쟁(1894~1895년) 도발, 그

직전 일본군의 조선 무단점령, 동학농민군 대량학살도 그들끼리 체결한 톈진조약 등을 근거로 국제법상 합법이었다고 주장한다. 1895년 명성황후를 잔혹하게 살해한 흉악무도한 폭도들(주한 일본공사 이노우에 가오루까지 가담했다)도 결국 모두 무죄 방면됐다. 1931년의 '만주사변'도, 1937년의 중국본토 침략도 일본은 당시 국제법상으로 합법이었다고 우길 것이고, 난징 대학살도 전시하의 합법적 행위였다고 주장할 것이다. 마찬가지로 영국이나 프랑스, 독일 등 서구 열강들의 식민지 쟁탈전쟁, 대량 인종학살(제노사이드)과 수탈도 당시에는 국제법적으로 합법이었다고 주장할 것이다. 국제법이란 바로 그들이 만든 것이었으니까.

대한제국 고종 황제는 1907년 헤이그 만국평화회의에 이준, 이위종, 이상설을 보내 1905년의 '을사늑약'이 무력을 앞세운 일제의 강압에 의해 체결된 것임을 알리고 무효임을 호소하려 했다. 그러나 그 회의에 모인 열강 대표들은 그들이 회의장에 들어가는 것조차 거부했다. '만국평화회의'의 '만국'은 그 열강들이었고, '평화'는 그들끼리의 이권 조정이었을 뿐이다. 이후 일제는 그것을 계기로 고종을 강제퇴위시켰고, 그 주모자 이토 히로부미를 안중근 의사가 1909년 10월에 하얼빈에서 사살했다.

모든 국제법이 그렇다고 주장할 순 없겠지만, 적어도 제국주의 침략과 식민지배를 정당화한 당대의 국제법이란 결국 침략자들끼리 서로 편의를 봐주며 서로의 이익을 침해하지 않으면서 효율적으로 침략과 식민지배를 수행하기 위해 만든 '그들만의 협잡'에 가까운 것이었다고 할 수 있다. 그 부끄러워해야 할 협잡을 '국제법'이라는 이름으로, 일본 우파 지배세력은 여전히 자신들과 그 선조들의 범죄행위를 정당화하는 도구로 자랑스레 휘두르고 있다.

한일 간의 과거사 관련 배상 청구권 문제를 종결지었다는 1965년의 한일기본조약과 청구권협정, 이른바 '한일협정'도 사정이 크게 다르지 않다. 스가 요시히데와 아베 신조 등 일본 최고위 관리들이 금과옥조처럼 들먹이는 국제법이란 것이 바로 그 한일협정(1965년)이며, 그 근거모법이라 할 수 있는 것이 '샌프란시스코 강화조약(1951년 9월 체결, 1952년 4월 발효)'이다.

한일협정에 청구권 문제가 "완전히, 그리고 최종적으로 해결됐다"라고 명기돼 있는 것은 틀림없는 사실이다. 스가와 아베가 들먹이는 '국제법'은 바로 이 조항을 가리킨다고도 할 수 있다. 한일협정은 1965년에 최종 체결됐지만, 시작은 1951년 10월 도쿄의 연합국 총사령부(GHQ) 외교국 회의실에서 열린 예비회담, 이른바 '한일회담'이었다. 우치다 변호사에 따르면, 미군의 패전국 일본 점령통치 시기였던 당시 GHQ 외교국 회의에는 윌리엄 시볼트 미군정 외교국장도 옵저버로 참석했는데, 이를 두고 한일관계 연구자 다카사키 소지는 자신의 저서인《검증 한일회담》에서 "사실상 한미일 회담"이었다고 의견을 밝혔다. 시볼트 외교국장은 형식상 옵저버로서 국외자였지만 그 회의와 한일협정을 종용한 미국 측 대표로, 사실상 회의의 주관자였다.

1951년 10월이면 그해 7월에 한국전쟁 정전회담이 시작된 지 3개월 뒤다. 그리고 그해 9월에 체결된 샌프란시스코 강화회의 및 그와 동시에 성사된 미일 안보동맹 체결(이로써 일본은 비로소 미군정 통치에서 벗어났다)이 이루어진 바로 다음 달이다. 말하자면 한반도의 거의 모든 것을 파괴해버린 한국전쟁이 한창 진행 중인 때였다. 그때부터 미국은 장소까지 제공하며 한일회담을 종용했다. 1947년 '트루먼 독트린' 이후 대소련 대결체제, 곧 냉전적 대결체제를 본격화하기 시작한 미국은 점령국 일본을 해체해 허약한 친미 종속국으로 개조하려던 애초의 계획을 바꿔 일본을 냉전의 교두보로 강화하는 이른바 '역코스reverse course'로 전략을 바꿨고, 그 전략은 중화인민공화국 건국과 한국전쟁 발발 이후 대폭 강화됐다. 그리하여 패전국 일본은 독일과 함께 미국의 핵심 동맹국으로, 사실상 승전국 이상의 대우를 받게 됐고, 대일 교전국 한국은 사실상 패전국 취급을 당하며 미국이 1945년에 그은 남북 분단선이 거의 그대로 영구적 국경이 됐다.

미국에게 한일회담과 한일관계 '정상화(국교회복)'는 냉전의 교두보인 일본의 힘을 강화하기 위한 필수적인 조치였다. 한반도 식민지배에 대한 일본 측 회담 대표들의 '망언(식민지배가 당시 국제법상 합법이었으며, 식민지배는 한국에게 좋은 면도 많았다는 등의 폭언)'과 한국 측의 반발 등으로 회담은 좀처럼 진전되지 않다가, 쿠데타로 박정희가 집권한 뒤에야 회담 시작 15년 만에 마무리됐다. 전쟁이 끝난 지 10여 년이 지났지만 한국은 여전히 미국의 원조에 기대어 연명하는 세계 최빈국 그룹에 속해 있었고, 한국전쟁 특수를 탄 일본은 고도의 경제성장기를 거치면서 급속도로 경제대국을 향해갔다.

박정희에게는 공화당 창당 자금과 그의 통치 기반을 다져줄 경제개발 자금이 절실했다. 미국은 샌프란시스코 강화회의 때 일본의 경제적 부흥을 서두르기 위해 전쟁 피해국들에 대한 일본의 배상금 지불을 제한했으나, 1965년 무렵엔 한국에 대한 경제개발 지원금을 성장한 일본 자금으로 충당하려 했다.

샌프란시스코 강화회의 때 미국은 일제 침략의 최대 피해국들인 한국과 북한, 중국(중화인민공화국과 중화민국 모두)을 아예 초청하지도 않았다. 그리하여 미국은 샌프란시스코 강화조약을 사실상 일본과의 단독 강화조약처럼 만들었다.

태평양전쟁에서 미군이 일본군을 압도하게 된 데에는 수백만의 일본 관동군을 중국 대륙 쪽에 묶어둔 중국의 항일전쟁 덕이 컸으며, 거기에는 임시정부를 세우고 그 무장항쟁에 동참한 이들을 포함한 수많은 조선인들의 항일투쟁과 희생도 큰 역할을 했다. 그러나 미국은 샌프란시스코 강화조약을 체결하면서 이를 인정하지 않았다. 처음부터 그랬던 것은 아니다. 강화조약 초안을 만든 존 포스터 덜레스John Foster Dulles, 1888~1959 국무부 고문(나중에 장관이 됨) 등 미국 고위관리들 다수는 한국인들의 항일투쟁을 인정해 조약 초안에 한국을 일본과의 교전국 및 조약 서명국 명단에 넣었다. 그 초안대로 한국이 조약에 서명했다면, 일본은 당연히 을사늑약과 한일병합 등 과거의 조약이 불법 부당한 것이었음을 인정하고, 따라서 배상도 했을 것이다. 그리고 독도도 당연히 일본이 반환해야 할 목록에 들어갔을 것이다. 미국은 한국을 전승국 명단에 넣으면 일본이 위태로워진다고 주장한 요시다 시게루 정권의 거센 로비에다 자국 식민지 독립을 우려한 영국까지 반대하자 냉전전략상의 계산 끝에 강화회의 막바지에 한국을 교전국과 서명국 명단에서 빼버렸다. 대신 한국에겐 회의에 참관만 할 수 있는 옵저버 자격을 주었다.

또한 미국은 일본 천황의 전쟁범죄에 눈감았으며, 점령 초기에 공직에서 추방했던 일본 전쟁범죄자들을 다시 공직에 불러들이면서 그들에게 면죄부를 주었다. 그 대표적인 이가 A급 전범으로 스가모 형무소에 갇혀 있다가 도조 히데키 등 다른 7명의 A급 전범자들이 교수형을 당한 바로 다음 날인 1948년 12월 24일 석방돼, 미국 중앙정보국 자금으로 지금의 집권당인 자민당을 만든 보수합동('1955년 체제')을 주도하고 총리 자리까지 올라 일본 전후체제의 토대를 쌓은 기시 노부스케다. 그는 도조 전시내각 때 상공장관과 군수차관을 지냈으며 그전에는 일제가 세운 괴뢰국가인 만주국의 총무청 차장을 지낸, 사실상의 만주국 설계자였다. 그의 외손자가 바로 아베 신조 전 총리다.

말하자면 전후 일본 민주주의의 핵심 담당자들은 전전戰前 일제 군국시대의 주역들이거나 그 후예들이었다. 지금 일본을 지배하고 있는 '일본회의' 등 극우단체를 중심으로 한 정·재계 우파 유력자들의 정신세계는 그들 전범자들과 긴밀하게 연결돼 있다. 지금까지 일본에서 우파가 득세하고 과거사 청산이 되지 않는 근본적인 이유다. 미국은 역사적 정의보다는 국익을 우선시해 전범자들의 일본 전후체제 재점령을 묵인하고 적극 지원하기까지 했다. 마치 한국에서 반공이라는 명분 아래 친일 부역자들을 중용했듯이.

그런 맥락에서 한일협정은 원천적으로 '불평등 조약'이라고 할 수 있다. 당시 한국은 미국의 원조에 매달려야 했기에 대등하게 협상을 진행할 힘이 없었다. 일본의 침략과 식민지배의 죄과를 묻고, 사죄와 배상을 받아내고, 재발방지와 이후 후세에게 역사적 교훈을 남기기 위한 제대로 된 후세교육이라는 강화조약(국교정상화 회담)의 기본원칙들을 관철할 힘이 없었다.

지금의 일본 우파는 한일협정으로 한국에게 준, '배상'이 아닌 '독립 축하금' 등 명목의 무상 3억 달러, 유상 2억 달러가 한국 경제발전의 초석이 됐다면서, 한국의 경제적 성공은 일본 덕이라는 망발을 쏟아놓고 있다. 1876년 강화도 침범 이래 근 70년간의 침략과 식민지배로 인한 헤아릴 수 없는 인적·물적 수탈의 손실을 5억 달러로 다 갚았다며 오히려 은혜를 베푼 것인 양 주장하고 있는 것이다. 그 5억 달러를 현금으로 준 것도 아니다.

대부분 일본 기업들이 만든 물품으로 주었고, 그 덕에 일본 기업들은 호황을 누렸다. 그들은 그렇게 해서 다시 인근 아시아 지역으로 투자를 확대하며 그 영향력을 키워나갔다. 오랜 세월 큰 폭의 대일적자에서 벗어날 수 없었던 한국경제의 기본구조가 그때 만들어졌다. 일본은 그 덕에 그때 한국에 건네준 5억 달러와는 비교할 수 없는 막대한 경제적 특수를 누렸으며, 그 영향은 지금도 계속되고 있다.

우치다 변호사는 이 책에서 '한일협정(한일기본조약)'의 개정 및 보완이 필요하다는 점을 지적한다.

본문에도 나오지만, 협정 조문에서 두고두고 문제가 된 구절 가운데 하나는 '이미 무효'라는 뜻을 지닌 'already null and void'다. 이 구절의 해석을 둘러싸고 한일 두 나라의 입장이 완전히 갈린다(본문 20쪽 참고). 이 구절을 근거로 한국은 1910년의 한일병합조약 등 양국이 체결한 그 이전의 조약들이 체결 당시부터 불법이었으므로 원천 무효라 해석한다. 하지만 일본은 그것들이 체결 당시에는 국제법적으로 합법이었지만 일본 패전 뒤, 한국의 독립으로 '이미 무효'가 됐다고 해석한다.

여기에서 모든 문제가 파생한다. 이 부분이 애매하게 돼 있기 때문에 일본은 이를 근거로 침략과 식민지배가 합법이었다며 배상을 할 수 없다고 주장한다. 문제는 이런 협정을 종용하고 조정한 미국의 태도다. 미국이 거기에 대한 유권해석을 내렸다면 명쾌하게 끝났을 문제다. 미국은 그렇게 하지 않고 양국이 각자 편의대로 해석할 수 있게 두어 문제를 숨기고 얼버무렸다. 아직까지도 미국은 이런 모호한 자세를 유지하면서 한일 양쪽을 자국의 입맛대로 좌지우지하려고 한다.

2015년 '12·28 위안부 합의' 때 미국은 과거사에 너무 집착하는 것은 어리석다고 한국과 중국을 나무라며 일본 편을 들었다. 2019년 일본의 일방적인 대한 수출규제 조치 뒤 한국이 지소미아 파기를 선언하자 그때까지 뒷짐을 지고 있던 트럼프 정부는 자국에게 필요한 지소미아를 살리기 위해 결국 또 일본 편을 들면서 파기를 막았다. 최근 들어 팬데믹과 반도체·배터리 수급 문제로 미중대결이 심화된 이후, 줄곧 일본 쪽으로 기울었던 미국의 전통적인 동아시아 정책에 변화의 조짐이 보이기는 하지만, 미국은 앞으로도 그 '모호한 전략'을 버리지 않을 것이다.

아베와 스가 등 우파 정치인들과 미디어가 끊임없이 발신하고 있는 '한국의 국제법 위반'의 근거로 내세우는 청구권협정의 "완전히, 그리고 최종적으로 해결"됐다고 규정한 조항도 잘 따져봐야 한다.

우치다 변호사도 자세히 설명하고 있듯이, 한국의 강제동원 피해자들이 청구하고 있는 위자료(배상) 청구권은 한일 청구협정에 포함돼 있지 않다. 문제의 협정 제2조에서 얘기하는 권리의 포기("완전히, 그리고 최종적으로 해결")는 국가의 외교보호권 포기이지 피해자들 개인의 청구권 포기가 아니다. 우치다 변호사가 본문에서 인용한 바에 따르면 '외교보호권'은 "외국에 있는 자국민의 이익을 본국이 외교절차를 통해 보호할 권리"다(본문 26쪽).

한국 대법원 판결 중에 배상에 반대한 2명의 대법관의 생각은 이렇다. "국제법상 국가의 외교적 보호권이란 외국에 있는 자국민이 위법·부당한 대우를 받았으나 현지 기관을 통해 적절한 권리구제가 이뤄지지 않을 경우 최종적으로 그 국적국이 외교절차나 국제사법 절차를 통해 외국정부에 대해 자국민에 대한 적절한 보호나 구제를 해주도록 요구할 수 있는 권리다."

이를 두고 우치다 변호사는 다음과 같이 부연한다.

"이것을 강제동원 피해자 문제와 관련지어 생각하면, 강제동원 피해자들에게 강제노동을 시킨 일본기업에 대한 (피해자들의) 손해배상 청구권은, 한국정부에게는 외교절차를 통해 그 이행을 요구할 권리(외교보호권)가 되는 것인데, 그것을 포기한 것이므로 한국정부로서는 그런 권리는 행사하지 않겠다는 의미가 됩니다. 그러나 권리 그 자체가 소멸한 것은 아닙니다. 앞서 얘기한 2가지 판결 이유는 후술하겠지만, 종래의 일본정부 견해, 즉 한일기본조약·청구권협정에는 식민지배의 청산적 의미가 들어 있지 않으며, 포기한 것은 국가의 외교보호권이지 개인의 청구권이 아니라는 것입니다."(본문 26~27쪽).

그러니까 완전히 해결(종결)된 것은 양국 국가가 외교보호권

행사를 포기했다는 사실이지 피해자 개인들의 청구권이 협정으로 소멸했다는 것이 아니라는 것이다. 이는 한국 대법원의 다수 대법관들이 인정했을 뿐만 아니라, 반대 의견을 낸 대법관 2명도 개인 청구권이 소멸하지 않았다는 점은 인정했다. 다만, 반대 의견을 낸 대법관 2명은 그 개인 청구권이 살아 있다 하더라도 한일협정에서 양국이 완전 해결했다고 합의한 이상, 재판을 통해서는 배상을 받아낼 수는 없다고 했다. 이는 기본적으로 일본 최고재판소(대법원) 판결 내용과 동일하다. 일본 최고재판소도 한일협정으로 피해자 개인들의 배상 청구권이 소멸한 것은 아니며, 그들이 혹독한 노동을 강제당하면서 엄청난 고통을 당했고, 강제 예치된 임금마저 받지 못했다는 것도 인정했다. 그럼에도 한일협정 또는 중일 간 공동성명을 통해 배상 청구 포기를 선언했기 때문에 배상 불가라며 소송들을 기각했다. 일본 외무성 관리들도 국회 청문회 등에서 이와 같은 견해를 밝히고 있다.

지난 6월 7일, 서울중앙지법 민사합의34부가 강제징용 피해자 85명이 일본제철 주식회사 등 일본기업 16곳을 상대로 1인당 1억 원의 배상을 요구한 손해배상 소송에서 각하 판결을 내리면서 제시한 근거도 바로 그와 같은 논리였다. 서울지법은 원고의 개인 청구권이 1965년 한일 청구권협정으로 소멸하지는 않았지만 "소송은 행사할 수 없다"라고 했다.

여기서 한 걸음 더 나아가, 서울지법 판사는 배상이 한일관계와 한미관계, 한미일관계를 손상시킬 것이라는, 법리 외의 지극히 주관적인 정치논리까지 동원해 한국 대법원의 역사적인 판결을 뒤집었다. 대법원은 침략과 식민지배를 인정하지도, 사죄와 배상도 하지 않은 한일협정을 근거로 강제동원 피해자들에게 배상 불가 판결을 내린 일본 재판소들의 소송기각 결정이 3·1운동과 4·19혁명 등 항일운동과 민주화투쟁을 전문에 명기하면서 그 정신을 이어받았다고 선언한 대한민국 헌법에 위배된다며, 이를 받아들이지 않고 배상 확정판결을 내렸다. 대법원의 이 판결은 한국 역사상 처음으로 자유민주주의 주권 공화국으로서의 자기 정체성을 명확하게 밝힌 사법부 최초의 역사적 판결이라는 평가를 받았는데, 서울지법이 그것을 뒤집은 것이다.

우치다 변호사는 본문에서 이를 '조약의 벽'이라고 얘기하는데, 국제법적 효력을 갖는다는 양국간 협정이나 조약, 공동성명 등에서 청구권 문제가 "완전히, 그리고 최종적으로 해결"됐다고 명기하거나(1965년 한일협정), 배상 청구를 포기하겠다고 선언(1972년 일중 공동성명)했기 때문에 개인의 청구권이 살아 있다 하더라도 배상을 청구할 수 없다는 해석을 가리키는 말이다. 우치다 변호사도 지적했지만, 이는 이해하기 힘든 기묘한 해석인데, 조약체결로 완전 해결됐음에도 개인 청구권은 소멸하지 않았다고 해놓고는 그 조약 때문에 재판을 통한 개인 배상은 불가하다는 논리는 앞뒤가 맞지 않는다. 이는 조약상 개인 청구권이 소멸하지 않았다는 것은 법 논리상 누구도 부인할 수 없는 명백한 것이어서 이를 인정할 수밖에 없지만, 또 한편으로는 정부의 최종방침이 배상 불가로 결정돼 있는 상황에서 사법부가 엉거주춤 양다리 걸치기를 하고 있기 때문일 것이다. 이처럼 문제가 꼬여 있지만, 해결책이 없는 것도 아니다.

이 책의 가장 큰 특징이자 장점은 강제징용자에 대한 현실적인 해결책을 구체적 사례로 제시하고 있다는 점이다. 이 책의 2부가 바로 그런 내용이다. 2부에 나오는 제3의 해결 방식인 '중국인 강제동원 피해와 배상문제 처리 해법'은 한국의 강제징용자 문제에도 적용할 수 있다. 저자인 우치다 마사토시 변호사는 '중국인 강제동원 피해 해결' 과정에서 주도적인 역할을 했고, 그런 자신의 경험을 토대로 이 책을 썼다.

일본은 제2차 세계대전 말기(1944년 9월~1945년 8월)에 인력이 부족해지자 약 4만 명의 중국인들을 중국 각지에서 강제로 연행해 여러 기업에 임의로 배정해 탄광 등 환경이 가장 열악한 공사장에 투입했다. 그 결과 단기간에 무려 약 7,000명이 사고사, 고문, 폭행, 영양실조, 아사 등으로 숨지는 처참한 상황이 벌어졌다. 그 사건들은 일본 패전 뒤 잊히거나 은폐됐다가 냉전이 끝난 뒤 민주화되면서 피해자 개인들의 증언과 배상청구 소송이 잇따른 한국에서처럼, 중국인 피해자 또는 그 유족들의 배상청구 소송으로 표면화됐다.

하지만 중국에서도 결국 피해자 개인의 청구권은 살아 있지만, 조약 등 국제법적 효력을 갖는 국가 간 합의(배상청구 포기를 선언한 1972년 '일중 공동성명') 때문에, 말하자면 '조약의 벽' 때문에, 재판을 통한 배상청구는 불가하다는 이유로 이들의 제소는 기각당했다.

그런데 재판장들 중에는 그런 이유로 청구를 기각했지만 판결 말미에 부언 형식으로 피해사실은 인정된다면서 가해자인 기업들에 문제를 방치하지 말고 '화해'하고 어떤 형태로든 피해자들을 위로(구제)하라는 권고를 한 경우들이 있었다. 우치다 변호사와 기업 관계자 등 이런 사태를 안타깝게 생각하던 사람들은 가해자와 피해자 사이를 오가며 '화해'를 성사시켰다. 그리하여 재판이 아닌 양자 간의 합의를 통해 화해(위로)금을 지불하고, 우호증진과 재발방지를 위해 기념비·기념관을 건립하고, 정기적인 교류모임 및 후세 교육 지원사업을 벌였다. 가장 확실한 해법은 일본정부가 과거 전범사실을 공식 인정하고, 적극적으로 사죄와 배상을 하고, 재발방지에 나서는 것이다. 하지만 그것이 현실적으로 불가능한 상황에서 이는 실현 가능한 차선책이라고 할 수 있다.

한국인 강제동원 피해 문제도 이 방식을 원용해 풀어갈 수 있는 길이 보인다. 한국정부나 정계 일부, 사회단체 등에서 내놓은, 일본의 가해 기업과 한일협정 수혜자인 한국기업, 그리고 한국정부와 일본정부가 함께 참여하는 기금(재단)형식의 해결방안도 일종의 화해를 통한 해결 방식이다. 독일이 지금까지도 피해자들 지원을 계속하고 있는 것도 이런 방식에 가깝다.

그러나 일본정부는 한국인 강제동원 피해자 배상청구 소송의 경우, 가해 기업과 피해자 간의 화해를 통한 해결방안이 가시화되자 오히려 거기에 끼어들어 그것을 가로막았다. 정작 정부가 해야 할 일은 방치한 채 민간 차원의 자발적 해결 방식을 오히려 방해하는 것이다. 그리하여 중국인 피해자들의 경우처럼 '화해'를 통한 해결 방식을 한국인 피해자 문제에는 적용하지 못하도록 막는 차별적 행태를 보였다.

강제동원 피해자들과 일본 가해 기업 간의 화해는 전쟁범죄 피해자와 가해자 간의 사적인 보상문제다. 그런데 일본정부는 이를 한일 양국 간의 국가적·민족적 문제로 바꿔버렸다. 일본정부와 우파들은 피해자들의 소송과 한국 대법원의 배상판결을 한국 또는 한국정부의 반(反)일본 내지 반일본인 운동이라는 감정적인 민족주의 문제로 바꿔치기해 민족감정을 부추김으로써 인류보편의 가치에 반하는 반인류적 전쟁범죄라는 문제의 본질을 은폐하고 있다. 위안부 소녀상 설치나 강제징용자 피해배상(보상)에 반대하는 일본인들은 그 문제를 피해자 개개인들에 대한 반인권적 범죄문제로 보는 것이 아니라 그것을 일본민족에 대한 한국민족의 공격, 즉 반일 민족주의 도발로 환치해 죄악을 호도하고 덮어버린다. 또한 전쟁범죄 실상에 대한 교육을 회피함으로써 대중이 과거 일본의 전쟁범죄 사실 자체를 알지 못하게 한다. 이것이 지금 최대 위기에 처했다는 한일관계 파탄의 핵심 요인 가운데 하나다.

우치다 변호사는 이 책의 한국 출간을 위해 일본어판에는 없는 새로운 내용들을 한국어판에 추가해 보완하는 열정을 보여주었다. 그가 추가한 내용들은 한국에서는 접하기 어려운 당시 조선인들 처지에 관한 일본 측 자료들을 인용한 것들이 많아, 한국 독자들의 흥미와 이해를 한층 더 높여줄 것이다.

일본인으로서 우치다 변호사처럼 생각하고 행동하기는 결코 쉬운 일이 아닐 것이다. 더욱이 지금과 같은 한일관계 속에서는 더욱 그러하다. 역사에 대한 그의 깊은 이해와 높은 안목에 경의를 표한다. 저자와 교유해오다 이 책을 소개해준 김영호 동북아평화센터 이사장님께 감사드린다.

2021년 8월 11일
한승동

강제징용자의 질문

ⓒ 우치다 마사토시, 2021

초판 1쇄 인쇄 2021년 7월 30일
초판 1쇄 발행 2021년 8월 12일

지은이	우치다 마사토시
옮긴이	한승동
펴낸이	이상훈
편집인	김수영
본부장	정진항
편집1팀	김진주 이윤주 김단희
마케팅	김한성 조재성 박신영 조은별
경영지원	정혜진 이송이

펴낸곳	(주)한겨레엔 www.hanibook.co.kr
등록	2006년 1월 4일 제313-2006-00003호
주소	서울시 마포구 창전로 70 (신수동) 화수목빌딩 5층
전화	02) 6383-1602~3	팩스 02) 6383-1610
대표메일	book@hanibook.co.kr

ISBN   979-11-6040-627-6 03910